THÉORIE

DU

BUDGET COMMUNAL

SUIVIE DE LA

CRITIQUE DU PROJET DE LOI

PRÉSENTÉ PAR M. L. BARTHOU

SUR L'ORGANISATION COMMUNALE

PAR

AUGUSTE REY

ANCIEN ÉLÈVE DE L'ÉCOLE POLYTECHNIQUE

ANCIEN MAIRE

PARIS

A. PEDONE, ÉDITEUR

LIBRAIRE DE LA COUR D'APPEL ET DE L'ORDRE DES AVOCATS

13, RUE SOUFFLOT, 13

1897

THÉORIE

DU

BUDGET COMMUNAL

THÉORIE

DU

BUDGET COMMUNAL

SUIVIE DE LA

CRITIQUE DU PROJET DE LOI

PRÉSENTÉ PAR M. L. BARTHOU

SUR L'ORGANISATION COMMUNALE

PAR

AUGUSTE REY

ANCIEN ÉLÈVE DE L'ÉCOLE POLYTECHNIQUE

ANCIEN MAIRE

———

PARIS

A. PEDONE, ÉDITEUR

LIBRAIRE DE LA COUR D'APPEL ET DE L'ORDRE DES AVOCATS

13, RUE SOUFFLOT, 13

1897

PRÉFACE

Présenter un tableau de la profusion des dépenses communales, établir des catégories et des comparaisons, à l'aide de calculs complets et nouveaux ; puis dénoncer la faute des mœurs prodigues, la responsabilité d'une loi ambiguë et désarmée, le laissez-faire administratif : cette double étude des chiffres et des causes sera ma préface.

Tenter, pour la sauvegarde de la fortune publique, de retrouver dans la loi la logique obscurcie, de rendre à ses prescriptions, avec la clarté, l'autorité qui rappelle au devoir : ce sera mon principal effort, mon livre. M'y réduisant à un problème de législation, je laisserai au pouvoir le redressement de la tutelle administrative, aux philosophes la réforme des mœurs.

« Nous dépensons trop ! » Tout le monde a entendu ce cri. Combien peu s'en émeuvent ! Il est aussi banal qu'inefficace ; il n'a eu aucun écho, en particulier, dans les communes, où, littéralement, on bat monnaie. Le mal est ancien, la preuve en est constante. Nul aujourd'hui ne peut l'ignorer de ceux qu'intéresse la politique ou plus simplement l'avenir du pays. La publication, commencée par le ministère de l'Intérieur en 1878, de la *Situation financière des communes de France et d'Algérie* ne cesse d'appeler l'attention sur ce sujet ; elle a mis la dépense au plein jour, elle en mesure l'accélération annuelle avec toute la précision possible.

Parfois, quand ces tableaux paraissent, les économistes s'en inquiètent et cherchent à faire partager leurs préoccupations au public ; on entend dénoncer le péril prochain. Cependant, l'opinion générale ne s'astreint pas longtemps, chez nous, à méditer la leçon des chiffres, ni les causes profondes. Elle pressent la difficulté du sujet, l'épine du problème qu'il recèle, l'effort pratique où il faudrait aboutir. Remarquant, au surplus, le calme ordinaire des pouvoirs publics, elle ne tarde guère à se rasséréner ; le peu d'agitation qui s'était élevée tombe, et rien n'entrave plus la marche au déficit.

Je viens de marquer les points mal étudiés, et pourtant capitaux en l'affaire : la leçon des chiffres et les causes. Il ne sera possible que de les effleurer dans la vue d'ensemble où se bornera cette préface. Les chiffres nous donneront la preuve et, d'une certaine manière, la mesure des profusions, et nous feront voir la brèche par où elles s'écoulent. Les causes viendront après ; notre étude n'en retiendra qu'une seule, comme il a été dit.

I. — La leçon des chiffres. — Appréciation mathématique de la gestion financière des communes.

Le ministre de l'Intérieur donnait la première alarme, en 1840, à propos d'impositions qui ne dépassaient pas une vingtaine de millions. C'était M. de Rémusat, un philosophe pourtant, qui tournait ainsi le dos à son siècle. En 1850, une grande commission fut instituée pour chercher la cause et le remède d'une prodigalité qui paraissait passer les bornes. Démonstration vaine ! Vingt ans après, le même impôt montait à 89 millions. La troisième République l'a plus que doublé. Les avertissements n'ont cependant pas manqué, surtout en 1884. On vit alors M. de Marcère, rapporteur de la loi municipale devant la Chambre des députés, renouveler en termes pareils les objurgations de M. de Rémusat ; plusieurs sénateurs, M. Lizot entre autres, exprimer dans de patriotiques discours des inquiétudes qui émurent la haute assemblée ; M. Audibert, procureur général à la Cour des comptes, prêter à la cause de la modération l'appui de son autorité et de son talent, dans la séance de rentrée solennelle de la même année. Efforts inutiles ! Le torrent n'a cessé de grossir ; bientôt on y perdra pied. Le rapporteur d'une commission extraparlementaire que nous retrouverons plus loin a dit cette parole, enregistrée dans le *Journal officiel* du 20 août 1896 : « On se plaint beaucoup de ce qu'il y ait trop de coulage dans les dépenses communales. Le mal est certain. » Oui, et considérable et croissant. L'histoire fiscale du dernier demi-siècle pourra s'en expliquer d'un trait éloquent et simple : en ce temps-là, les impositions communales décuplèrent.

Cette première constatation faite, venons aux renseignements et aux éléments de calcul que la *Situation financière des communes* met sous nos yeux.

Les recettes prévues aux budgets ordinaires primitifs de 1895 ont été de 730 millions pour toutes les communes françaises ; 292 millions, très exactement les deux cinquièmes, pour Paris, et 438 millions, les trois cinquièmes, pour la province, — si l'on me permet de désigner ainsi la France moins Paris. — En 1891, les chiffres correspondants étaient : pour la France entière, de 675 millions, et de 265 et 410 millions pour Paris et la province. L'augmentation est de 55 millions en quatre ans, presque également partagée entre Paris et la province, tandis que, d'après la proportion ci-dessus, elle devrait être respectivement de 40 et 60 0/0. L'accroissement pour Paris est donc notablement plus rapide.

Il ne saurait être question de calculs pareils pour les recettes du budget extraordinaire. Nous verrons que le budget extraordinaire peut contenir deux éléments : l'un, dit accidentel, comprenant les capitaux, l'autre, dit temporaire, les annuités destinées à suppléer à leur insuffisance. Le premier est, le cas échéant, de beaucoup le plus important ; le capital formé efface naturellement le capital en formation. En raison de la disproportion de ces catégories, et de la rareté de l'une d'elles, le chapitre où elles figurent n'est pas comparable d'une année à l'autre. Il ne peut être un sujet d'étude que distraction faite des mouvements de capitaux, et réduit au compte de la dette. Cela sera mieux compris plus tard, car il faut une véritable démonstration pour justifier cette analyse.

De quoi se composent les recettes du budget ordinaire ? La *Situation financière* de 1891 en a donné un tableau sommaire, groupant les catégories les plus importantes, indiquant la proportion dans laquelle elles concourent à la formation de l'ensemble. Il n'en pas été présenté de pareil depuis. Je vais essayer de le refaire avec les chiffres qui conviennent à 1895.

Les catégories dont il s'agit peuvent être plus nettement définies que dans l'exemple proposé, et se ranger sous les rubriques suivantes : impôts, revenus, libéralités. Les impôts sont divisés en centimes additionnels, taxes d'octroi et prestations. L'énumération, évidemment, n'est pas complète ; le reste, qui se compose des parts d'impôts généraux attribuées aux communes et des taxes autres que l'octroi, est joint aux revenus. La théorie légale au sujet du rôle des impôts n'est pas conforme à cette distribution. Prenons cependant les choses telles qu'elles nous sont données et, cette réserve faite, fixons chaque groupe avec les observations utiles.

Voici, pour 1895, la décomposition des centimes en ordinaires et en extraordinaires. J'adopte provisoirement la terminologie de la *Situation financière*; comprenez qu'il s'agit des centimes employés au budget ordinaire et au budget extraordinaire. Je marque, en même temps, leur division entre Paris et la province, et donne sommairement les nombres de millions.

Centimes	Ordinaires	Extraordinaires	Totaux
Paris.........	1.5	29.3	30.8
Province.....	·94.7	59.0	153.7
Totaux.....	96.2	88.3	184.5

La comparaison avec les années précédentes s'établit comme suit :

En 1891 . . . . 170 millions.
— 1892 . . . . 171 »
— 1893 . . . . 176 »
— 1894 . . . . 180 »
— 1895 . . . . 184 »

L'augmentation en quatre ans a été de 14 millions, soit en moyenne de 3,5 millions par année[1]. Le mouvement se poursuit. On pourrait ici reprendre un mot connu, satire usée et inefficace : « Saluez les 184 millions de 1895, car vous ne les reverrez plus. » Le chiffre

---

1. La *Situation financière* se trompe en calculant cette moyenne sur une différence de cinq ans. De 1891 à 1895, l'intervalle est de quatre ans; la moyenne est de 3,5 et non de 2,8, comme il est indiqué faussement.

de 1896 n'est pas publié à cette heure, je l'ignore. Il est supérieur, je le jure.

Les taxes d'octroi ne sont pas plus épargnées. Dans certains départements, dans les villes en général, on les préfère aux contributions directes, elles en jouent le rôle au complet. L'opinion publique a beau leur être défavorable, et les pouvoirs publics inciter à leur remplacement ; le problème reste pendant et la solution malaisée, comme la simple lecture des chiffres l'indique. Voici encore les nombres de millions.

Taxes d'octroi	Budgets Ordinaires	Budgets Extraordinaires	Totaux
Paris	152	»	152
Province.....	142	15	157
TOTAUX....	294	15	309

Paris tire environ cinq fois plus de l'octroi que des impositions; dans la province, les deux branches d'impôts ne sont pas loin de rapporter la même somme. L'octroi est en augmentation de 10 millions sur 1891 ; la crue moyenne par année est ainsi de 2,5 millions. On a peine à se croire à la veille de la suppression d'un impôt aussi fructueux et aussi généralisé.

Les taxes d'octroi sont de beaucoup les plus importantes. A côté d'elles, on range les prestations, très battues en brèche également, et très difficiles à entamer. Bon nombre de politiciens les déclarent intolérables, au nom de contribuables qui les acquittent sans peine et sans plainte. Leur produit, qui ne varie guère, est d'une soixantaine de millions.

Des impôts passons aux revenus ; la définition en est délicate. La *Situation financière* de 1891 nous dit là-dessus : « Les revenus annuels comprennent exclusi-

vement le produit des biens meubles et immeubles
des communes, de la location du domaine public, de
l'attribution par l'État de portions d'impôts perçus à
son profit et de diverses taxes locales. » On ajoute phi-
losophiquement que cette catégorie représente « les
possibilités naturelles des communes ». Pas si naturelles, comme disait l'autre, et « possibilités »,
d'ailleurs, n'est ni français ni clair. Le partage qu'on fait
des taxes, par exemple, entre impôts et revenus ne se
justifie guère. L'octroi, que l'on compte ici comme
impôt, figurera ailleurs comme revenu, au moins le
produit des taxes principales. J'en fais l'observation
dès maintenant, pour qu'on ne se hâte pas de chercher
la logique d'un système dans l'analyse donnée du budget
par le rédacteur de la *Situation financière* de 1891.

Autre observation. N'est-il pas bizarre que les statistiques officielles en soient réduites à confondre sous
la même rubrique revenus et impôts ? Les chefs de
l'administration française n'ont donc jamais eu la curiosité de connaître le dénombrement de la richesse des
communes ? On me dit que, ni au ministère de l'Intérieur, ni au ministère des Finances, on ne sait même
le chiffre des rentes sur l'État qu'elles possèdent. Si
l'on prescrivait, en chaque département, l'inventaire
dont l'administration du territoire de Belfort donne le
cadre à la première page de ses budgets communaux,
une lacune regrettable serait promptement et fort uti-
lement comblée. Parmi les biens domaniaux, on a
cependant l'état exact des forêts, dont deux millions
d'hectares sont la propriété des communes [1]. Mais
c'est un renseignement isolé, et par conséquent peu

---

1. Les communes possèdent presque le quart de la propriété boisée;
la plus grande superficie dans les Landes, le Var, les Vosges, le territoire de Belfort, la Gironde, l'Ariège, le Jura, la Haute-Marne, la
Haute-Saône. — Alf. de Foville, *la France économique*, p. 183.

utilisable, en l'état d'indétermination de tout le surplus du patrimoine. De telle sorte que la *Situation financière* se borne à cette allusion : « Les localités des départements de l'Est et du Sud-Ouest possèdent de nombreux biens communaux (bois et autres propriétés). » Ce qui n'apprend vraiment rien à personne.

Mais poursuivons : « Les revenus annuels étaient évalués, en 1890, pour toutes les communes non compris Paris, à la somme de 123,3 millions, et la progression desdits revenus ressortait, d'après les situations financières publiées depuis 1878, à 1,3 million par an en moyenne. » Appliquant l'observation à l'intervalle de temps écoulé depuis 1890, on trouve pour les revenus annuels de 1895, une valeur de 130 millions.

Le tableau se complète enfin par un article qui n'est pas calculé directement, mais qui nivelle ses colonnes avec une vraisemblance suffisante. En 1891, l'écart à combler était de six millions ; on l'expliquait ainsi : « Le surplus [la somme à inscrire pour solde] serait susceptible de représenter notamment le produit des rétributions collégiales ou scolaires, des subventions de toute nature, allouées par des particuliers, par les départements et surtout par l'État, pour les dépenses des collèges communaux (4,6 millions pour l'exercice 1891), pour des cours d'enseignement de diverses catégories, pour des écoles de musique et de beaux-arts, etc. »

L'auteur de cette observation a le tort, me semble-t-il, de se borner aux fonds de secours, subventions et subsides ayant pour objet le seul service de l'instruction publique. D'une façon plus complète et plus claire, c'est là le chapitre des libéralités publiques ou privées. Le lecteur ne s'étonnera pas de le voir monter à 11,5 millions en 1895.

Réunissons ces divers éléments, avec leur importance

nouvelle, dans un cadre dont nous emprunterons la forme au modèle donné en 1891 :

Revenus annuels..........	130 millions	30 p. 100
Centimes additionnels¹.....	94,50 —	21,50 —
Taxes d'octroi	142 —	32 —
Prestations..............	60 —	14 —
Libéralités.	11,50 —	2,50 —
	438 millions	100 p. 100

On retombe sur le chiffre des recettes des budgets ordinaires de la province. Les impôts : centimes, octrois et prestations en sont les deux tiers. Les ressources demandées à l'impôt direct n'en forment qu'un peu plus du cinquième; elles atteignent à peine le tiers de l'impôt. Ces proportions sont intéressantes à retenir.

Là finit ce que nous avons à dire des chiffres généraux de la statistique.

Il s'agit maintenant d'entrer dans quelques détails, pour comparer la situation financière des communes, et en tirer une leçon utile — et rapide — à l'adresse des administrateurs. On n'y a guère employé jusqu'ici qu'un tableau donnant, non plus le produit des centimes, mais le nombre perçu en moyenne, par commune, dans chaque département. On connaît par là, au seul énoncé, le rapport des impositions additionnelles dont il s'agit au principal. Le résultat est comparable, intéressant, mais incomplet ; il n'y a pas à en tirer autant de conséquences que l'on fait communément.

Reproduisons le tableau des moyennes de centimes, d'après la *Situation financière* de 1895, en le disposant suivant l'ordre décroissant des nombres.

1. Le tableau que donne la *Situation financière* détaille les centimes annuels et les partage en centimes ordinaires, en centimes pour insuffisance de revenus et en centimes spéciaux dont les catégories sont d'ailleurs incomplètes. Je ne reproduis pas cette division, dont les éléments me manquent.

(A) Tableau des moyennes des centimes additionnels communaux par départements.

Département		Département	
Corse	189	Lozère	43
Savoie (Haute-)	157	Corrèze	43
Savoie	156	Puy-de-Dôme	43
Aude	116	Alpes (Basses-)	42
Seine-et-Marne	103	Vienne (Haute-)	42
Ariège	103	Loire (Haute-)	41
Seine-et-Oise	102	Var	40
Marne	96	Dordogne	39
Nord	96	Calvados	38
Yonne	96	Côte-d'Or	38
Drôme	92	Maine-et-Loire	38
Ain	90	Loire-Inférieure	38
Oise	86	Pyrénées (Basses-)	37
Hérault	85	Tarn	37
Pas-de-Calais	83	Lot	36
Isère	82	Vendée	36
Aube	81	Tarn-et-Garonne	35
Aisne	80	Alpes-Maritimes	35
Indre	78	Jura	35
Loiret	78	Aveyron	34
Seine	77	Sarthe	34
Nièvre	74	Seine-Inférieure	34
Eure-et-Loir	73	Pyrénées (Hautes-)	32
Ardennes	72	Saône-et-Loire	32
Loir-et-Cher	69	Creuse	31
Ardèche	69	Mayenne	29
Loire	65	Morbihan	29
Rhône	62	Ille-et-Vilaine	29
Sèvres (Deux-)	60	Côtes-du-Nord	28
Gironde	59	Eure	28
Gard	57	Lot-et-Garonne	27
Pyrénées-Orientales	57	Finistère	27
Charente-Inférieure	57	Orne	26
Bouches-du-Rhône	56	Gers	26
Somme	56	Meuse	25
Alpes (Hautes-)	55	Marne (Haute-)	24
Garonne (Haute-)	55	Manche	22
Cher	54	Belfort (territoire de)	22
Indre-et-Loire	50	Meurthe-et-Moselle	21
Charente	50	Landes	18
Vaucluse	50	Vosges	18
Vienne	47	Doubs	17
Cantal	45	Saône (Haute-)	15
Allier	44		

La Corse, les deux départements de Savoie et l'Aude,
avec respectivement 189, 157, 156, 116 centimes, sont à

un grand intervalle du reste de la France, on peut dire à part. Mais, depuis les 103 centimes de Seine-et-Marne et de l'Ariège jusqu'aux 15 centimes de la Haute-Saône, la décroissance se fait d'une façon presque continue, avec un écart maximum de 6 centimes. Les deux tiers des départements, — exactement de la Meuse à la Nièvre, — sont grevés de 25 à 75 centimes ; 21 en payent plus de 75 ; 8, moins de 25. Sur 36,161 communes, 4,475, c'est-à-dire plus du huitième, supportent au delà de 100 centimes ; l'accessoire y dépasse le principal. Dans la moyenne, qui est de 56 centimes, se rangent, avec un écart d'un centime en plus ou en moins, la Haute-Garonne, les Hautes-Alpes, la Somme, les Bouches-du-Rhône, la Charente-Inférieure, les Pyrénées-Orientales et le Gard.

Voici des cas singuliers dans les deux sens. Six communes du Doubs, cinq de la Haute-Saône, une des Vosges, une des Landes, — on reconnaît les localités de l'Est et du Sud-Ouest, riches en biens forestiers, — ne sont imposées que des cinq centimes ordinaires. Une commune du Doubs est l'objet de cette mention unique dans la *Situation financière* : « Chapelle-d'Huin (canton de Levier, arrondissement de Pontarlier) équilibre son budget sans imposition d'aucune sorte. » Bon nombre de communes de la même région pourraient faire de même, mais n'y attachent pas le même point d'honneur. Deux communes du Finistère, l'Isle-de-Sein et l'Isle-Molène ne lèvent aucune imposition, mais à cause d'indigence. Dans la Savoie et la Haute-Savoie, les centimes montent fréquemment à 200 et 250. Dans la Corse, Casamaccioli, village de l'arrondissement de Corte, en paye 542. C'est le sommet de l'échelle, me semble-t-il.

La lecture de ces chiffres est instructive ; il ne faut pas, toutefois, leur demander plus qu'ils ne peuvent donner.

On en tire souvent des déductions un peu bien promptes, concluant des centimes à l'impôt, de l'impôt à la dépense, de la dépense au mérite ou au démérite des administrateurs. Beaucoup de centimes ici, pense-t-on confusément, donc beaucoup d'impôts ; beaucoup d'impôts, donc grosse dépense, administration prodigue. Et parallèlement : peu de centimes là, donc peu d'impôts ; peu d'impôts, donc petite dépense, administration économe. Ce n'est que déductions fausses ou boiteuses. Le détail des recettes des budgets ordinaires de la province, donné tout à l'heure, en fournit la preuve fort nette : les centimes représentent moins du tiers de l'impôt ; l'impôt, à peine plus des deux tiers de la dépense. Il faut s'y prendre autrement pour aboutir dans une pareille enquête.

D'abord, il y a lieu de demander aux statistiques officielles un état aussi complet que possible de l'impôt. Il est suffisant de tabler, comme l'a fait la *Situation financière* de 1891, sur la somme des centimes additionnels, des octrois et des prestations ; le reste est négligeable au regard de cet ensemble. Cette charge, connue par départements, doit être divisée d'abord par le nombre des familles qu'elle fait bénéficier de l'ordre municipal, par le nombre des feux, comme on disait sous l'ancien régime. On obtient ce rapport,— l'impôt unitaire, — avec assez d'exactitude en divisant le total des impôts, calculé comme il a été dit, par le nombre des électeurs [1] ; opération dont voici le tableau pour toute la France (tableau B) :

---

1. Je me range à l'avis exprimé par M. Maurice Block en ces termes : « On a assez l'habitude, pour se rendre compte des charges fiscales, de prendre des moyennes par tête ; ces moyennes ont tant d'inconvénients que nous avons pensé les atténuer en prenant une moyenne par électeur, ce qui équivaut presque à la moyenne par famille. » *Revue politique et parlementaire* (10 juillet 1896), t. VIII, n° 25, p. 9.

(B) Tableau des rapports des impôts communaux au nombre des familles par départements [1].

(Impôt unitaire absolu)

DÉPARTEMENTS	Centimes et octrois	Prestations	Total des impôts	Nombre des électeurs	Impôt unitaire absolu
Seine................	196.504	309	196.813	678	290.2
Bouches-du-Rhône....	15.536	314	15.850	156	101.6
Alpes-Maritimes......	5.112	137	5.249	60	87.4
Rhône...............	15.179	455	15.634	190	82.2
Seine-Inférieure.	13.400	1.454	14.854	201	73.8
Seine-et-Oise........	10.264	1.164	11.428	169	67.6
Marne...............	6.362	1.155	7.517	118	63.7
Seine-et-Marne.......	5.365	1.024	6.389	101	63.2
Nord	24.350	1.698	26.048	417	62.4
Hérault.............	7.606	691	8.297	143	58.0
Gironde.............	10.885	1.476	12.361	228	54.2
Oise................	4.629	1.218	5.847	112	52.2
Calvados............	4.723	945	5.668	113	50.1
Aude...............	3.889	636	4.525	93	48.6
Aisne...............	5.517	1.583	7.100	150	47.3
Aube....	2.708	710	3.418	76	44.9
Garonne (Haute-)-....	5.826	768	6.594	148	44.5
Var.................	3.523	167	3.690	84	43.9
Ardennes.	2.700	1.128	3.828	88	43.5
Eure-et-Loir.........	2.921	474	3.395	81	41.9
Loiret	3.708	712	4.420	106	41.6
Loire...............	6.207	592	6.799	169	40.2
Yonne..............	3.247	932	4.179	105	39.9
Somme.............	5.054	1.229	6.283	158	39.7
Pas-de-Calais........	7.852	1.175	9.027	235	38.4
Savoie	2.155	374	2.529	70	36.0
Charente-Inférieure...	3.805	1.302	5.107	142	35.9
Meurthe-et-Moselle...	3.416	726	4.142	117	35.4
Côte-d'Or, ...	3.031	946	3.977	113	35.1
Isère...............	5.041	767	5.808	168	34.5
Gard...............	4.156	443	4.599	136	33.8
Loire-Inférieure.... ..	5.203	682	5.885	176	33.4
Belfort.............	561	94	655	20	32.7
Indre-et-Loire	2.715	612	3.327	102	32.6
Loir-et-Cher	2.087	628	2.665	83	32.1
Eure...............	2.276	913	3.189	101	31.5
Charente............	2.659	790	3.449	111	30.9
Alpes (Hautes-).	633	285	918	30	30.6
Vienne (Haute-)......	1.585	472	3.057	102	30.0
Vaucluse	1.960	335	2.295	78	29.4
Maine-et-Loire........	3.600	819	4.419	154	28.6
Sarthe..............	2.751	788	3.539	125	28.3
Vienne	2.183	671	2.854	105	27.1

1. Les chiffres concernant les impôts et les électeurs sont exprimés par mille.

DÉPARTEMENTS	Centimes et octrois	Prestations	Total des impôts	Nombre des électeurs	Impôt unitaire absolu
Ain	2.010	839	2.849	105	27.1
Nièvre	1.965	793	2.758	102	27.0
Ille-et-Vilaine	3.587	716	4.303	160	26.8
Indre	1.750	541	2.291	86	26.6
Meuse	1.421	671	2.092	79	26.4
Tarn-et-Garonne	1.408	435	1.843	70	26.3
Pyrénées-Orientales	1.286	292	3·578	60	26.3
Orne	1.863	736	1·624	102	25.7
Manche	2.524	914	2.438	134	25.6
Sèvres (Deux-)	2.033	749	2.782	110	25.5
Doubs	1.618	423	2.046	81	25.2
Pyrénées (Basses-)	2.010	701	2.711	109	24.8
Cher	1.930	790	2.720	105	24.1
Savoie (Haute-)	1.560	394	1.954	81	24.1
Jura	1.375	552	1.927	80	24.0
Mayenne	1.527	623	2.150	91	23.8
Lot-et-Garonne	1.619	713	2.372	99	23.7
Tarn	2.026	529	2.555	111	23.0
Cantal	1.041	419	1.460	64	22.8
Marne (Haute-)	1.023	565	1.588	71	22.5
Puy-de-Dôme	2.807	1.996	3.803	174	21.8
Ariège	2.700	128	3.828	88	21.8
Allier	2.180	692	2.872	132	21.6
Vosges	1.561	1.757	2.318	111	20.8
Saône-et-Loire	2.619	303	3.922	182	20.4
Alpes (Basses-)	533	216	749	38	19.7
Drôme	1.356	510	1.866	96	19.4
Gers	884	774	1.658	87	19.0
Corse	1.348	244	1.592	85	18.9
Finistère	2.831	521	3.352	183	18.3
Pyrénées (Hautes-)	831	351	1.182	65	18.0
Saône (Haute-)	774	739	1.513	84	18.0
Dordogne	2.104	514	2.618	149	17.6
Vendée	1.467	798	2.265	129	17.6
Morbihan	1.915	512	2.427	138	17.4
Aveyron	1.363	687	2.050	119	17.2
Lozère	416	209	625	38	16.4
Ardèche	1.370	393	1.763	113	15.6
Loire (Haute-)	999	375	1.374	91	15.0
Lot	945	291	1.236	83	14.8
Corrèze	973	376	1.349	93	14.5
Landes	571	631	1.202	87	13.8
Côtes-du-Nord	1.426	760	2.186	164	13.3
Creuse	581	331	912	81	11.1

Ces nombres ne sont pas exactement comparables ; ils représentent une charge plus ou moins lourde, indépendamment de leur valeur absolue, suivant que la commune où l'impôt est prélevé est plus ou moins riche. Comment évaluer cette richesse ? Le Gouvernement a tenté de le faire, il y a peu d'années, à propos de la répartition des fonds de subvention de l'État entre les départements : 1° par la comparaison du centime additionnel à la contribution foncière avec la superficie ; 2° par la comparaison du centime additionnel aux trois autres contributions directes avec la population ; 3° par l'addition de ces deux rapports[1]. Le nombre ainsi obtenu peut être, en effet, considéré comme une fraction élémentaire, un tantième de la fortune publique locale, formée par la richesse du sol et celle des individus. En divisant l'impôt ou la charge unitaire absolue par ce nombre, on aura l'expression de cette charge en tantièmes de la fortune du lieu : la charge unitaire relative, partout comparable.

Le tableau ci-après (C) présentera le résultat de ces calculs. L'impôt dont je parlerai dans la suite de cet exposé, ne sera plus, — qu'on le comprenne, — la somme réellement perçue, mais l'impôt unitaire relatif, impôt par famille et rapporté à un nombre qui représente assez bien la richesse moyenne.

---

1. Voir le *Journal officiel* du 21 août 1889. Le calcul est présenté ainsi pour la Corse, par exemple, le département le plus pauvre :

Produit du centime additionnel à la contribution foncière	2.015.46
Superficie en hectares	869.897
Rapport entre le produit de la contribution foncière et la superficie en hectares	0.002
Produit du centime additionnel aux trois autres contributions directes	3.880.96
Population	278.501
Rapport entre le produit des trois dernières contributions et la population	0.013
Total des deux rapports	0.015
Rapport inverse	66.66

(C) Tableau de l'impôt calculé par familles et en tantièmes de la fortune publique locale.

(Impôt unitaire relatif)

DÉPARTEMENTS	Impôt unitaire absolu	Tantièmes (Rapport inverse)	Impôt unitaire relatif	Rapport au plus faible[1]
Savoie	36.0	35.71	1285.5	4.48
Corse	18.9	66.66	1259.8	4.39
Alpes-Maritimes	87.4	11.36	992.2	3.45
Alpes (Hautes-)	30.6	32.25	986.8	3.43
Savoie (Haute-)	24.1	38.46	926.8	3.23
Aude	48.6	15.62	759.1	2.64
Seine	290.2	0.26	754.0	2.62
Marne	63.7	11.19	731.9	2.55
Bouches-du-Rhône	101.6	7.19	730.5	2.54
Ariège	21.8	31.25	681.2	2.30
Yonne	39.9	16.39	653.9	2.27
Vienne (Haute-)	30.0	21.73	651.9	2.27
Var	43.9	14.49	636.1	2.21
Indre	26.6	23.80	633.0	2.20
Ardennes	43.5	14.29	621.6	2.16
Morbihan	17.4	23.80	614.1	2.14
Seine-et-Marne	63.2	9.61	607.3	2.11
Aube	44.9	13.51	606.5	2.11
Cantal	22.8	26.31	599.8	2.09
Loir-et-Cher	32.1	18.51	594.1	2.07
Drôme	19.4	20.00	588.0	2.05
Lozère	16.4	35.71	585.6	2.04
Alpes (Basses-)	19.7	29.41	579.3	2.01
Ain	27.1	21.27	576.4	2.00
Hérault	58.0	9.90	574.2	2.00
Pyrénées (Basses-)	21.8	22.72	563.4	1.96
Nièvre	27.0	20.83	562.4	1.95
Cher	24.1	23.25	560.3	1.95
Loiret	41.6	13.33	554.5	1.93
Pyrénées-Orientales	26.3	20.83	547.8	1.90
Aisne	47.3	11.49	543.4	1.89
Vienne	27.1	19.60	531.1	1.85
Isère	34.5	15.38	530.6	1.84
Eure-et-Loir	41.9	12.65	530.0	1.84
Oise	52.2	10.00	522.0	1.81
Sèvres (Deux-)	25.5	20.40	520.2	1.80
Loire-Inférieure	33.4	15.38	513.6	1.79
Garonne (Haute-)	44.5	11.23	499.7	1.70
Charente-Inférieure	35.9	13.88	498.2	1.70
Corrèze	14.5	33.33	483.2	1.68

[1]. L'impôt de la Manche est pris pour unité.

DÉPARTEMENTS	Impôt unitaire absolu	Tantièmes (Rapport inverse)	Impôt unitaire relatif	Rapport au plus faible
Gironde	54.2	8 85	479.6	1.67
Landes	13.8	34 48	475.8	1.66
Pyrénées (Hautes-)	18.0	26.31	473.5	1.65
Seine-et-Oise	67.6	6.99	472.5	1.64
Loire	40.2	11.66	468.7	1.63
Aveyron	17.2	27.02	467.8	1.63
Côte-d'Or	35.1	13.16	461.3	1.60
Charente	30.9	14.70	454.2	1.58
Ille-et-Vilaine	26.8	16.91	453.1	1.57
Meurthe-et-Moselle	35.4	12.65	447.8	1.56
Meuse	26.4	16.91	446.4	1.55
Indre-et-Loire	32.6	13.51	440.4	1.54
Gard	33.8	13.33	439.8	1.53
Vaucluse	29.4	14.92	438.6	1 52
Rhône	82.2	5.32	437.3	1.51
Belfort	32.7	13.16	430 3	1.49
Pas-de-Calais	38.4	11.11	426.6	1.48
Seine-Inférieure	73.8	5.75	424.3	1.48
Allier	21.6	19.60	423.3	1.47
Ardèche	15.6	27.02	421.5	1.45
Jura	24.0	17 54	420.4	1.44
Tarn	23.0	17.96	413.0	1.43
Nord	62.4	6.49	404 9	1.41
Calvados	50.1	8.06	403 8	1.40
Vosges	20.8	19.23	397.9	1.39
Doubs	25.2	15.62	393.6	1.37
Finistère	18.3	21.27	389.2	1.34
Mayenne	23.8	16.29	387.7	1 33
Marne (Haute-)	22.5	17.24	385.8	1.32
Creuse	11.1	34.48	382.7	1.32
Somme	39.7	9.52	377.9	1 31
Maine-et-Loire	28.6	13.16	376.3	1.30
Puy-de-Dôme	21.8	17.24	375.8	1.30
Vendée	17.6	21.27	374.4	1.30
Dordogne	17.6	21.27	374.3	1.30
Sarthe	28.3	12.98	367.3	1.28
Loire (Haute-)	15.0	24.39	365.8	1.27
Gers	19.0	18.86	358.3	1.25
Tarn-et-Garonne	26.3	13.51	355.3	1.24
Orne	25.7	13.16	338.2	1.18
Lot-et-Garonne	23.7	13.69	324.4	1.13
Côtes-du-Nord	13.3	24.39	324.3	1.13
Lot	14.8	21.73	321.6	1.12
Saône (Haute-)	18.0	17.54	315.7	1.10
Saône-et-Loire	20.4	15.38	313.7	1.09
Eure	31.5	9.61	302.7	1.05
Manche	25.6	11.23	287.4	1.00

Remarquons tout de suite, dans ce tableau, combien l'écart des termes extrêmes est moindre que dans le tableau des centimes (A). Tandis que la Corse paye 12,5 fois plus de centimes que la Haute-Saône, la Savoie supporte, comme impôt total, une charge qui n'est que 4,5 fois plus forte que celle de la Manche. Ce rapprochement des conditions fiscales était à prévoir ; il montre aussi bien l'inexactitude où l'on risque de tomber en se contentant de renseignements incomplets. Nos chiffres seuls peuvent être un sujet de justes comparaisons.

Mais à ceux-ci mêmes, quelle que soit leur compréhension, on ne peut demander que ce qu'ils contiennent : les proportions des charges communales. Pour passer de là au degré de sagesse des administrations locales, il faut un complément d'informations ; il y a lieu d'envisager avec l'impôt la dépense, car on sait que l'impôt n'en représente qu'une partie, la plus forte à la vérité. Encore faut-il tenir compte du surplus, qui a pour contre-partie les revenus communaux.

Quand on sait qu'une commune est très imposée, on peut commencer de la juger. Cependant il y a des degrés dans le blâme qu'elle mérite ; sa faute s'aggrave, si sa dépense totale excède notablement ses impôts ; elle passe décidément parmi les prodigues. Quand on sait qu'une commune est très peu imposée, le jugement à porter sur son administration doit être absolument suspendu, jusqu'à ce que l'on soit renseigné sur sa dépense. Elle peut, en effet, à raison de ce second chiffre, se déclasser et passer même parmi les prodigues ; elle tirera quelque excuse de ce qu'il entre dans son train une notable proportion de revenus, car la loi admet qu'une commune en soit maîtresse. Mais, si la commune peu imposée dépense peu, son régime est irréprochable ; l'administration y est décidément économe, digne d'éloge, par comparaison ; c'est un modèle relatif.

Présentons donc, dans un nouveau tableau (D), la dépense ordinaire. Mais, pour qu'elle soit comparable d'une commune à l'autre ou de l'ensemble d'un département à un autre département, il faut exprimer cette dépense, comme nous avons fait l'impôt, en la rapportant à une famille et en prenant pour unité le tantième de la fortune locale que l'on sait. Le calcul sera facile, connaissant le rapport de l'impôt à la dépense, et ce rapport résultera de la comparaison des chiffres de la 4ᵉ colonne du tableau (B) (total des impôts) aux dépenses ordinaires [1], inscrites dans la 2ᵉ colonne du tableau (D). On divisera l'impôt tel qu'il est exprimé dans la 5ᵉ colonne du tableau (C), par ce rapport et l'on déduira ainsi de l'impôt unitaire relatif, la dépense pareillement unitaire et relative, c'est-à-dire convertie en tantièmes de la fortune publique locale et rapportée à une famille.

Il est évident que j'aurais pu calculer les dépenses unitaires relatives directement, comme j'ai fait l'impôt, en divisant le chiffre des dépenses ordinaires par le nombre des électeurs et le tantième de la fortune locale. J'ai préféré déduire ces nombres d'une proportion qui m'a donné l'occasion de présenter, dans la 3ᵉ colonne du tableau (D), l'intéressant rapport de l'impôt aux dépenses ordinaires.

1. J'ai pris, pour chiffres des dépenses ordinaires, non pas ceux donnés comme tels par la *Situation financière* de 1895 (col. 7), mais les chiffres des recettes du budget ordinaire de la colonne voisine (col. 6), et dont le total dépasse les premiers d'environ 5 0/0. Je dirai ultérieurement la raison de cette différence, dont le lecteur ne se troublera pas.

(D) Tableau des dépenses calculées par familles et en tantièmes de la fortune publique locale[1].

(Dépenses unitaires relatives)

DÉPARTEMENTS	Dépenses ordinaires	Rapport de l'impôt aux dépenses	Dépenses unitaires relatives	Rapport à la plus faible
Corse	1.779	0.89	1.415.6	4.18
Alpes (Hautes-)	1.210	0.75	1.315.8	3.89
Savoie	2.576	0.98	1 311.8	3.88
Seine	307.405	0.64	1.178.1	3.48
Drôme	3.418	0.54	1.088.8	3.22
Alpes-Maritimes	5.444	0.96	1.034.2	3.06
Meuse	4.692	0.44	1.014.5	3.00
Doubs	5.166	0.39	1.009.2	2.98
Vosges	5.585	0.41	970.6	2.87
Savoie (Haute-)	1.996	0 99	936.1	2.77
Marne	8.957	0.83	881.8	2.60
Bouches-du-Rhône	18 692	0.83	880.1	2.60
Pyrénées (Hautes-)	2.191	0.54	877.0	2.59
Pyrénées (Basses-)	4.148	0.65	866.8	2.56
Landes	2.149	0.55	865.1	2.55
Saône (Haute-)	4.012	0.37	853.2	2.52
Belfort	1.173	0.51	843.3	2.49
Marne (Haute-)	3.243	0.48	803.7	2.37
Meurthe-et-Moselle	7.326	0.56	799.6	2.36
Aisne	7.735	0.71	765.4	2.26
Jura	3.442	0.55	765.3	2.26
Alpes (Basses-)	982	0.76	762.3	2.25
Aube	4.219	0.81	761.2	2.25
Aude	4.302	1.00	759.1	2.24
Vienne (Haute-)	3.116	0.86	758.0	2.24
Ariège	1.661	0.91	748.6	2.21
Côte-d'Or	6.355	0.62	744.0	2.20
Ardennes	4.511	0.84	740.0	2.19
Var	4.257	0.86	738.5	2.18
Yonne	4.809	0.90	726.6	2.15
Cher	3.226	0.78	718.3	2.12
Indre	2.522	0.90	703.4	2.08
Ain	3.425	0.83	694.4	2.05
Cantal	1.628	0.89	674.0	1.99
Morbihan	2.594	0.93	660.3	1.95
Loir-et-Cher	2.910	0.91	652.9	1.93
Lozère	681	0.90	650.7	1.92
Nièvre	3.167	0.87	646.4	1.91
Seine-et-Marne	7.055	0.95	639.3	1.89
Loiret	4.943	0.89	623.0	1.84

1. Les chiffres concernant les dépenses sont exprimés par mille.

DÉPARTEMENTS	Dépenses ordinaires	Rapport de l'impôt aux dépenses	Dépenses unitaires relatives	Rapport à la plus faible
Isère	6.721	0.87	609.8	1.80
Gironde	15.519	0.79	607.1	1.79
Oise	6.735	0.86	606.9	1.79
Hérault	8.556	0.97	591.9	1.75
Pyrénées-Orientales	1.689	0.93	584.7	1.73
Sèvres (Deux-)	3.087	0.90	578.0	1.71
Garonne (Haute-)	7.577	0.87	574.4	1.69
Loire-Inférieure	6.334	0.92	558.3	1.65
Gard	5.242	0.79	556.8	1.64
Vaucluse	2.883	0.79	555.2	1.64
Charente-Inférieure	5.625	0.90	553.6	1.63
Indre-et-Loire	4.145	0.80	550.5	1.62
Eure-et-Loir	3.459	0.98	540.8	1.59
Loire	7.782	0.87	538.7	1.59
Vienne	2.864	0.99	536.8	1.58
Ille-et-Vilaine	4.879	0.88	514.9	1.52
Corrèze	1.415	0.95	508.7	1.50
Seine-et-Oise	12.197	0.93	508.0	1.50
Allier	3.377	0.85	498.0	1.47
Aveyron	2.205	0.95	492.4	1.45
Nord	26.048	0.83	487.9	1.44
Ardèche	1.992	0.88	478.9	1.41
Pas-de-Calais	994	0.90	474.0	1.40
Maine-et-Loire	5.390	0.81	464.6	1.37
Charente	3.515	0.98	463.5	1.37
Somme	7.619	0.82	460.9	1.36
Puy-de-Dôme	4.581	0.83	452.6	1.33
Seine-Inférieure	16.665	0.94	451.4	1.33
Vendée	2.947	0.83	451.1	1.33
Rhône	15.936	0.98	446.2	1.32
Tarn	2.752	0.93	444.1	1.31
Calvados	6.226	0.91	443.7	1.31
Loire (Haute-)	1.624	0.84	435.2	1.28
Mayenne	2.380	0.90	430.7	1.27
Finistère	3.568	0.93	419.6	1.24
Creuse	987	0.92	416.0	1.23
Saône-et-Loire	5.032	0.77	407.4	1.20
Dordogne	2.816	0.92	406.9	1.20
Gers	1.814	0.91	393.7	1.16
Tarn-et-Garonne	2.010	0.91	390.4	1.15
Manche	4.518	0.76	378.2	1.11
Sarthe	3.502	1.01	367.3	1.08
Côtes-du-Nord	2.287	0.91	356.4	1.05
Orne	2.742	0.95	356.1	1.05
Eure	3.630	0.87	347.9	1.02
Lot	1.303	0.94	342.1	1.01
Lot-et-Garonne	2.468	0.96	337.9	1.00

Ce tableau diffère, en général, assez peu du précédent, comme on devait s'y attendre, sachant que les impôts sont la plus grosse part de la dépense. Il y a cependant quelques différences frappantes, et que nous relèverons plus loin ; elles concernent certains départements dépensiers peu imposés. Quoi qu'il en soit, les nombres des 4es colonnes des tableaux (C) et (D), — impôt et dépenses unitaires relatifs, — vont nous donner les motifs complets que nous cherchions pour juger les administrations locales. Il est simple, et l'on peut admettre qu'il soit suffisamment exact, pour tenir compte des deux données du problème, d'additionner les termes correspondants des deux séries; la somme de ces coefficients de dépenses et d'impôt donnera une expression du régime, une appréciation mathématique de la gestion financière communale.

Ce résultat définitif de nos recherches ressortira dans un dernier tableau (E)[1].

1. Avant de le présenter, quelques observations sont utiles.

On ne prétend pas, malgré les apparences, résoudre la question posée avec la rigueur qui convient à la science proprement dite : l'économie sociale n'est pas possible à traiter comme la physique. Les données qu'elle fournit ne sont qu'approximatives et les calculs auxquels on les soumet ont toujours quelque chose d'arbitraire. L'établissement du coefficient de pauvreté que nous avons emprunté à l'administration laisse voir facilement ces vices de méthode : les éléments de la richesse réelle et de la richesse personnelle, difficiles à fixer d'abord et à traduire en chiffres comparables, sont combinés dans une addition qui ne tient nul compte de la fécondité relative du sol, du capital et du travail.

De même, nous additionnons l'impôt et la dépense évalués au moyen de ce douteux coefficient de pauvreté, et nous leur attribuons ainsi une égale influence dans le résultat, assimilant, non sans témérité, des situations économiques dont le fond est infiniment délicat à démêler. Cependant, il ne faut pas outrer ces critiques ni discréditer par avance nos calculs. Les observations sur lesquelles ils se fondent renferment une part indéniable de vérité, et les résultats auxquels ils aboutissent n'ont rien que l'expérience démente et que le contrôle supérieur du bon sens refuse d'accepter.

(E) Sommes des dépenses et de l'impôt unitaires relatifs.

(Appréciation mathématique de la gestion financière communale).

DÉPARTEMENTS	Dépenses	Impôt	Sommes	Rapport à la plus faible
Corse	1.415.6	1.259.8	2.675.4	4.11
Savoie	1.311.8	1.285.5	2.597.3	3 83
Alpes (Hautes-)	1.315.8	986 8	2.302.6	3.37
Seine	1.178.1	754.0	1.932.1	2.97
Savoie (Haute-)	936.1	926.8	1.862.9	2.86
Alpes (Basses-)	762.3	986.8	1.749.1	2.68
Drôme	1.088.8	588.0	1.676.8	2.57
Marne	881.8	731.9	1.613.7	2.48
Alpes-Maritimes	1.034.2	579.3	1.613.5	2.40
Bouches-du-Rhône	880.1	730.5	1.610.6	2.47
Aude	759.1	759.1	1.518.2	2.33
Meuse	1.014.5	446.4	1.460.9	2.24
Pyrénées (Basses-)	866.8	563.4	1.430.2	2.19
Ariège	748.6	681.2	1.429.8	2.19
Vienne (Haute-)	758.0	651.9	1.409.9	2.16
Doubs	1.009.2	393.6	1.402.8	2.15
Yonne	726.6	653.9	1.380.5	2.12
Var	738.5	636.1	1.374.6	2.11
Vosges	970.6	397.9	1 368.5	2.10
Aube	761.2	606.5	1.367.7	2.10
Ardennes	740.0	621.6	1.361.6	2.09
Pyrénées (Hautes-)	877.0	473.5	1.350.5	2.07
Lande	865.1	475.8	1.340 9	2.06
Indre	702.4	633.0	1.335.4	2.05
Aisne	765.4	543.4	1.308.8	2.01
Cher	718.3	560.3	1.278.6	1.96
Morbihan	660.3	614.1	1.274.4	1.95
Cantal	674.0	599.8	1.273.8	1.95
Belfort	843.3	430.3	1.273.6	1.95
Ain	694.4	576.4	1.270.8	1.95
Meurthe-et-Moselle	799.6	447.8	1.247.4	1.91
Loir-et-Cher	652.9	594.1	1.247.0	1.91
Seine-et-Marne	639 3	607.3	1.246.6	1.91
Lozère	650.7	585.6	1.236.3	1.90
Nièvre	646.4	562.4	1.208.8	1.85
Côte-d'Or	744.0	461.3	1.205.3	1.85
Marne (Haute-)	803.7	385.8	1.189.5	1.82
Jura	765.3	420.4	1.185.7	1.82
Loiret	623 0	554.5	1.177.5	1.80
Saône (Haute-)	853.2	315.7	1.168.9	1.79

DÉPARTEMENTS	Dépenses	Impôt	Sommes	Rapport à la plus faible
Hérault	591.9	574 2	1.166.1	1.79
Isère	609.8	530.6	1.140.4	1.75
Pyrénées-Orientales	584.7	547.8	1.132.5	1.74
Oise	606.9	522.0	1.128.9	1.72
Sèvres (Deux-)	578.0	520.2	1.098.2	1.68
Gironde	607.1	479.8	1.086.9	1.67
Garonne (Haute-)	574.4	499 7	1.074.1	1.65
Loire-Inférieure	558.3	513.6	1.071.9	1.64
Eure-et-Loir	540.8	530.0	1.070.8	1.64
Vienne	536.8	531.1	1.067.9	1.64
Charente-Inférieure	553.6	498.2	1.051 8	1.61
Loire	538.7	468.7	1.007.4	1.54
Gard	556.8	439.8	996.6	1.53
Vaucluse	555.2	438.6	993.8	1.52
Corrèze	508.7	483.2	991.9	1.52
Indre-et-Loire	550.5	440.4	990.9	1.52
Seine-et-Oise	508.0	472.5	980.5	1.50
Ille-et-Vilaine	514.9	453.1	968.0	1.48
Aveyron	492.4	467.8	960.2	1.47
Allier	498.0	423.3	921.3	1.42
Charente	463.5	454.2	917.7	1.41
Pas-de-Calais	474.0	426.6	900.6	1.36
Ardèche	478.9	421.5	900.4	1.36
Nord	487.9	404.9	892.8	1.35
Rhône	446.2	437.3	883.5	1.34
Seine-Inférieure	451.4	424.3	875.7	1.33
Tarn	444.1	413.0	857.1	1.32
Calvados	443.7	403.8	847.5	1.30
Maine-et-Loire	464.6	376.3	840.9	1.29
Somme	460.9	377.9	838.8	1.28
Puy-de-Dôme	452.6	375.8	828.4	1.27
Vendée	451.1	374.4	825.5	1.26
Mayenne	430.7	387.7	818.4	1.25
Finistère	419.6	389.2	808.8	1.24
Loire (Haute-)	435.2	365 8	801.8	1.23
Creuse	416.0	382.7	798.7	1.22
Dordogne	406 9	374.3	781.2	1.20
Gers	393.7	358.0	751.7	1.15
Tarn-et-Garonne	390.4	355.3	745.7	1.14
Sarthe	367.3	367.3	734.6	1.12
Saône-et-Loire	407.4	313.7	721.1	1.10
Orne	356.1	338.2	694.3	1.06
Côtes-du-Nord	356.4	324.3	680 7	1.04
Manche	378.2	287.4	665.6	1.02
Lot	342.1	321.6	663.7	1.02
Lot-et-Garonne	337.9	324.4	662.3	1.01
Eure	347.9	302.7	650.6	1.00

Dans ce tableau, les administrations locales, classées en raison combinée de la dépense et de l'impôt, ont enfin le rang qui convient à leur mérite. Le premier département de la liste, la Corse, est celui qui dépense proportionnellement le plus ; il est un peu moins imposé que le suivant, la Savoie ; mais la somme supérieure des deux nombres lui assigne le rang le plus défavorable. Le dernier département, l'Eure, supporte le moins d'impôts ; sa dépense est un peu plus forte que celle de Lot-et-Garonne ; mais la faible proportion de ses charges compense et au delà ce désavantage, et lui assure la meilleure place de la liste.

Saône-et-Loire, l'Orne, les Côtes-du-Nord, la Manche, le Lot et Lot-et-Garonne sont à faible distance de l'Eure (1 à 1,10), et composent une série de bons départements, ainsi rapprochés malgré la différence de leur condition économique. Voici les rangs que le *Journal officiel* leur assigne, dans l'ordre de pauvreté, parmi les 87 départements : Côtes-du-Nord 15e; Lot 22e; Saône-et-Loire 49e; Lot-et-Garonne 55e; Orne 63e; Manche 73e; Eure 78e.

On peut distinguer dans l'ensemble des départements trois catégories, que je nommerai respectivement : économe, neutre et prodigue. La première, la plus sage, composée de 29 départements, va, — en remontant, — de l'Eure à l'Aveyron inclusivement, avec une somme de charges et de dépenses s'élevant jusqu'à une fois et demie celles de l'Eure prises pour unité. La seconde catégorie, la neutre, comprend 33 départements, de l'Ille-et-Vilaine au Cher, et supporte de une fois et demie à deux fois les charges et dépenses de l'Eure. Enfin la troisième catégorie, la prodigue, s'étendant de l'Aisne au sommet de la liste et comprenant 25 départements, a de deux à quatre fois plus de charges et de dépenses que le département pris pour unité.

Nous trouverons facilement dans notre dernier tableau (E) la justification des observations présentées ci-dessus et qui se résumaient en deux points :

1° Les départements très imposés ne peuvent être jugés complètement sans connaître le chiffre de leur dépense. Ainsi nous avons déjà remarqué que les rangs de la Corse et de la Savoie au point de vue de l'impôt sont intervertis par les proportions de leur dépense. Les Hautes-Alpes et les Basses-Alpes ont le même impôt ; mais la dépense du premier département est très supérieure à celle de l'autre, et en rend l'administration finalement plus criticable. La Marne et les Bouches-du-Rhône sont administrées dans des conditions étonnamment semblables. Entre les deux, s'inscrivent les Alpes-Maritimes, à cause de leur dépense ; leur impôt seul les placerait trente-deux rangs plus bas, à côté de l'Hérault.

2° Les départements peu imposés ne peuvent être jugés en aucune façon sans connaître le chiffre de leur dépense. Ainsi voici huit départements, payant peu d'impôts, qui sont rejetés par la proportion de leurs dépenses hors de la série des économes : Belfort, Meurthe-et-Moselle, la Haute-Marne, le Jura et la Haute-Saône passent parmi les neutres, et la Haute-Saône, en particulier, est un des départements les moins imposés de France ; la Meuse, le Doubs et les Vosges passent parmi les prodigues. Les cinq premiers départements sont à peine criticables ; mais ces trois derniers ont beau ne dépenser qu'une faible partie d'impôts, le peu qu'ils en lèvent est trop ; ils appellent le blâme de l'administration supérieure.

Il n'est pas sans intérêt de considérer la situation géographique des départements qui forment les catégories extrêmes.

Le plus grand nombre des prodigues se répartit sur la frontière de l'Est, des Ardennes aux Alpes-Maritimes [1], et sur la frontière du Midi, de ce dernier département aux Landes [2]. Le surplus présente deux groupes : l'un composé de la Seine et des départements à l'est de Seine-et-Marne [3], l'autre comprenant le Cher et la Haute-Vienne ; et enfin un isolé, la Corse.

Les départements économes offrent une première série développée sur tout le littoral de la Manche, du Nord au Finistère [4], et à laquelle se joignent l'Orne, complément de la Normandie, le Maine, l'Anjou et le Bocage [5]. Un groupe se dessine entre la Saône et le Rhône, d'une part, et l'Allier, de l'autre [6], et un dernier enfin dans la région moyenne de la vallée de la Garonne, et auquel se soudent la Charente et la Creuse [7].

Si le ministre de l'Intérieur songeait à remédier aux inégalités les plus criantes de la gestion financière des communes, je me permettrais de lui conseiller un moyen d'éclairer sa religion instructif et piquant à la fois : ce serait de convoquer à une conférence les préfets de départements contigus, classés, les uns parmi les dépensiers, les autres parmi les sages. J'écouterais successivement, les ayant mis aux prises pour justifier leur compte de tutelle administrative, par exemple : les préfets de la Drôme et de l'Ardèche, de la

1. Ardennes, Meuse, Vosges, Doubs, Haute-Savoie, Savoie, Drôme, Hautes-Alpes, Basses-Alpes, Alpes-Maritimes.

2. Var, Bouches-du-Rhône, Aude, Ariège, Hautes-Pyrénées, Basses-Pyrénées, Landes.

3. Seine, Yonne, Aube, Marne, Aisne.

4. Nord, Pas-de-Calais, Somme, Seine-Inférieure, Eure, Calvados, Manche, Côtes-du-Nord, Finistère.

5. Orne, Mayenne, Sarthe, Maine-et-Loire, Vendée.

6. Saône-et-Loire, Rhône, Ardèche, Haute-Loire, Puy-de-Dôme, Allier.

7. Gers, Tarn, Aveyron, Tarn-et-Garonne, Lot-et-Garonne, Lot, Dordogne, Charente, Creuse.

Haute-Vienne et de la Charente, des Landes et du Gers, de l'Aisne et de la Somme, du Morbihan et du Finistère, de Loir-et-Cher et de la Sarthe. Je demanderais bien précisément aux préfets de la première série comment et pourquoi les charges et les dépenses sont, de leur côté, dans une proportion allant, d'une fois et demie au double, plus élevées que sur la rive opposée. Je voudrais qu'ils traduisissent en chiffres la raison de ces contrastes, et je ne les laisserais aller qu'après leur avoir fait tracer sous mes yeux le plan des redressements de l'avenir. Et ainsi pousserais-je de proche en proche, élargissant la zone des gestions prudentes, jusqu'à ce qu'elle couvrît la France entière.

J'ai fait, comme on a vu, un départ entre les traditions administratives ; j'ai reconnu des groupes prodigues et d'autres économes. Mais je n'entends pas affaiblir par ces appréciations et ces oppositions la portée des critiques émises sur la profusion générale de l'impôt. Les départements ont été comparés entre eux, sans juger leur taxation absolue, — ce qui est le plus délicat des problèmes. — Des séries ont été formées et ont reçu des qualifications qui ne font que marquer des nuances ; les économes ne sont que les moins prodigues. Je m'explique par une comparaison. Les objets, à la surface du sol, sont animés de faibles vitesses relatives, et ne changent que peu de position les uns par rapport aux autres ; mais la terre les emporte tous avec une rapidité énorme. Le mouvement de nos budgets communaux présente quelque chose de pareil : il ne suffit pas de les apprécier dans leurs relations mutuelles, il faut considérer aussi leur commun entraînement. Nous l'avons fait au commencement, et nous avons donné la mesure de la vitesse générale, en des termes qu'il est bon de rappeler, pour se replacer au point de vue d'une observation complète : depuis 1869, les centimes communaux ont doublé ; depuis un demi-siècle, ils ont décuplé.

Pareil grossissement implique un débordement. Qui oserait soutenir que, pendant le même temps, la prospérité de la France se soit développée dans une proportion égale ou approchante ? Plusieurs économistes, M. Leroy-Beaulieu entre autres, n'hésitent pas à déclarer que, depuis quelques années, la nation donne des signes d'affaiblissement pécuniaire. La campagne souffre visiblement ; les métiers de la grande industrie, les magasins du grand commerce lui ont enlevé, par surcroît, les petites professions qui l'aidaient à vivre ; elle perd sa population même[1]. Je n'insiste pas là-dessus ; mais c'est une déraison d'autant plus grande d'aller à l'encontre de tels symptômes.

Les têtes sont tournées par la facilité de la dépense ; c'est comme un vertige ; plus on dépense, plus on veut dépenser. La constatation en est facile à faire pour ce qui concerne les centimes ; l'accroissement est le plus rapide dans les pays où déjà l'on en lève le plus. Considérons en effet, d'une part, les vingt départements qui étaient les plus grevés en 1892 et qui sont encore les mêmes en 1895, — sauf la substitution de la Seine au Loiret, — et, d'autre part, les vingt départements les moins grevés, liste demeurée sans changement dans l'intervalle précité. Le nombre moyen des centimes de la première série a passé, dans cet intervalle, de 1937 à 2088, en augmentation de 78 pour mille ; le nombre des centimes de la seconde série a passé de 470 à 494,

---

1. M. Leroy-Beaulieu a fait cette observation, dont mainte expérience personnelle m'a confirmé la justesse : « Il n'est pas rare, dans des villages de montagnes, notamment, de voir des maisons fermées et abandonnées, parce que la famille qui les possédait a disparu, et qu'on ne trouve personne pour les acheter. » (*L'Économiste français* du 28 septembre 1895.) Généralement, à qui s'informe on répond que les propriétaires sont partis pour Paris.

augmentant seulement de 51 pour mille. L'accroissement proportionnel a donc été dans le premier cas une fois et demie plus rapide que dans le second. Nouvelle preuve que l'exagération de la dépense fait perdre la notion des chiffres, et que c'est une pente où le mouvement s'accélère.

Peut-on discerner le point par où cette profusion se fait jour, le point dangereux, la brèche ? Rien de plus aisé. Donnons pour cela un coup d'œil au tableau des impositions du budget ordinaire et du budget extraordinaire depuis 1890.

ANNÉES	Centimes du budget ordinaire	Centimes du budget extraordinaire	TOTAUX
1890	1.407 mille	465 mille	1.872 mille
1891	1.429 »	467 »	1.896 »
1892	1.445 »	465 »	1.911 »
1893	1.488 »	472 »	1.961 »
1894	1.510 »	482 »	1.992 »
1895	1.540 »	492 »	2.032 »
DIFFÉRENCES de 1890 à 1895	133 mille	27 mille	160 mille

Ainsi, en cinq ans, le nombre des centimes du budget ordinaire a crû de 133 mille, celui des centimes du budget extraordinaire de 27 mille. L'augmentation des premiers est cinq fois plus grande. La raison de cette différence, pour le dire en passant, est évidemment que les centimes de l'extraordinaire sont soumis à un maximum légal, d'habitude respecté, tandis que les autres n'ont d'autre frein que le contrôle administratif, à peu près nul. L'augmentation de ceux-là, outre les empêchements sérieux qu'elle subit, se ralentit naturellement en approchant de la limite, qui est de 20 centimes par commune, soit de 723 mille pour la

France entière. On en a voté, en 1895, 492 mille, un peu plus des deux tiers de la provision licite. Mais les centimes du budget ordinaire ont tout leur essor. Une seule catégorie parmi eux est cause de tout le mal. En effet les centimes qui méritent exclusivement le nom d'ordinaires et les centimes dits spéciaux sont limités à un chiffre précis ou aux frais usuels d'un service communal et varient entre des limites fort étroites ; il reste les centimes pour insuffisance de revenus. Presque tout le progrès de la dépense annuelle est de leur fait. Là, finalement, est le vice, le péril principal.

Résumons en peu de lignes tout ce qui précède.

Nous dépensons trop : la parole est banale, elle a besoin de preuves et de commentaires.

Une première preuve est que les impositions communales ont décuplé depuis cinquante ans, sans que la fortune de la France ait à beaucoup près suivi un développement parallèle.

Mais les centimes additionnels ne sont pas le seul impôt : octrois et prestations doivent s'y joindre, bien qu'à un autre point de vue on range les octrois, au moins les taxes principales, parmi les revenus communaux.

En supputant l'impôt global par familles et en l'exprimant en tantièmes de la fortune publique locale, on peut comparer les charges des diverses parties de la France ; si l'on y ajoute la considération de la dépense calculée de même, on a tous les éléments d'appréciation de la gestion financière communale.

Le tiers environ des départements mérite, par rapport aux autres, le nom de prodigue. Le régime administratif y pèse de deux à quatre fois plus que dans le département le plus sage. Le gaspillage a ses degrés.

Les centimes additionnels sont l'impôt qui a le plus d'essor et, parmi eux, les centimes pour insuffisance de revenus. La digue est rompue là. L'usage est de ne se préoccuper que des dettes des communes, quand on juge leur état financier ; c'est pourtant ne considérer qu'un des éléments de la question. Les centimes de la dette sont temporaires, s'amortissent ; il paraît assez simple de couper court, à un moment donné, aux dépenses qu'ils défraient. Les impositions annuelles, au contraire, sont durables comme le train de vie qu'elles alimentent ; elles s'implantent à la façon d'une habitude, prennent figure de revenus, illusion étrange et commune ; on n'en voit pas la fin. Il faut tout compter ; c'est en ce sens que j'ai prétendu donner des calculs complets et nouveaux.

Telle est la leçon des chiffres. Je n'y insiste pas ; ce n'est qu'un épisode dans mon étude.

II. — Les causes : les mœurs, la loi, l'administration. — Étude de la loi réservée comme sujet de ce livre.

Je l'ai annoncé : les mœurs, la loi et l'administration ont la responsabilité des fautes commises. Le moment est venu de développer sommairement les motifs sur lesquels cette accusation se fonde.

Les mœurs d'abord. Voici, à notre point de vue, les traits caractéristiques du temps présent et, dans cet ordre d'idées, les causes de la perte des finances locales : amour du bien-être, vanité, goût de la spéculation, recherche ambitieuse et intéressée des fonctions municipales. Et ces sentiments et ces calculs s'infiltrent chaque jour davantage dans ce qu'on a appelé les couches profondes du suffrage universel.

Le besoin de vivre mieux et plus largement s'est développé d'une façon étonnante, de nos jours, aussi bien dans les classes les moins favorisées de la fortune. Il s'est étendu de la vie privée à la vie publique ;

on veut partout le confort, le luxe même, s'il est possible. Un médiocre village prétend se donner tous les services d'une ville : eau, gaz, électricité, poste, téléphone, rien n'est trop cher ; il ne se résigne à manquer de rien. Il lui faut une voirie irréprochable, une mairie d'aussi bel air qu'une sous-préfecture d'autrefois, un groupe scolaire fastueux ; que sais-je encore ? C'est chose connue de tout le monde, une plaie avérée.

La gloriole de clocher s'en mêle, avivée par la courtisanerie électorale. A tout prix, on veut imiter ou dépasser le voisin. On trouve beau d'avoir de grands projets ; la petite presse locale, la peste du canton, s'en occupe et en vante les auteurs. Au rebours du passé, on est humilié de n'avoir pas de dettes ; on croit n'avoir rien fait pour son pays, quand on ne lui a pas fait de cadeau avec son argent. On cultive à ce sujet les grands mots, et on les résume dans cette ineptie : le progrès, c'est la dépense.

Voici comme vient souvent le goût de la spéculation. On a vu des bourgs étonnamment accrus en peu d'années par des changements dans leur condition économique : installations industrielles, passage d'une ligne de chemin de fer, etc. La population, le commerce, la valeur des immeubles, tout s'y est augmenté, développé, enflé, et des fortunes particulières ont été faites en un tour de main. Spectacle démoralisateur ! On rêve de pareilles aubaines et, comme généralement on trouve qu'elles se font attendre, on veut leur préparer la voie. Le grand point est d'attirer l'étranger. On imitera pour cela le luxe des pays enrichis, on fera tous les sacrifices pour offrir la facilité des communications et l'agrément du séjour. Mais ce sont des charges ! — Qu'importe, si la propriété augmente de valeur, si l'on vend son champ comme terrain à bâtir. Allez objecter, après cela, que l'accroissement de l'impôt équivaut à une perte de capital. Vieilles chansons! Autrefois, pour gagner, on économisait; aujourd'hui, l'on dépense. C'est de la spéculation ; elle réussira ou ne réussira point.

Le pouvoir central a aggravé le mal par son exemple et par des lois tentatrices. Il y a entre le budget des communes et le budget de l'État une connexité étroite, a-t-on observé fort sagement; la même tendance se fait jour à tous les échelons et conduit au même résultat. Et l'on sait ce qu'est devenu le budget de l'État. La commission de 1850 regrettait déjà cette contagion et la précipitation avec laquelle on avait procédé à certaines catégories de travaux.

Quels faibles commencements auprès de ce que l'on a vu depuis! Il y a des incitations perpétuelles sur certains sujets: la voirie, l'instruction primaire surtout. Des lois tentatrices, je le répète, tournent, en effet, toutes les têtes. A combien de folies la Caisse des chemins vicinaux et la Caisse des écoles n'ont-elles pas entraîné les communes! On leur promet que, si elles participent à une dépense de ce genre, l'État payera le reste. C'est une occasion ; le mot est magique, la chose généralement décevante. Ainsi se trouvent engagées à la hâte des entreprises disproportionnées ou improductives. On ne fait plus rien avec économie, avec lenteur. L'imagination l'emporte, et l'amour des nouveautés et des grandes allures.

Les intrigants ont la partie belle dans ce gaspillage, et ne contribuent pas peu à l'augmenter. Il n'est plus de brigue électorale où les promesses ne jouent un grand rôle, et, quand il est en possession du pouvoir et de la caisse, l'élu n'a point de peine ni de scrupule à solder les lettres de change tirées par le candidat. On n'arrive pas aux affaires, dans le moindre village, sans un programme de dépenses, dont l'exécution est

destinée à satisfaire de nombreux appétits. On soigne
en même temps sa propre fortune. Les finances communales sont, d'ores et déjà, à la discrétion de gens
qui en profitent sous forme de subventions, de fourni-
tures et de travaux. Le maçon reste persuadé que,
quand le bâtiment va, tout va, et plus d'un est maçon
sans le savoir. Il est si commode de faire gagner
sa clientèle électorale, le groupe influent qui vous
a poussé et vous soutient! Aussi faut-il qu'à tout prix
les projets qui ont été le don de joyeux avènement se
réalisent avant le prochain appel aux urnes. M. Alapetite, dans le rapport sur l'administration départementale et communale auquel j'ai déjà fait allusion [1], a sur
ce sujet quelques lignes discrètes, et que je citerai
pour qu'on ne m'accuse pas de passer de la critique
à la satire : « Les communes sont impatientes :
les maires veulent arriver à achever leur programme
avant l'expiration de leur mandat; ils sollicitent et réus-
sissent à enlever au besoin une approbation d'urgence. »

Ailleurs, il écrit ces lignes, où, cette fois, la prudence va jusqu'à la réticence : « Il y a une autre cause
de dépenses qui grève lourdement les petites communes : ce sont les suppléments et les gratifications
que se font allouer les employés communaux. Suppléments dont la marche ascendante obérerait singulièrement le budget de beaucoup de petites communes,
si les conseils municipaux n'étaient couverts par une autorité plus haute contre des sollicitations indiscrètes. »
Voilà un passage qu'il faut savoir entendre, et où le
préfet qui en est l'auteur a cru devoir garder des
ménagements peut-être excessifs.

---

1. Rapport présenté au nom de la sous-commission administrative de décentralisation, par M. Alapetite, préfet du Pas-de-
Calais. — *Journal officiel* du 20 août 1896.

Tous ceux qui connaissent les dessous d'une élection dans un village ne se laisseront pas prendre à ce renversement des rôles. Les sollicitations indiscrètes et basses ne viennent pas, d'ordinaire, des employés communaux, mais des coteries qui font le siège de la mairie. Et celles-ci, quand leurs cheminements ont réussi, et qu'elles sont érigées en conseils municipaux dans la place prise, payent sous forme de suppléments de traitement les bons offices d'agents électoraux fort précieux. L'instituteur, entre autres, que la loi a mis dans la main du préfet, et par conséquent associé à l'intrigue politique, peut rendre des services qui ne sont pas à dédaigner, et qu'on paye plus cher de jour en jour. Il est l'objet d'une surenchère flatteuse et profitable. On s'en rendra compte par la disproportion qui s'est établie entre les traitements et les suppléments de traitements. Des gens qui ne savent pas ce qu'on enseigne à l'école, et ont à peine le droit d'y entrer n'en comblent pas moins le maître de leurs témoignages de satisfaction. M. Alapetite n'ignore pas de quoi il retourne. Quelques instituteurs gémissent de ce changement de rôle ; d'autres s'en targuent, sont fiers d'élever autel contre autel, de servir le maire et au besoin de le combattre, et se félicitent d'ajouter les profits de la politique à ceux de la pédagogie.

Je laisse ce sujet après l'avoir à peine ébauché ; il est digne de la sagacité et de l'éloquence d'un moraliste. Je passe à mon second point : la loi.

La loi aurait pu être une leçon, une défense ; ambiguë et désarmée, elle n'a su ni se faire comprendre ni même parfois se faire obéir ; il n'en est sorti que confusion et profusion. L'économie d'un budget repose sur la distinction de l'ordinaire et de l'extraordinaire. Notion fondamentale, notion familière, pensera-t-on.

Les choses vont au rebours de cette logique ; elles s'éloignent de la lumière ; les principes sont moins bien compris qu'il y a soixante ans. On qualifie d'ordinaires ou d'extraordinaires suivant les cas : budgets, recettes, dépenses, impositions, taxes, travaux... Les mêmes épithètes se retrouvent perpétuellement, partout ; elles semblent ordonner le sujet : à la façon dont on s'en sert, elles le troublent. On n'a jamais pénétré le sens des budgets. Les recettes et les dépenses ont reçu des définitions : *verba et voces*. Les impositions sont nommées seulement ; on sait à peine quelle place elles doivent occuper ; on ignore absolument comment leur nom s'accommode avec leur emploi. Je veux toucher cette dernière question ici, non pas pour l'élucider, bien entendu, car il y faut une discussion complexe et délicate, mais pour faire entrevoir l'équivoque et finalement le désordre qui règne dans la loi.

Jadis, on accorda aux communes, à titre de revenus, quelques centimes additionnels. Plus tard, on leur concéda, en cas d'insuffisance de ressources, d'en lever d'autres, qu'on appela extraordinaires, par opposition aux anciens, désormais qualifiés d'ordinaires. Et chaque sorte fut rangée dans le budget de même nom : les ordinaires à l'ordinaire, les extraordinaires à l'extraordinaire. Tout alla assez bien jusque-là. Mais, ensuite, le budget ordinaire ayant les besoins les plus grands, on détacha des impositions extraordinaires un groupe destiné aux besoins annuels, et qui passa à l'ordinaire sous le nom d'impositions pour insuffisance de revenus. Vers le même temps, des centimes spéciaux d'objets très divers furent créés et, généralement qualifiés d'extraordinaires, s'intercalèrent pourtant dans le budget ordinaire entre les centimes ordinaires primitifs et les centimes pour insuffisance de revenus. Bientôt cette complication brouilla tout ; le sens se perdit de ces catégories si nombreuses ; on hésita sur le nom, sur la place qui leur convenaient. Notamment, le partage des anciens centimes extraordinaires en deux branches ne fut plus saisi, et devint le tourment de l'administration qui l'avait inventé ; le législateur le sanctionna, peut-être sans le comprendre, sûrement sans être compris.

Toute cette théorie est dans un état pitoyable. La doctrine et la loi, toujours incertaines au moins, oscillent parfois du sophisme au cercle vicieux. Je veux le faire voir en intervenant à peine, et si ce n'est pour interroger les textes, afin de persuader au lecteur qu'il n'a pas à craindre les exagérations dont les préfaces ont le renom d'être coutumières.

Ainsi nous avons nommé quatre sortes d'impositions : ordinaires, spéciales, pour insuffisance de revenus, et extraordinaires.

Tout le monde, ou à peu près, est d'accord sur la nature et l'emploi des centimes ordinaires, alloués aux communes à titre de revenus. Mais, dans tout le reste, quelle incertitude et même quel inconnu ! Posons quelques questions, auxquelles certains textes ont la prétention de répondre.

Comment les impositions autres que les ordinaires se classent-elles dans les budgets ordinaire et extraordinaire ?

Les impositions spéciales et pour insuffisance de revenus sont-elles ordinaires ou extraordinaires ?

Qu'est-ce que les impositions extraordinaires ?

Sur le premier point, nous recueillerons rapidement mainte preuve de l'ignorance universelle. Sur le second, on nous répondra par une échappatoire ou par un sophisme ; sur le troisième, par un cercle vicieux.

Le classement des impositions dans les deux budgets

a été l'objet des instructions — et des doléances — d'une circulaire du 30 juin 1881, concernant la revision du traitement des receveurs des communes : « Quant aux recettes ordinaires..., y lisons-nous, elles seront relevées sur les comptes des communes... en ayant soin de rétablir exactement la distinction entre les opérations ordinaires et les opérations extraordinaires. — J'ai eu, en effet, l'occasion de remarquer plus d'une fois que cette distinction, notamment en ce qui concerne les impositions communales, n'était pas régulièrement faite dans les budgets. Ainsi les impositions pour insuffisance de revenus, c'est-à-dire celles qui sont destinées au payement des dépenses annuelles, et qui constituent des ressources ordinaires, se trouvent dans certains budgets classées parmi les recettes extraordinaires....» — D'autres fois, en sens inverse, les impositions destinées à pourvoir au payement des dépenses extraordinaires, telles que le remboursement d'un emprunt, l'acquisition d'un immeuble, la construction d'un édifice, l'établissement d'un chemin, sont inexactement désignées sous le nom d'impositions pour insuffisance de revenus et inscrites au nombre des recettes ordinaires, alors qu'elles ont manifestement le caractère extraordinaire, de même que les dépenses auxquelles elles sont affectées... »

Ainsi, dans la pratique, tout est habituellement confondu : on inscrit à l'ordinaire ce qui devrait être à l'extraordinaire, et réciproquement. Telle est la commune ignorance de principes certains. On dira peut-être que ces confusions sont le fait de municipalités de campagne, où la science administrative ne s'est pas encore répandue. Mais qu'est-ce qu'une science qui ne se fait pas comprendre de tous ceux pour qui elle a été créée ? Il m'est d'ailleurs facile de venger l'honneur des simples, en observant que le budget de Paris est

le plus fautif, en ce genre, et que nos modernes législateurs eux-mêmes n'ont pas fait preuve d'une sagacité
supérieure. La discussion de la loi de 1884 sur le sujet qui
nous occupe se poursuivit en pleines ténèbres, et
n'aboutit qu'à grand'peine. La Chambre des députés
avait laissé passer deux fois un texte où les centimes
annuels pour insuffisance de revenus et les centimes
dits extraordinaires étaient brouillés avec une grande
absurdité et une parfaite inconscience. A la seconde
lecture devant le Sénat, un commissaire du gouvernement se rendit à peu près compte, — il était temps ! — de
l'erreur énorme que l'on était sur le point de commettre,
et remit dans la bonne voie le parlement embourbé
sans le savoir. Il y aura lieu de revenir avec les détails
nécessaires sur cet incident inaperçu et curieux. Mais
la bévue évitée là s'étale dans la loi du 21 décembre 1882,
instituant des centimes spéciaux pour les familles des
réservistes. L'ordinaire et l'extraordinaire s'y confondent d'une manière qui défie toute interprétation.
Ce texte aussi sera étudié plus loin.

La seconde question posée a trait à la nature des
impositions spéciales et pour insuffisance de revenus.
Après trois quarts de siècle, on en est encore à se
demander si elles sont ordinaires ou extraordinaires.
M. Alapetite a touché ce point comme suit, dans son
rapport à la commission de décentralisation : « *Impositions dites extraordinaires.* — Vous avez émis le vœu
que, dans la pratique administrative, et afin d'éviter une
confusion de termes qui embarrasse souvent les municipalités, on cessât de donner la qualification d'*extraordinaires* à des centimes votés pour des dépenses
annuelles et ordinaires (gardes champêtres, — insuffisance de revenus, — familles des réservistes et terri-
toriaux, — trois centimes dits extraordinaires pour
chemins vicinaux et trois centimes dits extraordinaires

pour chemins ruraux, lorsqu'ils sont votés pour l'entretien). Les deux premières impositions se qualifient par leur objet ; les autres sont, en réalité, des impositions *spéciales* et *facultatives*. Les budgets gagneront en clarté quand le cadre de ces budgets, préparé par la préfecture, ne fera plus figurer ces impositions *extraordinaires* dans le chapitre des recettes *ordinaires*. »

L'échappatoire dont j'ai parlé est sensible. L'auteur de la consultation ci-dessus est choqué de voir figurer des impositions extraordinaires au budget ordinaire, et il en croit les municipalités embarrassées, comme si cette comptabilité n'était pas régulière dans le fond et dans la forme. M. de Rémusat, pour nous en tenir à un simple rapprochement logique, n'a-t-il pas considéré l'emploi des centimes additionnels, comme « une ressource extrême » ? Extrême, extraordinaire se valent. M. Alapetite, pressé de prendre un parti, s'est dérobé ; on ne saura pas s'il tient pour l'ordinaire ou pour l'extraordinaire. Il propose de remplacer l'appellation d'extraordinaire, tantôt d'une façon, tantôt d'une autre. Deux catégories, si on l'en croit, seront qualifiées par leur objet : centimes pour le salaire des gardes champêtres, centimes pour insuffisance de revenus ; les autres seront dites spéciales facultatives. Comment croire que les budgets gagneront en clarté, quand on aura évité de prononcer le véritable nom des choses et tout fait pour rendre méconnaissable le lien qui les unit. M. Morgand, qui a éprouvé les mêmes perplexités, s'en est tiré par un aveu assez peu déguisé d'impuissance. Ayant à établir la nature des impositions pour insuffisance de revenus, à propos de l'interprétation de l'article 145 de la loi de 1884, il n'a pas su se décider entre l'ordinaire et l'extraordinaire, il a déclaré la recette « anormale » : catégorie inconnue. (*La Loi municipale*, t. II, p. 363.)

Il y a longtemps cependant que l'administration a pris un parti que personne ne peut ignorer. La *Situation financière des communes* présente, chaque année, en un bloc et comme centimes ordinaires, tous les centimes que la comptabilité introduit à l'ordinaire. La circulaire de 1881, précitée, suit ces errements sans la moindre hésitation ; on l'a vue insister sur ce point que les centimes pour insuffisance de revenus « constituent des ressources ordinaires », et en faire les prémisses de son raisonnement : complet oubli de la logique et du passé.

Un sophisme étonnant a conduit là ; on le rencontre pour la première fois dans une circulaire datée du 13 décembre 1842, et signée par un ministre de la monarchie de Juillet, non des moindres, M. Duchâtel. Voici la substance du raisonnement que j'y relève : ce qui a lieu tous les ans est ordinaire ; or, l'imposition extraordinaire pour insuffisance de revenus se vote tous les ans ; donc l'imposition extraordinaire pour insuffisance de revenus est une imposition ordinaire. Le rapporteur de la sous-commission de décentralisation parle de cadres de budgets obscurcis par l'inscription d'impositions extraordinaires à l'ordinaire : il aurait pu se rassurer par cette déclaration de principes, et au surplus par des exemples conformes à son type. Il ne connaît pas tous les cadres de budgets, il n'en soupçonne pas la prodigieuse variété. Si les uns mentionnent les impositions dont il s'agit sous le nom d'extraordinaires, d'autres leur suppriment toute épithète ; d'autres les qualifient carrément d'ordinaires, tels ceux de l'Aisne, de l'Aube et du Gers. On voit même Meurthe-et-Moselle ranger la partie de cette imposition destinée aux dépenses obligatoires parmi les revenus, et toucher ainsi, semble-t-il, la limite de l'aberration. Cependant le Lot va plus loin, en appliquant à la partie du même impôt destinée aux dépenses facultatives le nom de « ressource facultative ».

Braff écrivait, en 1857, dans la dernière édition de son *Administration financière des communes* (préface, p. II) : « Sur 86,826 communes, il y en a plus de 82,000 qui sont obligées de s'imposer *extraordinairement* pour couvrir les dépenses *ordinaires* les plus urgentes. » Je renvoie provisoirement à cette leçon d'il y a quarante ans nos auteurs et nos administrateurs : la vérité ne vieillit pas.

Après le sophisme, le cercle vicieux. C'est par là qu'on a répondu officiellement à cette dernière question : Qu'est-ce que les impositions extraordinaires? La loi de finances, qui, en vertu de la loi du 10 août 1871, fixe, chaque année, le maximum des centimes extraordinaires, les définit en passant : ceux que « les conseils municipaux sont autorisés à voter pour en affecter le produit à des dépenses extraordinaires d'utilité communale ». Une imposition extraordinaire serait ainsi celle qui pourvoit à une dépense extraordinaire. On s'en tient là généralement, et personne ne pousse plus avant. Cependant une notion a été substituée à une autre, et tout aussi imprécise. Qu'est-ce qu'une dépense extraordinaire ? J'examinerai longuement la question plus loin. Ici je m'en fie aux lumières du bon sens pour répondre qu'il n'y a pas de dépense extraordinaire *a priori*, que le caractère de la dépense est subordonné à celui de la recette. Telle dépense, ordinaire pour un riche, est extraordinaire pour un pauvre. Donc, en définissant l'imposition ou la recette par la dépense, dont le caractère est lui-même subordonné à celui de la recette, la loi et les auteurs ont commis le cercle vicieux le plus caractérisé.

Voilà les principaux traits de la théorie moderne, si l'on peut appeler de ce nom, qui implique ordre et clarté, la confusion même. Et la nation s'est endormie sur ces faussetés. Personne n'a démêlé des vices de raisonnement d'une forme curieuse ; nul, en particulier, n'a percé à jour un sophisme digne de prendre place parmi ceux que l'antiquité a rendus célèbres. Non point un sophisme joyeux celui-là, ni créé pour amuser l'esprit ; insidieux, pernicieux, il a déjà coûté cher ; il ne cesse de peser sur la fortune de la France. Le mot *ordinaire*, accolé à une imposition extraordinaire, en a changé la physionomie pour les esprits superficiels, qui sont légion. Ils en ont été rassurés ou à demi leurrés ; un reste de scrupule s'est évanoui, et la main a été lâchée de plus en plus aux dépenses communales.

Après la loi ambiguë, la loi désarmée. C'est une histoire qui a besoin d'être exposée méthodiquement ; ici encore, je ne puis donner qu'un premier aperçu des choses, les motifs sommaires des griefs articulés, quelques lignes à souder à mon précédent exposé.

Avant 1842, le régime dès longtemps établi par la loi et l'administration avait pour base, non seulement la distinction, mais la limitation des impositions ordinaires et extraordinaires : les premières figurant au budget ordinaire, les secondes au budget extraordinaire ; les unes fixées à cinq centimes, les autres bornées à vingt. De 1842 à 1884, ce système a été peu à peu transformé. L'impôt appelé extraordinaire a été scindé et a passé en partie au budget ordinaire. Les anciens cinq centimes ordinaires sont aujourd'hui la moindre ressource de ce chapitre ; on lui a attribué, avec des centimes spéciaux très divers, des centimes annuels, d'abord prélevés sur la provision des vingt extraordinaires dont ils sont un dédoublement, puis érigés en groupe indépendant, sous le nom de centimes pour insuffisance de revenus. Et cette catégorie, d'abord affranchie d'un maximum pour la portion appliquée à des dépenses obligatoires, est maintenant illimitée. Ce dernier état de choses a été sanctionné par la loi de 1884.

Ainsi le législateur s'est finalement démuni de toutes les armes, sans excepter celle que la commission de 1850 lui recommandait, au contraire, d'assurer en ses mains : le droit de limiter les dépenses facultatives. Le dictateur de 1852 nous a fait faire ce saut dans les ténèbres, et nous n'avons pas encore touché le fond du gouffre. Depuis lors, des centimes sont remis à la disposition, ou pour mieux dire à la discrétion des communes, et fournissent une matière indéfinie aux dépenses les plus légèrement ordonnées. Après la gêne, le sans-gêne. Ne s'agit-il pas de centimes ordinaires ? M. Duchâtel l'a dit, et quelle théorie commode !

L'administration, pour venir à elle, n'a pas des torts moins graves; j'ai déjà touché à son procès, le dernier à instruire. C'est elle qui a soufflé le sophisme de 1842. Après avoir mal inspiré le législateur, on va voir comme elle l'a peu secondé.

La loi, a-t-on dit en songeant à la période d'exécution, est un prince muet. Elle a besoin qu'on parle et qu'on agisse pour elle, et, ce faisant, on peut lui imprimer d'utiles directions, voire de légers redressements. Or, la loi municipale, en ce qui touche notre sujet, n'avait pas de vices irrémédiables; la pratique, en tout cas, pouvait les atténuer considérablement. Ambiguë, il fallait l'éclaircir; désarmée devant une brèche, il fallait la soutenir. L'administration a manqué à ce double devoir.

D'éclaircir la loi dans l'exécution, je dirai presque de l'interpréter, elle a eu l'occasion belle ; impossible, en vérité, d'en user plus mal.

Les maires des communes de faible importance

reçoivent, chaque année, de la préfecture de leur département des cadres imprimés, qui, énumérant dans un ordre méthodique les recettes et les dépenses usuelles, servent à la confection des budgets. Les préfets veillaient jadis avec soin à ce que ces formules fussent établies conformément au modèle prescrit par le ministère de l'Intérieur; les anciennes instructions leur en faisaient un devoir rigoureux. On lit, dans celles du 14 avril 1812, cette injonction, qui a bien le ton du régime: « Tous les cadres seront imprimés d'une entière conformité avec le modèle qui vous a été transmis précédemment [M. le préfet]. La dimension du papier, la grandeur des marges, la pagination, le placement des chapitres et la série des articles seront absolument les mêmes. Je suis décidé à renvoyer, pour être de nouveau confectionnés, tous les budgets qui ne seraient pas présentés sous ce format. »

Notons, en passant, que le Gard observe toujours la consigne et la reproduit en tête de ses budgets: « Cette formule doit être imprimée suivant les dimensions de 0^m 33 sur 0^m 50. » A quelques lieues de là, dans les Pyrénées-Orientales, le format est réduit à 0^m 22 sur 0^m 35. Dans la Marne, il est le plus petit possible.

Le même sujet fut réglementé à nouveau par les circulaires des 10 avril 1835 et 13 décembre 1842. Ont-elles jamais obtenu pleine et universelle obéissance? Je ne sais. Toujours est-il que les modèles ont vieilli; la législation s'est transformée en beaucoup de points, sans que le ministère ait eu le souci d'y accommoder ses instructions pratiques; on les a abandonnées. Les administrations préfectorales, se chargeant spontanément de ce rôle, ont alors essayé d'adapter les anciens cadres à des nécessités nouvelles. Elles se sont ingéniées à composer des formules, et, comme on aurait pu le prévoir, elles en ont trouvé quatre-vingt-sept types, un par département ; chaque préfecture y a mis un amour-propre d'auteur.

Avec quel succès ? Généralement, quand un problème a beaucoup de solutions, on peut assurer qu'il est mal résolu. Ce ne serait pas se tromper ici. Si l'on compare toutes ces formules, c'est un scandale ; on reste stupéfait, songeant qu'elles servent à l'interprétation d'un même texte. On y trouve des traces de tous les temps et de tous les systèmes, des contraditions formelles et jusqu'à l'ignorance de la loi. Dissonances et fausses notes, rien ne manque à cette cacophonie. Il faut lire, pour être édifié, la collection complète de ces documents. Il est vraisemblable que. M. le Ministre de l'Intérieur ne la possède pas. Oserai-je lui conseiller de se la procurer ? Elle est étonnante, dans ce pays d'esprit clair et de centralisation à outrance. Le lecteur la connaîtra par les nombreux emprunts que j'aurai l'occasion d'y faire. On verra que l'administration, comme divisée en compartiments sans communication les uns avec les autres, loin de dissiper les équivoques, les a plutôt accumulées.

Elle ne s'est pas mieux employée à masquer les points faibles, et spécialement à faire respecter les principes d'ordre et d'économie dont la garde lui avait été confiée, imprudemment peut-être, mais avec toutes les armes nécessaires. On lui a dès longtemps reproché de jouer insuffisamment ce rôle capital. Les diverses autorités que j'ai citées au début de ces pages, en même temps qu'elles déploraient l'accroissement des charges communales, comme on a vu, gourmandaient l'administration, qu'elles tenaient pour responsable. Je rapporterai quelques traits de ces nombreuses mercuriales, pour montrer que mon attaque en ce point suit une voie déjà ouverte.

M. de Rémusat, dès 1840, s'exprimait ainsi : « Il est

certain que, généralement, depuis quelques années, le montant des contributions indirectes s'accroît par l'effet des impositions communales, dans une proportion telle qu'il en résulte une surcharge fort lourde pour les contribuables, outre l'inconvénient de rendre de plus en plus difficiles les rentrées de l'État... Vous reconnaîtrez, M. le Préfet, combien il est essentiel de veiller dorénavant à ce que les communes ne s'engagent pas dans les dépenses de la nature de celles dont nous venons de parler, sans avoir bien calculé les moyens d'y pourvoir, puisque autrement elles se trouveraient inévitablement conduites, malgré toutes les prescriptions contraires, à faire usage de la ressource *extrême* de l'impôt additionnel [l'expression paraît naïve aujourd'hui]. Cette remarque, qui est de tous les temps, comme rappel aux règles d'une bonne administration, acquiert de la nécessité des circonstances plus d'importance encore et d'autorité. »

J'emprunte les lignes suivantes à la commission instituée par un décret du 30 mars 1850 pour examiner les propositions relatives à la situation financière des communes et des départements : « Le gouvernement est armé... Ce n'est pas la loi qui lui fait défaut, c'est quelquefois la volonté de l'exécuter... On a laissé la règle fléchir ; mais elle existe... Il s'agit d'un changement de conduite, plutôt que d'un changement de législation. Soyons convaincus que le gouvernement n'a pas de meilleur moyen pour réduire le nombre des centimes additionnels que de vouloir fermement qu'il en soit ainsi. »

En 1884, à propos de la discussion et du vote de la loi municipale, les objurgations se pressent. M. de Marcère, rapporteur de la loi devant la Chambre des députés, reproduit, parfois dans les mêmes termes, les arguments de M. de Rémusat et de la commission de

1850 : « Tout le monde, dit-il, s'accorde à signaler la situation très engagée des communes et la tendance
qu'elles ont à empirer cette situation par le vote
des centimes additionnels. L'intérêt des communes
n'est pas seul compromis par cet état de choses;
l'exagération des centimes communaux épuise les
facultés contributives du pays et engage les finances
de l'État... Le seul remède légal, en dehors de la
sagesse des communes, consiste à soumettre les dépenses, les emprunts et l'autorisation des contributions
extraordinaires à des formalités telles qu'elles aient pour
effet d'en prévenir l'exagération. Mais, de même que l'on
peut faire appel à la sagesse des communes, on doit
attendre une égale fermeté de la part des autorités
diverses qui auront à exercer leur pouvoir de contrôle. »

A la séance du Sénat du 8 février 1884, M. Lizot, dont
le discours fit grande impression, après avoir exposé
l'énormité des charges communales, concluait en ces
termes : « De remède, à mon sens, il n'en existe qu'un
seul : il faut qu'à l'avenir une surveillance vigilante,
rigoureuse soit imposée à ceux qui ont le devoir de
veiller sur d'aussi sérieux intérêts. Il faut que le contrôle exercé par les autorités diverses entre les mains
desquelles la loi a remis la tutelle administrative et
financière des communes cesse d'être une fiction pour
devenir une réalité... Il faut, en un mot, qu'au lieu de
rencontrer dans l'attitude plus ou moins complaisante,
soit des administrations départementales, soit des minis-
tères, soit même du parlement, un encouragement aux
dépenses excessives, sinon aux prodigalités, les communes trouvent désormais dans la fermeté, dans la
résistance des pouvoirs publics, un frein et comme une
sorte de digue, contre laquelle viendra se briser le flot
toujours montant des dépenses publiques. »

Enfin, au mois de novembre de la même année, dans le discours de rentrée de la Cour des comptes, le procureur général Audibert résumait, en quelque sorte, la discussion parlementaire sur ce point : « C'est surtout, Messieurs, disait-il, en matière de contributions extraordinaires qu'il importe d'arrêter votre attention sur les pouvoirs qui sont confiés par la loi aux préfets et au gouvernement. Dans le rapport présenté à la Chambre des députés, au nom de la commission qui a préparé la loi municipale, et au cours des délibérations de la Chambre et du Sénat, on a fait appel, à différentes reprises, à la fermeté des diverses autorités ayant pouvoir d'approuver les impositions des centimes additionnels. Elles ont été vivement exhortées à ne céder qu'à de pressantes nécessités. Elles auront à modérer des charges devenues déjà très lourdes dans un grand nombre de communes. »

C'est toujours, comme on voit, la même antienne. Combien d'exhortations, en un demi-siècle, pour ramener « les diverses autorités » dont il s'agit à une règle de vigilance qu'on trouve inobservée toutes les fois qu'on y prend garde ! C'est une « remarque qui est de tous les temps », disait M. de Rémusat, songeant au passé ; il prédisait aussi bien l'avenir. La conclusion s'impose : la tutelle financière des communes est inefficace. D'où vient cette impuissance ? Il faut, pour le comprendre, examiner d'assez près le système et ses organes, la fonction et les fonctionnaires.

Le contrôle administratif est réglé de façon différente suivant qu'il s'agit d'impositions appelées extraordinaires aux termes de la loi moderne, c'est-à-dire d'impositions temporaires, ou d'impositions pour insuffisance de revenus, c'est-à-dire annuelles. Je commencerai par les premières, les moins lourdes, assujetties, au surplus, à une limite.

Le régime institué, à leur égard a été assez complètement étudié dans un rapport présenté à la commission plénière de décentralisation, au nom de la sous-commission de décentralisation administrative, par M. Poubelle, préfet de la Seine, les 12 et 19 juillet 1895[1]. Ce régime est compliqué et quelque peu bizarre. Il exige, selon les cas, l'intervention de presque toutes les autorités : préfet, conseil général, Conseil d'État, chef du pouvoir exécutif et législateur. Leur compétence, en réduisant les choses à l'expression la plus brève, est fonction de deux quantités : le nombre des centimes et la durée de leur perception. Le conseil municipal est maître de ses résolutions au-dessous de cinq centimes et de cinq ans. Le préfet est compétent pour approuver au-dessous du maximum fixé par le conseil général (20 centimes, chiffre constant) et au-dessous de trente ans. Le chef du pouvoir exécutif prononce au-dessus du maximum fixé par le conseil général ; le même, en Conseil d'État, au-dessus de trente ans. Au législateur. de statuer sur un emprunt de plus d'un million[2].

L'établissement des centimes pour insuffisance de revenus est autorisé par arrêté préfectoral, lorsque ces centimes correspondent à des dépenses obligatoires, et par décret, quand ils sont destinés à faire face à des dépenses facultatives.

On peut critiquer à plusieurs points de vue les dispositions qui régissent les impositions dites extraordinaires. Les responsabilités en ce qui les concerne sont étonnamment divisées. Chaque autorité garde, pour

1. *Journal officiel* du 23 juillet 1895.
2. Le cas d'emprunt est traité plus favorablement, si le remboursement s'en fait sur ressources ordinaires. Le conseil municipal peut le voter seul, pour une durée n'excédant pas trente ans, et le préfet peut l'autoriser au delà de ce délai.

ainsi dire, sa zone et sa barrière. Sa mollesse peut se justifier, à ses propres yeux, par la pensée que l'autorité supérieure, chargée d'une décision plus grave, y mettra plus de réflexion et de rigueur. L'expérience d'ailleurs est faite, et les résultats peu favorables en sont avoués. Un projet de loi présenté à l'approbation du parlement propose de supprimer l'intervention du législateur et de ne recourir au chef du pouvoir exécutif qu'assisté du Conseil d'État [1]. Le rôle du législateur apparaît, en effet, comme singulièrement illusoire. Les projets de loi d'intérêt local sont inscrits en tête d'un ordre du jour. Ils sont examinés et votés au milieu de l'indifférence et de l'inattention générales ; ils amusent le tapis, en attendant que les membres de l'assemblée aient gagné leur place et que la séance véritablement soit ouverte.

Le décret en la forme ordinaire n'est pas non plus une garantie suffisante, soit dit sans manquer de respect au chef de l'État, car l'aveu en a été fait en son nom. En matière ordinaire, où parfois un décret est requis, il a été reconnu, comme on verra, que ce contrôle n'était qu'une vaine apparence. Pourquoi aurait-il plus de valeur en matière extraordinaire ? L'adjonction du Conseil d'État serait sans doute une excellente mesure ; ce grand corps n'a pas besoin qu'on loue son talent et son consciencieux labeur. Il n'aura qu'à se méfier de certains souffles de l'opinion publique auxquels l'un de ses membres, M. Bouffet, alors directeur des affaires communales et départementales, se laissait emporter, dans la préface de la *Situation financière* de 1891. Il écrivait, en effet, après avoir remarqué que 73,10 p. 100

1. Projet de loi modifiant la loi du 5 avril 1884 sur l'organisation communale, présenté au nom de M. Félix Faure, président de la République française, par M. Barthou, ministre de l'Intérieur, le 27 octobre 1896.

des communes de France étaient endettées : « C'est là
une constatation intéressante, car elle établit que la
plupart des communes rurales elles-mêmes sont entrées
dans la voie des entreprises utiles, comme les localités
les plus importantes. On ne saurait, en principe,
regretter cette diffusion des emprunts, qui traduit, en
somme, un effort tenté par les municipalités les plus
modestes pour améliorer les services, parfois encore si
rudimentaires, des collectivités rurales. » Célébrer la
diffusion des emprunts, en faire un instrument normal
d'administration, quel changement de point de vue en
un demi-siècle ! Sous forme d'écho, les gens d'en bas
qu'on félicitait ont entendu : « Allez ! le progrès c'est la
dépense. »

Les conseils généraux, mis en avant par M. Poubelle,
ramenés par M. Alapetite à leurs affaires départementales, — qui épuisent leur temps et leur zèle, — ont
reçu de la loi, concernant les affaires communales,
un mandat dont ils ne se sont jamais souciés. M. Poubelle a imaginé une explication de cette négligence, à
laquelle on n'avait pas songé avant lui : « Le législateur a, depuis de nombreuses années, fixé à vingt le
maximum » des impositions extraordinaires dont les
conseils municipaux peuvent user, « et la totalité des
conseils généraux, estimant, *sans doute*, qu'ils n'ont pas
une latitude suffisante, reproduisent ce chiffre dans
leurs délibérations. *Il semble* que, si on élevait ce
maximum à un chiffre supérieur, on obtiendrait pour
beaucoup d'affaires une simplification appréciable. Cette
solution aurait *peut-être* un autre avantage, c'est de justifier l'intervention des assemblées départementales,
qui ne se contenteraient plus d'enregistrer dans leurs
délibérations le maximum législatif, et s'efforceraient de
fixer celui qui répondrait aussi exactement que possible
aux forces financières de la région ». M. Poubelle se

hasarde avec prudence, il ne se départit pas des formes dubitatives ; je les ai soulignées.

Au sujet des préfets, — dont la mission est ici, comme on l'a vu, fort restreinte, — il ajoute, examinant la même hypothèse d'un relèvement du maximum des centimes extraordinaires : « Le préfet aurait à statuer sur un plus grand nombre d'affaires, et *l'on doit espérer* que l'administration préfectorale, soucieuse des intérêts financiers des communes, *exercera* sa tutelle avec attention et prévoyance. » Le rapporteur de la sous-commission de décentralisation a, ici encore, des expressions de réserve significatives, et il emploie un futur qui ne manque pas de sévérité. C'est, en effet, une prévision toute gratuite, et même absolument contredite par l'expérience faite en matière ordinaire, où le préfet est en possession de la compétence la plus étendue et porte le poids des plus lourdes responsabilités.

Je ne m'étendrai pas davantage sur ce qui regarde les impositions extraordinaires. Elles forment, comme on sait, moins que le quart du fardeau communal. Leur accroissement est lent; dans leur ensemble, elles approchent du maximum légal. Il est vrai qu'on propose de le relever de vingt à trente centimes ; mais, en définitive, une barrière existe à courte distance, et l'on doit compter sur le nouveau contrôle pour en assurer le respect.

Je viens aux impositions maladroitement qualifiées d'ordinaires, parmi lesquelles les centimes pour insuffisance de revenus ont le rôle le plus grave et forment une portion illimitée, menaçante, toute aux mains des préfets. En vérité, ces fonctionnaires régissent souverainement plus de 1,500,000 centimes additionnels. On s'en doutait bien avant le rapport de M. Poubelle ; mais l'ancien préfet de la Seine n'a pas craint de le reconnaître, dans un passage qui conserve son intérêt et qu'il est bon de transcrire : « *Centimes pour insuffisance de revenus.* — L'établissement des centimes pour insuffisance de revenus, dans l'état de la législation (art. 133, loi du 5 avril 1884), est autorisé par arrêté préfectoral, lorsque ces centimes correspondent à des dépenses obligatoires, et par décret, quand ils sont destinés à faire face à des dépenses facultatives. Il résulte des renseignements fournis à la sous-commission que le contrôle demandé au décret ne s'exerce pas en réalité, à raison du nombre très considérable de communes qui ont recours à ce genre d'impositions. La sous-commission propose, en conséquence, de rendre en droit au préfet une attribution qu'il exerce en réalité, et d'apporter une modification en ce sens à l'article 133 de la loi municipale. »

L'aveu était dénué d'artifice. Il a été renouvelé avec plus de solennité, et nous avons, cette fois, la parole du gouvernement lui-même, attestant qu'il n'a pas le loisir d'observer la loi. Le ministre, accablé de travaux, présente à la signature du chef de l'État des décisions que les préfets ont simplement classées, mais dont personne n'examine les motifs. Dans l'exposé du projet de loi dont nous avons parlé, M. Barthou a écrit ce passage : « En raison du très grand nombre de communes qui s'imposent chaque année pour dépenses facultatives, l'administration centrale se trouve aujourd'hui dans l'impossibilité d'exercer réellement le contrôle que la loi lui attribue, et les impositions sont, en fait, approuvées sur des états collectifs dressés par les préfets [vulgairement: par paquets]. Il n'existe plus réellement de surveillance que pour les villes ayant au moins cent mille francs de revenus... » qui « ne font généralement pas usage de cette imposition et demandent plutôt un supplément de ressources à l'octroi. — Dans ces conditions, le gouvernement, d'accord avec la commission de décentralisation, a pensé qu'il convenait d'attribuer au conseil municipal le droit de voter définitivement les impositions pour dépenses annuelles, tant obligatoires que facultatives, lorsqu'elles n'excèdent pas dix centimes additionnels, et au préfet l'autorisation des impositions dépassant ce minimum ».

Et le préfet? Comment se comporte, en matière ordinaire, cette colonne de l'administration communale? Il est connu que, contrairement à la prévision de M. Poubelle, son zèle ne croît pas avec sa responsabilité. En maint chef-lieu, la vérité s'affiche: le préfet publie que lui, l'autorité chargée par la loi même de régler les budgets communaux, a d'autres soins plus importants, et repasse celui-là à ses bureaux. Voici le fait que je vise : au bas des cadres budgétaires, dans les départements dont il s'agit, à l'endroit où le préfet devrait apposer sa signature, une mention imprimée prévient qu'elle sera remplacée par celle d'un subordonné ou d'un délégué : « Pour le Préfet, — Le Secrétaire général » ou « Le Conseiller de préfecture. » Dans le quart de la France, dans vingt départements au juste [1], le préfet renonce de la sorte, ouvertement, au devoir confié par le législateur à son autorité, à sa science, à sa prudence, et ne cherche même pas à sauver les apparences : 1,500,000 centimes sont à la disposition d'un secrétaire ou, en allant plus au fond des bureaux, d'un commis. Lui est tout à la politique.

La commission de 1850, qui connaissait le mal, l'a bien décrit. Elle faisait, entre autres, cette remarque d'une vérité profonde : « Si les préfets se mettaient personnellement à l'œuvre, ils s'apercevraient bientôt

---

1. Aisne, Alpes-Maritimes, Hautes-Alpes, Ariège, Aude, Charente-Inférieure, Côte-d'Or, Haute-Garonne, Gironde, Hérault, Landes, Loiret, Lot-et-Garonne, Lozère, Basses-Pyrénées, Hautes-Pyrénées, Rhône, Seine-et-Marne, Vendée, Yonne.

qu'ils ne peuvent régler les budgets, sans connaître dans leurs détails les plus intimes et sans suivre dans leurs évolutions successives les incidents et les faits qui constituent la vie administrative de chaque cité. » Déjà, en effet, cette information personnelle, règle nécessaire d'une tutelle éclairée et consciencieuse, était singulièrement négligée. On avait laissé tomber dans l'oubli les prescriptions positives de la circulaire du 14 avril 1812, renouvelées par celle du 20 avril 1834. Il est utile d'y revenir en peu de mots.

Par là, un moyen précis était recommandé aux préfets, pour entretenir avec les administrations locales des rapports sincères, et qui les missent en état de juger le fort et le faible des propositions de dépenses, de donner des décisions, non pas seulement des signatures. C'était une sorte de compte moral, que les communes devaient annexer aux budgets, sous le nom de cahiers d'observations : « A ces pièces, disait le ministre, il conviendra de joindre, ainsi que cela a été précédemment recommandé, un cahier d'observations détaillées, dressé par l'administration municipale, et qui résume, en suivant l'ordre des articles du budget, la nature et les motifs, tant des propositions du maire que des votes du conseil municipal sur chaque article, soit en recette, soit en dépense. Les explications données dans les cahiers devront être assez détaillées pour que l'autorité supérieure puisse y trouver toutes les lumières nécessaires à l'examen approfondi qu'elle doit faire de toutes les parties du budget... »

« Vos propres observations compléteront celles de l'administration locale, pour les budgets que vous aurez à me soumettre, et je ne saurais trop vous inviter à y apporter la plus scrupuleuse attention, et à ne pas craindre d'entrer dans les détails que vous croiriez propres à m'éclairer. Vous n'ignorez pas de quelle importance est pour les communes la décision qui règle leur budget, et combien, par conséquent, il faut apporter de soin à ce travail, qui doit la préparer. »

Voilà un langage bien digne du temps où M. de Rémusat parlait des centimes additionnels comme d'une ressource extrême, et qui peint noblement la conscience d'un âge disparu. Ces instructions n'ont point été abolies, et on trouvera, sinon des préfets, du moins des auteurs qui demandent encore que le cahier d'observations soit joint aux dossiers budgétaires. En réalité, il est tombé en désuétude, et cela était immanquable, après que le préfet eut renoncé à l'examen personnel et approfondi qu'il devait faire de toutes les parties du budget. Un bureau n'est pas un maître.

Quelques traces de l'institution demeurent. L'Aveyron et la Somme parlent, en termes généraux et sans allusion précise aux anciens errements, de la nécessité d'observations ou d'explications sur certains articles du budget. Le Finistère se reporte aux « pages d'observations » dont il suppose que le budget est accompagné; il semble avoir un vague souvenir de cette pratique. La Savoie, réintégrée tardivement dans la famille française, s'est fait, sans doute, un scrupule de se ranger aux vieux us ; elle est la seule à dire nettement que les dossiers budgétaires devront comprendre « le cahier d'observations de l'autorité municipale ».

L'oubli de cette tradition ou, pour mieux dire, de ce devoir a fait que toutes communications directes sont coupées entre la préfecture et les communes. La sous-préfecture pourrait jusqu'à un certain point les rétablir. On ne le lui demande pas, elle n'y songe guère.

M. Alapetite, dans son rapport, après avoir suggéré au gouvernement d'inviter ses fonctionnaires à réprimer avec toute la vigilance possible les gestions occultes, ajoute : « La réalité des dépenses ne peut être contrôlée que par celui qui est sur place ou qui peut y aller. Il y a donc lieu de donner au sous-préfet, au préfet ou à leur délégué, par exemple pendant le temps où les comptes de gestion sont soumis à la vérification du receveur particulier ou du trésorier général, le moyen de prendre connaissance sans déplacement des pièces justificatives de ces comptes. Ils pourront, le cas échéant, en contrôler la sincérité par les moyens d'information dont ils disposent, et surtout dans leurs tournées. »

Je m'arrête sur ces derniers mots; l'indication est excellente. Les tournées sont le plus utile procédé d'enquête, et il convient de les recommander au sous-préfet, ou au préfet pour les affaires concernant l'arrondissement du chef-lieu. Mais M. Alapetite dit : « leurs tournées, » comme si ces fonctionnaires avaient l'habitude d'en faire. Où a-t-il vu cela ? Dans le Pas-de-Calais ? Ce serait une grande exception. Ailleurs, on ne connaît pas d'autres tournées que celles du tirage au sort et de la revision, et elles se bornent aux chefs-lieux de canton, et l'audience s'y donne à table.

Le sous-préfet n'a vraiment nulle part l'idée de visiter ses administrés. Il se réduit à la fonction la plus sédentaire, il se résigne au rôle le plus effacé. Un sous-préfet, auteur d'un livre sur le budget communal, accepte cette situation pour lui-même et pour ses collègues, non sans comprendre, cependant, ce que la connaissance personnelle de leur ressort pourrait ajouter de valeur et d'à-propos à leurs avis. Il a même à ce sujet une anecdote.

Après avoir exposé que le budget voté par le conseil municipal est expédié avec le dossier qu'il comporte au chef-lieu de l'arrondissement, il poursuit en ces termes : « Que va faire le sous-préfet ? Son rôle est de peu d'importance. Il fait des propositions au préfet, — une colonne lui est réservée dans ce but; — mais ses

propositions se bornent généralement à des questions
de détail. Un sous-préfet qui connaît bien son arrondissement et qui étudie les budgets de ses communes [ils
ne le font donc pas tous ?] peut donner des indications
fort utiles au préfet, pour empêcher des abus. Ainsi, un
sous-préfet de mes amis m'a raconté que, dans une
commune de son arrondissement, un crédit de cent
francs était porté au budget pour conduite et entretien
de l'horloge, disparue depuis vingt ans au moins. Ce
crédit servait à payer le secrétaire, qui, dans une certaine mesure, remplaçait l'horloge, puisqu'il sonnait...
l'*Angelus*. Le sous-préfet, qui était allé dans la commune, avait remarqué le clocher, et s'était rappelé, en
examinant le budget, qu'il n'y avait pas d'horloge dans
la commune. Sur sa proposition, l'irrégularité avait été
rectifiée. »

Eh ! Monsieur le sous-préfet, vous vous plaignez
d'avoir peu d'importance, et vous enseignez le moyen
de vous grandir ! Employez-le. Ne vous réduisez pas
vous-même à une tâche insignifiante, comme fait votre
conseil d'arrondissement. Parcourez et connaissez votre
terrain ; faites des tournées, donnez des conseils, ins-
truisez certaines affaires sur place, rompez enfin l'isole-
ment de l'administration. Quelle fonction et quelle
importance !

Ainsi le préfet, privé de tout compte moral, de toutes
communications régulières, par la négligence des municipalités et des sous-préfets, ignore l'histoire des communes, les précédents, les mœurs et les tendances. Et
M. Alapetite prend soin de le défendre contre le
soupçon d'arbitraire ! Qui l'a pu concevoir ? Quelle
crainte chimérique serait-ce ! La commission de 1850
fut obligée de représenter alors au préfet qu'il était
armé d'un droit de veto, et qu'il avait le grand tort de
ne pas s'en servir. Moins que jamais, il aspire à la

tyrannie. Il entrevoit le suffrage universel sourcilleux, ombrageux, derrière les porte-paroles des communes, et il aime la paix, sans doute un peu trop. Il est là en passant, il attend son successeur. Comment résisterait-il, d'ailleurs ? Il n'a aucune préparation pour opposer aux administrateurs hasardeux une résistance raisonnée et solide, pour figurer la vraie autorité, munie de force et de sagesse. Sa défaite est assurée et, en même temps, celle du contribuable.

En matière extraordinaire, la responsabilité du préfet ne dépasse pas les limites assez étroites de sa compétence. Puis, sur ce sujet, il acquiert certaines lumières, par les visites qu'il reçoit des maires importants et les sollicitations des personnages politiques qui se mettent au service de leurs projets. Il y a là quelque notoriété qui avertit, un reste de préjugé défavorable à l'endettement et enfin la borne légale. Mais, sur ce qui regarde l'insuffisance de revenus et la montée lente, incessante, insidieuse des centimes prétendus ordinaires, sur ce qui n'excite ni bruit ni passion et ne motive ni recommandations ni démarches, l'ombre des bureaux s'étend favorable. Pourquoi le préfet s'en occuperait-il, alors qu'il n'a à faire valoir auprès de personne le mérite de son zèle et de sa bonne grâce ?

M. Alapetite lui-même ne prend pas au sérieux cette catégorie de centimes. Ils étaient extraordinaires autrefois ; mais nous avons changé tout cela, et il faut que ce nom même, dont il subsiste des vestiges trompeurs, disparaisse. Repassez le raisonnement de 1842, ses prémisses surtout : ce qui se fait tous les ans est ordinaire. Ces centimes, qui étaient 1,430,000 en 1891, sont aujourd'hui 1,530,000. Qu'importe ! c'est le coût du progrès. Puis, voulez-vous des aphorismes ? —La France est riche... L'augmentation de la matière imposable est sans limites... Le développement des dépenses publiques est une source de prospérité... Il faut faire aller le commerce... — Que sais-je encore ?

Un régime a finalement prévalu, bizarre et inquiétant, et qui a fait de la tutelle communale, au point de vue financier, une espèce de comédie. Je prie qu'on prenne mes observations au grand sérieux, malgré les apparences. Les choses se passent comme si quelque Géronte de la haute administration avait tenu à la commune, sa pupille, ce langage : « Nous allons nous arranger pour nous gêner mutuellement le moins possible. Vous ouvrirez deux comptes, que vous appellerez, l'un ordinaire, l'autre extraordinaire. Séparez-les bien, car tout est là. A l'extraordinaire vous porterez vos emprunts. Emprunter ou engager l'avenir pour des opérations à long terme est une grave affaire. Toute la sagesse consiste à ne pas trop aller de l'avant. Il y a, du reste, pour vous arrêter, des limites légales. Les dettes, c'est proprement l'extraordinaire. — A l'autre compte figureront vos dépenses courantes, les frais de votre train de vie. C'est là l'ordinaire. Vous le réglerez à votre guise. La loi et le ministre s'en fient à moi pour y veiller, et moi-même j'ai toute confiance en vous. Tenez vos comptes régulièrement, évitez les à-coup. Pourvu que je n'entende pas crier, je ne me dérangerai point. Je me résume : pas d'affaires. »

Il y a dans tout lecteur un contribuable, qui, à défaut d'arguments juridiques pour redresser un pareil langage, aura le bon sens de répondre à ce singulier Mentor : « Vous me la donnez belle avec vos deux comptes et toutes vos distinctions ! Centimes par-ci, centimes par-là, tout fait nombre et s'additionne sur la feuille du percepteur. Que je sois ruiné ordinairement par une longue erreur de conduite, ou extraordinairement par quelques entreprises folles, que m'importe ? En serai-je moins ruiné ? Quoi, vous défendez qu'on m'impose, d'un coup, pour un nombre restreint d'années, une contribution supérieure à vingt centimes, parce que c'est de l'extraordinaire, et vous me laissez taxer annuellement, — un fallacieux adverbe qui, au fond, signifie perpétuellement, — de cinquante, de cent, deux cents centimes, de ce qu'il plaira aux fortes têtes de mon bourg, parce que c'est de l'ordinaire! Quelle est donc la vertu des étiquettes que vous mettez sur ces deux compartiments? En fin de compte, ce sont là mes deux poches ; vous montez la garde devant l'une, et vous donnez l'autre à piller! C'est à n'y rien comprendre. »

Oui, voilà bien le mal : on ne comprend plus, et l'on s'y résigne. Ainsi périt une tutelle dérisoire et qui ne rend jamais ses comptes, que, d'ailleurs, personne ne lui demande. Un ministre de l'Intérieur avait, en 1867, paru comprendre que l'insuffisance de revenus était plus grave que l'insuffisance de capitaux, et que cette « situation exceptionnelle et fâcheuse » devait appeler toute la sollicitude du gouvernement. Vue lucide, rapidement obscurcie ; le pouvoir s'est désintéressé du devoir qu'il s'était lui-même tracé. Une preuve, entre autres, est la philosophie avec laquelle la *Situation financière* enregistre, depuis 1891, — où ces indications ont été mises en particulière évidence, — l'accroissement énorme des centimes annuels. Cette année-là et la suivante, M. le Directeur de l'administration départementale et communale se contente de dire : « L'augmentation porte sur les centimes pour insuffisance de revenus. » En 1893, il ébauche une explication : « L'accroissement incessant [des centimes applicables aux dépenses annuelles] provient pour une notable partie des charges imposées par le développement de l'enseignement primaire et l'allocation au personnel des indemnités de résidence. » En 1894, on se contente d'enregistrer les chiffres. Enfin un nouveau commentaire se fait jour en 1895 : « Cette augmentation provient, en majeure partie, de l'application de la loi du 15 juillet 1893 sur l'assistance médicale, qui a imposé de nombreux sacrifices aux communes. » Pourquoi tant de raisons ? Le phénomène est constant ; il a une seule raison, plus haute.

Il nous reste, pour compléter ce tableau du désordre administratif, à voir les communes, abandonnées à elles-mêmes, se tailler presque souverainement leurs finances ; les communes de campagne surtout sont curieuses, car, selon le mot de Taine, « le premier rôle appartient aux foules, aux multitudes inconnues ».

D'abord, les ignorants ou les incapables dominent dans les conseils villageois plus que de raison. Une révolution a eu pour premier prétexte l'admission des capacités ; que les temps sont changés ! On s'en méfie aujourd'hui, et on ne les supporte guère ; on leur refuse l'accès aux fonctions municipales, à moins qu'il n'y ait à en attendre des services pécuniaires ou politiques, une aide décisive pour satisfaire les passions du moment. En général, on veut rester, comme on dit, entre soi, n'être ni froissé par les comparaisons, ni gêné par les égards, préparer les séances au cabaret et tutoyer le maire. Deux ou trois politiqueurs entourés de comparses, c'est communément le tableau. Personne n'entend rien aux questions administratives, ni en particulier à l'usage du cadre envoyé par la préfecture pour dresser le budget ; mais les secours ne manquent pas. Le sous-préfet, en certains pays, y met la main ; ailleurs, c'est le percepteur ; le plus souvent, l'instituteur y suffit et marque par là sa supériorité ; il faut littéralement compter avec lui.

Cependant un sentiment et une habileté se sont répandus partout. Le sentiment est que le temps d'une vie publique précaire est passé, et qu'une communauté a le droit de se mettre à l'aise et au large. On est allé d'un extrême à l'autre, avec une infatuation de parvenu. Après la gêne, le sans-gêne. L'habileté consiste à enfler les prévisions de dépenses, pour créer des ressources égales, obtenir une provision commode dans le présent, source de bonis apparents dans l'avenir, et dont on usera, au chapitre additionnel, tout à fait à sa guise, au besoin pour masquer des opérations peu justifiables. Un budget moderne se présente avec une ample colonne de dépenses ; l'œil est habitué aux chiffres grossissants. On discute à peine les plus considérables; toute l'âpreté se réserve pour des bagatelles, mais où sont engagées des questions de personnes. Le colloque se poursuit sur des détails, à ras de terre; nulle comparaison avec le passé ni avec le voisinage, si ce n'est pour en copier les exagérations.

On est d'ailleurs fort tranquille sur l'aboutissement des calculs. Personne, en la salle du conseil, ne connaît plus « Nécessité l'industrieuse ». Pourquoi se mettre martel en tête comme on fait chez soi, lésiner ainsi que les pauvres gens, quand on a sous la main de quoi suffire à tout? C'est si commode l'imposition pour insuffisance de revenus ! Le cadre budgétaire du Cantal vous le dit nûment: elle est « destinée à couvrir l'excédent des dépenses sur les recettes ». Partant, les communes n'ont plus de déficit; c'est bon pour l'État. Lui n'a pas encore trouvé, comme elles, une imposition admirable dont on fasse un revenu ou, suivant l'expression géniale des administrateurs du Lot, « une recette facultative ». On sait bien, au fond, qu'on en supportera sa part, mais petite comparativement. Les fermiers, par exemple, ne payent rien du chef de la location des terres. Les maisons rustiques sont fort épargnées au regard des habitations de meilleur air.

L'estimation des deux catégories, laissée aux mains de répartiteurs possesseurs de la première, s'est faite avec des différences d'échelle qui, d'ores et déjà, ont transformé grossièrement la contribution foncière bâtie et la contribution mobilière en impôts progressifs. Puis, il y a les vues de gloriole et de spéculation, le goût des commodités de la vie. Bref, on votera sans compter les centimes pour insuffisance de revenus, qui permettent de parer à tout, même au payement d'annuités déguisées. Un chiffre à écrire pour solde, et voilà le budget !

Le sous-préfet n'est ni informé ni curieux, et ne se dérange jamais, nous le savons. Il remplira sa colonne en copiant les chiffres du conseil municipal, et quelqu'un à la préfecture fera de même pour le préfet : la colonne d'observations reste éternellement vide. L'examen d'un budget porte sur l'application de la loi et de l'arithmétique ; il aboutit quelquefois à des redressements de chiffres, à des critiques de détail et de forme ; il n'est jamais l'occasion d'une discussion approfondie ni de remontrances, comme la royauté elle-même en tolérait jadis. Toutes les dépenses dites ordinaires passent en certains chefs-lieux. Et M. Barthou confesse que le ministre ne s'en mêle point. Le préfet est sans conteste le maître du budget ordinaire ; d'un geste, il pourrait relever les digues ; il n'en a cure, il laisse le champ libre aux municipaux. Le moindre village a ses proconsuls, et il en ira de même jusqu'à ce que l'imposition pour insuffisance de revenus publics se bute à l'insuffisance de revenus privés, et que le contribuable s'aperçoive qu'il est plus chargé que le baudet de l'ancien régime.

Ainsi se trouve bâclé un budget, après deux heures de délibération à la mairie et quelques semaines de sommeil en divers cartons ; un budget, une loi de finances en somme, qui égale l'autre en puissance et peut la dépasser en pesanteur. Les deux se confondent dans l'exécution, et le percepteur recouvre leurs chiffres additionnés au même rôle, où trop souvent l'accessoire est supérieur au principal. Peu de personnes se rendent compte de l'influence qu'exerce sur leur fortune un acte si dépourvu de solennité, si imparfaitement préparé et contrôlé. Cependant le pouvoir de voter ainsi l'impôt, au petit bonheur de l'addition, sans connaître le mécanisme qu'on met en branle ni ses répercussions, au risque de fouler un pays, est, à la lettre, un pouvoir effrayant.

On est tenté de crier aux contribuables, comme l'hirondelle de la Fable aux petits oiseaux :

> Voyez-vous cette main qui par les airs chemine ?
>   Un jour viendra, qui n'est pas loin,
> Que ce qu'elle répand sera votre ruine.

Je veux parler du semeur d'impôts ; il ressemble fort au semeur de chanvre, il prépare un rôle qui vaudra un lacet, pour serrer la gorge des gens. Prenons garde à l'apologue. Mais

> Nous ne croyons le mal que quand il est venu.

Alors, plutôt que de se laisser étrangler, on se battra. L'excès des charges agraires a, de tout temps, poussé aux séditions. Les hommes de César nous guettent ; mais ils auront, cette fois, maille à partir avec de redoutables rivaux. Les lieutenants de Karl Marx s'indignent contre le collecteur d'impôts et commencent à se poser en libérateurs.

Au congrès de Halle, en 1890, l'idée d'enrégimenter les paysans dans l'armée socialiste a pris corps. Liebknecht disait : « Il faut les éclairer sur leurs intérêts réels et leur montrer le manque d'espérance de leur situation. » Il dénonçait, après cela, le terrible fléau de l'hypothèque, dévorant la petite propriété en Allemagne, et comptait que les paysans, pour le fuir, rallieraient le camp des prolétaires. En France, l'hypothèque est moins commune et moins accablante ; mais l'oppression des centimes additionnels nous prépare aussi bien une gène mortelle.

Je reviens à mon point de départ, pour embrasser la route parcourue. J'ai retracé la profusion des dépenses communales, indiqué progression et proportions. J'ai montré la faute des mœurs prodigues et des menées de la politique, qui fait payer par le pays les frais de la guerre électorale ; j'ai établi la responsabilité d'une loi ambiguë et désarmée, d'une administration insoucieuse de ses devoirs. C'était l'objet annoncé de ma préface, de faire connaître sommairement les chiffres et les causes.

Quel remède au mal ? — Une conjuration d'efforts. Le philosophe luttera contre les tendances morales de l'époque ; le pouvoir, contre l'inertie de ses agents, leur tendance à se désintéresser, leur résignation à ne pas comprendre. D'autres repasseront la loi, s'efforceront de concilier ses textes avec une logique nécessaire, de lui rendre la clarté et l'autorité. Tous les laborieux peuvent participer à cette dernière tâche, où j'ambitionne de mettre la main. Proudhon, — qui n'est pas mon maître, — encourage les isolés : « Combien des savants assemblés, dit-il, sont sujets à plus d'erreurs qu'un seul homme réfléchissant dans son cabinet ! » (*Théorie de l'impôt*, p. 265.)

Je m'en autoriserai finalement pour opposer au projet de M. Barthou, concernant la réforme du budget communal, un contre-projet.

CHAPITRE PREMIER

PROLÉGOMÈNES. — DÉFINITION, DIVISION ET DISPOSITION D'UN BUDGET.— SENS DU BUDGET ORDINAIRE ET DU BUDGET EXTRAORDINAIRE.

Définition doctrinale. — Division en ordinaire et en extraordinaire. — Titres : recettes, dépenses.— Chapitres : recettes du budget ordinaire et du budget extraordinaire, dépenses du budget ordinaire et du budget extraordinaire. — Fausse symétrie, étiquettes trompeuses.— Préparation du terrain, vue de bon sens. — Comparaison du budget communal au budget privé. — Double extension des ressources de la commune par l'impôt. — Thèse posée : budget ordinaire, compte de revenus et d'annuel, compte de revenus *lato sensu ;* budget extraordinaire, compte de capitaux et d'annuités, compte de capitaux *lato sensu.*

La doctrine a donné du budget communal cette définition, copiée sur celle que le budget de l'État a reçue du décret du 31 mai 1852 : un acte par lequel sont prévues et autorisées les recettes et les dépenses de la période, — appelée exercice, — fixée pour son exécution.

Le budget communal se divise en budget ordinaire et en budget extraordinaire (loi de 1884, art. 132). La circulaire du 15 mai 1884 observe que, bien que cette division ne fût pas prescrite par les lois antérieures, elle existait en fait dans tous les budgets. « Dès lors, ajoute le ministre, la rédaction de ces budgets ne devra, jusqu'à nouvel ordre, recevoir aucune modification, et les administrations municipales peuvent se servir des modèles employés jusqu'à ce jour. » L'auteur de cette circulaire, pour le dire en passant, était bien dans la tradition de ses prédécesseurs, dormant sur la pensée que les vieux modèles ministériels n'avaient pas cessé de répondre à tousles besoins, ignorant la variété, les contradictions, les contre-sens, les complications des formules qui leur ont été substituées.

Le budget est divisé en deux titres, savoir : **Titre Ier, Recettes**, — **Titre II, Dépenses** ; et chaque titre, en deux chapitres : 1° *Recettes du budget ordinaire ;* 2° *Recettes du budget extraordinaire,* d'une part, et : 1° *Dépenses du budget ordinaire ;* 2° *Dépenses du budget extraordinaire,* d'autre part. L'ensemble des deux chapitres premiers forme le budget ordinaire ; l'ensemble des deux chapitres seconds, le budget extraordinaire. Les sommes inscrites sont totalisées et le plus souvent balancées par chapitres ; elles sont récapitulées et balancées par titres. La balance des sommes récapitulées est celle du budget total (Circ. min. Int., 10 avril 1835 et 18 octobre 1838 et modèles y annexés).

Je vais figurer les dispositions d'un budget, en remplaçant recettes et dépenses par les textes qui les énumèrent ou les définissent.

TITRE Ier : **Recettes**.

Chapitre Ier : *Recettes du budget ordinaire*.

Art. 133. — Les recettes du budget ordinaire se composent :

1° Des ressources de tous les biens dont les habitants n'ont pas la jouissance en nature...................... » »

2° Des cotisations imposées annuellement sur les ayants droit aux fruits qui se perçoivent en nature.... » »

3° Du produit des centimes ordinaires et spéciaux affectés aux communes par les lois de finances... ..... » »

4° Du produit de la portion accordée aux communes » » dans certains des impôts et droits perçus pour le compte de l'État.. » »

5° Du produit des octrois municipaux affectés aux dépenses ordinaires............. .... » »

6° Du produit des droits de place perçus dans les halles, foires, marchés, abattoirs, d'après les tarifs dûment établi » »

7° Du produit des permis de stationnement et de location sur la voie publique, sur les rivières, ports et quais fluviaux et autres lieux publics.................. » »

8° Du produit des péages communaux, des droits de pesage, mesurage et jaugeage, des droits de voirie et autres droits légalement établis...................... » »

9° Du produit des terrains communaux affectés aux inhumations et de la part revenant aux communes dans le prix des concessions dans les cimetières....... » »

10° Du produit des concessions d'eau et de l'enlèvement des boues, immondices de la voie publique et autres concessions autorisées pour les services communaux ... » »

11° Du produit des expéditions des actes administratifs et des actes de l'état civil..................... » »

12° De la portion que les lois accordent aux communes dans les produits des amendes prononcées par les tribunaux de police correctionnelle et de simple police...... » »

13° Du produit de la taxe de balayage dans les communes de France et d'Algérie où elle sera établie, sur leur demande, conformément aux dispositions de la loi du 26 mars 1873, en vertu d'un décret rendu dans la forme des réglements d'administration publique .... » »

14° Et généralement du produit des contributions, taxes et droits dont la perception est autorisée par les lois dans l'intérêt des communes, et de toutes les ressources annuelles et permanentes ; en Algérie et dans les colonies, des ressources dont la perception est autorisée par les lois et décrets.................. .... » »

L'établissement des centimes pour insuffisance de revenus est autorisé par arrêté du préfet lorsqu'il s'agit de dépenses obligatoires .... » »

Il est approuvé par décret dans les autres cas .... » »

Total des recettes du budget ordinaire.......... R°

Chapitre II : *Recettes du budget extraordinaire.*

Art. 134. — Les recettes du budget extraordinaire se composent :

1° Des contributions extraordinaires dûment autorisées » »
2° Du prix des biens aliénés.......................... » »
3° Des dons et legs .... » »
4° Du remboursement des capitaux exigibles et des rentes rachetées............................... » »
5° Du produit des coupes extraordinaires de bois... » »
6° Du produit des emprunts........................ » »
7° Du produit des taxes et surtaxes d'octroi spécialement affectées à des dépenses extraordinaires et à des remboursements d'emprunts.......................... » »
8° Et de toutes autres recettes accidentelles......... » »

Total des recettes du budget extraordinaire....... R^e

Recettes du budget ordinaire...................... R^o
Recettes du budget extraordinaire .... R^e

Total général des recettes................... $R^o + R^e$

TITRE II : **Dépenses.**

Chapitre Ier : *Dépenses du budget ordinaire.*

Art.135, § 1er.—Les dépenses du budget ordinaire comprennent les dépenses annuelles et permanentes d'utilité communale .... » »

Total des dépenses du budget ordinaire......... D^o

Chapitre II : *Dépenses du budget extraordinaire.*

Art. 135, § 2.—Les dépenses du budget extraordinaire comprennent les dépenses accidentelles ou temporaires qui sont imputées sur les recettes énumérées à l'article 134 ou sur l'excédent des recettes ordinaires .... » »

Total des dépenses du budget extraordinaire.... D^e

Dépenses du budget ordinaire . . . . D^o

Dépenses du budget extraordinaire . . . . D^e

Total général des dépenses . . . . $D^o + D^e$

Recettes du budget ordinaire et du budget extraordinaire . . . . $R^o + R^e$

Dépenses du budget ordinaire et du budget extraordinaire . . . . $D^o + D^e$

RÉSULTAT (en excédent ou en déficit) : $(R^o + R^e) - (D^o + D^e)$

Tel est le cadre d'un budget et sommairement son contenu ; telle, la figure de la comptabilité communale. Extrayons-en les définitions qu'on y rencontre, et par quoi la doctrine explique et résume les séries où elles sont mêlées. Les recettes du budget ordinaire sont annuelles et permanentes (art. 133, § 14) ; les recettes du budget extraordinaire sont accidentelles (art. 134, §8) : la doctrine propose de suppléer « ou temporaires », corrélativement à la définition des dépenses de même ordre [1]. Les dépenses du budget ordinaire sont annuelles et permanentes ; les dépenses du budget extraordinaire sont accidentelles ou temporaires (art. 135). Les auteurs, usant une troisième fois des mêmes termes, en concluent que le budget ordinaire comprend les opérations qui sont à la fois annuelles et permanentes, tandis que le budget ordinaire comprend les opérations accidentelles ou temporaires (Morgand, *la Loi municipale*, t. II, p. 475).

---

1. Une circulaire du ministre de l'Intérieur du 30 juin 1881 avait donné les termes de ces définitions, mais appliquées aux recettes ordinaires, non pas aux recettes du budget ordinaire. On y lit : « Par recettes ordinaires, on entend celles qui sont à la fois annuelles et permanentes, tandis que le caractère des recettes extraordinaires est d'être accidentelles ou temporaires. »

On ne saurait imaginer symétrie plus complète, et la concision des formules est pour satisfaire l'esprit au premier abord. Fausse simplicité, illusion pure! A y regarder de près, on s'aperçoit bientôt que nulle clarté ne s'en dégage ; ces définitions sont faites de termes qui ont besoin d'être définis eux-mêmes. Étiquettes ambiguës, empruntées sans discernement à une législation antérieure, sans accord exact, au surplus, avec les compartiments auxquels on les a attachées. La loi de 1837 était plus prudente, se contentant d'énumérer sans rien définir.

Avant de discuter ces points en détail et d'après les textes, je veux préparer le terrain par un simple effort de logique et rechercher l'économie du budget communal dans une vue de bon sens.

La comptabilité de la vie privée, à laquelle je comparerai celle de la vie municipale, se fonde sur des principes simples et nécessaires. Un particulier possédant quelque bien, fruit de son travail ou d'héritage, et soucieux de l'administrer en bon père de famille, tient un état distinct, plus ou moins régulier en la forme, de ses revenus et de ses capitaux. Ses revenus et les profits accidentels qui peuvent s'y joindre sont portés au premier compte et lui servent à vivre, à satisfaire aux besoins journaliers, prévus ou imprévus, ou, comme on dit, à la dépense courante. Il les reçoit et les consomme. Il inscrit ses capitaux à l'autre compte et les y conserve ; il ne les réalise, volontairement ou non, que pour les transformer. Il les reçoit et les emploie. Souvent les capitaux lui manquent pour une entreprise où il a intérêt à s'engager. Alors il a recours à l'épargne, si elle lui est possible ; il échelonne ses payements, ce qui peut se faire de deux manières : soit en répartissant l'entreprise en tâches successives, dont il couvre les frais au fur et à mesure de leur exécution, soit, si l'entreprise est indivisible, en faisant appel au crédit et en stipulant des termes pour se libérer. Il s'acquittera dès lors par annuités, versées à son créancier primitif ou à celui qu'il lui aura substitué par l'emprunt. Ainsi un particulier peut suppléer, d'une certaine façon, à l'insuffisance de ses capitaux, mais non pas, qu'on le remarque, à l'insuffisance de ses revenus.

Quels traits sont à modifier dans ce tableau, pour qu'il représente la vie financière d'une commune? Cela est simple à concevoir. Une commune a des privilèges d'État: non seulement elle dispose des revenus qu'elle possède à titre privé, c'est-à-dire des fruits d'un patrimoine, mais elle use de trois genres d'impôts: une première catégorie, attribution bénévole de la loi; une seconde, composée de taxes indirectes ou de taxes directes, perçues, en général, pour le prix de services municipaux; une troisième enfin, provenant de contributions pures et simples. La commune étend de cette façon ses facultés au delà des limites que rencontre un particulier dans toutes ses voies. Tandis que celui-ci doit strictement borner ses dépenses à ses revenus et ses entreprises à ses capitaux ou à ses possibilités d'épargne, la commune est en mesure d'ajouter à ces deux ordres de moyens. Les impôts dont nous venons de parler lui viennent en aide, se classant sous deux formes appropriées à leur rôle: sous forme annuelle, ils lui fournissent à la fois des revenus et de quoi suppléer à l'insuffisance de ses revenus; sous forme d'annuités, de quoi suppléer à l'insuffisance de ses capitaux et de son épargne.

Cela dit, jetons les yeux sur l'énumération des articles du budget communal. Qu'y voyons-nous, d'un premier coup d'œil, parmi les recettes du budget ordinaire, exposées par l'article 133? — Des revenus et des impôts. — Et dans les recettes du budget extraordinaire, exposées par les articles 134 et 135 ? — Des capitaux, d'autres impôts et l'excédent des revenus ordinaires, qui est l'épargne communale. Le rapprochement s'impose à l'esprit : il y a là une apparence de plan conforme à celui que, par le seul raisonnement, nous avons trouvé qui convient à la comptabilité communale.

Nous sommes induit à procéder à la façon des géomètres, qui énoncent leurs théorèmes avant de les démontrer. Posons dès maintenant la thèse dont la démonstration sera le principal objet de cette étude : le budget ordinaire est le compte des revenus et des ressources qui suppléent à leur insuffisance ; le budget extraordinaire est le compte des capitaux et aussi bien des ressources qui suppléent à leur insuffisance. Les ressources qui suppléent à l'insuffisance des revenus se présentent sous forme annuelle, et sont destinées à être consommées avec eux ; ce sont des revenus en ce sens, *lato sensu*. Les ressources qui suppléent à l'insuffisance des capitaux se présentent sous forme d'annuités, et sont destinées à être employées comme eux ; ce sont des capitaux *lato sensu*. Sous le bénéfice de ces observations, on peut réduire à peu de mots les principes d'interprétation du budget : budget ordinaire, compte de revenus ; budget extraordinaire, compte de capitaux.

CHAPITRE II

CRITIQUE DES DÉFINITIONS LÉGALES. — RECETTES DU BUDGET
ORDINAIRE ET DU BUDGET EXTRAORDINAIRE. — RÉDUCTION DES
CATÉGORIES LÉGALES EN REVENUS ET EN CAPITAUX.

Différence de plan des lois de 1837 et de 1884. — Recettes
du budget ordinaire et du budget extraordinaire substituées aux
recettes ordinaires et extraordinaires. — Autre mode de comptabilité. — Recette extraordinaire mêlée à l'ordinaire. — Recette
ordinaire mêlée à l'extraordinaire. — Catégories légales. — Permanent et annuel disjoints : revenus et imposition annuelle. —
Contradiction de l'Aisne et des Ardennes au sujet de l'accidentel.
— Accidentel et temporaire : capitaux et annuités. — Déclaration de principes à confirmer par un nouvel inventaire du budget.

Une comparaison avec la loi de 1837 fera mieux
comprendre les traits généraux, — car il ne s'agit que
de cela présentement, — du système de la loi de 1884,
système rationnel, je dirais presque nécessaire.

Il y a entre les deux textes, sur ce point, une différence considérable, et inaperçue, bien qu'un changement de rubrique l'ait mise en pleine évidence. L'ancienne loi avait établi, sous le nom de recettes
ordinaires, un groupe composé de revenus naturels et
légaux et, sous le nom de budget ordinaire, le compte
exclusif de ces revenus[1]. Les recettes extraordinaires,

---

1. L'article 33 de la loi du 18 juillet 1837 s'appuyait fort exactement sur cette théorie : « Le revenu d'une commune est réputé
atteindre cent mille francs, lorsque les recettes ordinaires, constatées
dans les comptes, se sont élevées à cette somme pendant les trois
dernières années. » Recettes ordinaires et revenus étaient mis en
parfaite équivalence.

plus complexes, ne furent jamais analysées ni définies; elles comprenaient les capitaux et les impositions extraordinaires destinées à couvrir toutes les insuffisances, qu'il s'agît de la dépense courante ou des frais d'une entreprise, qu'il y eût, en d'autres termes, manque de revenus ou manque de capitaux. Et le budget extraordinaire était le compte exclusif des recettes extraordinaires. Tel fut l'ordre établi, au moins à l'origine de la distinction de l'ordinaire et de l'extraordinaire, car,— on verra plus loin cette histoire,— la pratique l'avait déjà modifié, quand le législateur de 1837 le sanctionna expressément et malhabilement, et elle n'y revint pas, malgré cela.

La loi de 1884 a confirmé cette résistance et accepté le fait accompli, c'est-à-dire un autre mode de comptabilité. Elle a réuni, sous le nom nouveau de recettes du budget ordinaire, les anciennes recettes ordinaires, soit les revenus naturels et légaux et, d'autre part, toute une catégorie de recettes extraordinaires, les impositions et les taxes annuelles qui suppléent d'une façon spéciale ou générale à l'insuffisance des revenus[1]. Le point de vue est tout autre : la composition du budget ordinaire, au lieu de se déterminer par les revenus stricts, se détermine par la recette nécessaire pour acquitter ce qui est raisonnablement payable dans l'année, c'est-à-dire par les revenus *lato sensu*. L'addition du dernier paragraphe de l'article 133 a consacré cette transformation. Reste comme recettes du budget extraordinaire : les capitaux, puis les impositions pour insuffisance de capitaux, — c'est-à-dire les impositions temporaires, conservées maladroitement sous

---

1. Les Ardennes et le Lot ont vaguement compris cette dualité, désignant la première catégorie sous le nom de revenus, tirant à part la seconde, les Ardennes sans la nommer, le Lot avec la rubrique banale de « ressources ordinaires ».

l'ancienne étiquette de « contributions extraordinaires dûment autorisées », — et enfin l'excédent des recettes ordinaires, affecté, avant les impositions temporaires, au même rôle et sous la même forme d'annuités.

Tel est sommairement l'ordre moderne : le budget ordinaire reçoit la part des impositions extraordinaires qui s'adjoint aux revenus, en somme, tout l'annuel ; le budget extraordinaire, qui perd cette catégorie, reçoit l'excédent des recettes ordinaires destiné à suppléer ou à se joindre aux capitaux, en somme, capitaux et annuités. Ce système, plus rationnel que l'ancien, a été moins compris. Les commentateurs sont fort interdits de retrouver à l'article 145 les « recettes ordinaires » et de constater qu'elles ne cadrent pas avec « les recettes du budget ordinaire[1] ». Impossible de compter toutes ces dernières comme des revenus. Tout cela est à étudier.

Je compléterai ces données générales par une critique rapide des textes qui définissent les recettes ; j'ai besoin d'en démontrer l'inexactitude ou l'insuffisance et d'en balayer le terrain. Les dépenses viendront après.

Le législateur de 1884 a obéi sur les points importants à la logique des choses, mais avec certains manquements ; il a suivi à peu près la bonne direction, mais sans connaître la route. Les recettes du budget ordinaire seraient, d'après des définitions que je rappelle, annuelles et permanentes ; les recettes du

1. On retrouve, parmi les dispositions de cet article, celle-ci, copiée, sauf le chiffre du revenu, sur l'article 33 de la loi de 1837 : « Le revenu d'une ville est réputé atteindre trois millions de francs, lorsque les recettes ordinaires, constatées dans les comptes, se sont élevées à cette somme pendant les trois dernières années. » Mais où sont « les recettes ordinaires », dans la loi de 1884 ? Nous verrons les disputes. Le législateur a perdu de vue son changement de plan, à ce qu'il semble.

budget extraordinaire, accidentelles ou temporaires. Un faible changement et quelques explications suffiront pour identifier ces obscures catégories avec les nôtres.

Tout d'abord, les recettes du budget ordinaire sont analysées d'une façon incomplète [1]. Les qualificatifs conjugués « annuel et permanent » ne sauraient s'appliquer qu'à des choses qui se renouvellent tous les ans, d'elles-mêmes et sans condition. Or, fruits et arrérages, impôts attribués par la loi, taxes locales et même certains centimes présentent ce caractère et méritent cette appellation, — qu'on pourrait d'ailleurs simplifier et borner à « permanent », auquel « annuel » n'ajoute rien. — Mais il est aisé de comprendre que « annuel » seul convient à des impositions qui ne se reproduisent pas d'une façon spontanée, c'est-à-dire qui exigent le fait du conseil municipal, un vote constamment renouvelé et l'accomplissement de certaines conditions. Rien de moins permanent en théorie qu'un tel impôt. C'est à ce point que les budgets du Doubs qualifient l'imposition pour insuffisance de revenus de recette accidentelle, tout en la maintenant à l'ordinaire, malgré sa rubrique contradictoire. Je désapprouve le mot ; mais la négation qu'il renferme de l'idée de permanence est parfaitement judicieuse.

Conclusion : les recettes du budget ordinaire sont,

---

1. Une raison historique très claire de ce défaut est que la définition a été empruntée, comme je l'ai fait observer, à une circulaire du 30 juin 1881, qui l'appliquait aux recettes ordinaires, et qu'on a prétendu l'adapter au cadre élargi des recettes du budget ordinaire.

Remarquons, d'ailleurs, que la loi de 1884 a placé cette formule généralisatrice : « toutes ressources annuelles et permanentes, » après une série de paragraphes énonçant les recettes ordinaires de la loi de 1837 (sauf l'adjonction illogique des centimes spéciaux) et avant qu'il soit question des centimes pour insuffisance de revenus. C'est en vérité, la doctrine plus que la loi qui a fait de cette expression la définition des recettes du budget ordinaire.

non pas « annuelles et permanentes », mais permanentes ou annuelles, c'est-à-dire composées de revenus ou d'annuel, soit de revenus *lato sensu*, comme il a été dit.

Nous avons marqué le trait essentiel du chapitre. Il reste à noter, parmi les recettes qui s'y rangent, un élément négligeable, sans doute, au point de vue pratique, mais qu'une théorie exacte doit distinguer, pour mettre fin à la confusion qu'on va voir. Le département de l'Aisne, sans se laisser troubler par les définitions légales, a colloqué en plein ordinaire, dans son cadre budgétaire : « Recettes accidentelles.» Et, en effet, on constatera dans tous les budgets que certaines recettes fortuites de peu d'importance sont comptées comme disponibilités et passent dans la dépense courante. Personne ne songe à critiquer cette assimilation de faibles bonis à des revenus. *De minimis non curat prætor.* Mais une confusion s'est produite à leur sujet; M. Morgand, entre autres, a le tort de les confondre avec la recette extraordinaire de même nom. Après épuisement des ressources annuelles, il faut, dit-il, « recourir à la voie de l'imposition, à moins, cependant, que la commune ne soit en mesure d'appliquer accidentellement des ressources extraordinaires n'ayant pas d'affectation spéciale[1] ». L'auteur de ces lignes se trompe, ne comprenant pas que le chapitre de l'extraordinaire ne contient proprement que des recettes affectées et n'a rien à fournir à l'ordinaire. L'accidentel qui se mêle au chapitre 1er lui est spécial ; accidentel peu important, à classer et à dépenser avec les revenus. Nous arrivons à l'autre.

La loi définit les recettes de l'extraordinaire « accidentelles ou temporaires » ; je supplée ce dernier mot, dont la doctrine tient unanimement l'omission pour

---

1. *La Loi municipale,* p. 204.

une inadvertance. Le fait est que la circulaire du 30 juin 1881 le contenait, et qu'elle a été mal copiée.

Accidentel est une expression trop large, et par suite ambiguë ; nous venons de voir à l'instant qu'il y a un accidentel de peu de valeur qui se range parmi l'ordinaire. Accidentel, vidé de cette catégorie, ne concerne plus ici que des capitaux, dont le maniement est rare, en effet. Mais quelle expression insuffisante et mal faite pour désigner un remboursement de rente, un prix de vente, un produit d'emprunt ! Un capital vous tombe-t-il jamais par hasard, sauf le cas si exceptionnel d'une libéralité privée ? L'Aisne range, comme il a été dit, les recettes accidentelles dans le budget ordinaire. Les Ardennes portent la même écriture dans le budget extraordinaire. Ces pratiques, en apparence opposées, ont été d'avance conciliées par la distinction qui précède. L'Aisne vise la recette médiocre, qui se joint aux revenus ; les Ardennes, la recette forte, soumise à emploi. Ce dernier département prévoit simultanément les deux cas, à propos d'une hypothèse particulière, et achève de faire la lumière sur ce point. Un article : « Vente d'arbres, » figure deux fois dans son cadre budgétaire, l'une à l'ordinaire, l'autre à l'extraordinaire. Cette double mention n'est pas pour nous embarrasser : l'importance plus ou moins grande du chiffre de la vente, le parti pris à l'égard de cette somme, employée ou dépensée, finalement renseignera le comptable sur le caractère de la recette, et imposera son inscription effective à l'un ou à l'autre chapitre. Le capital seul se porte à l'extraordinaire. Pourquoi ne pas l'appeler par son nom, et ne pas laisser tomber celui d'accidentel, comme ambigu et cadrant mal avec l'importance de l'encaissement dont il s'agit ? La recette se juge par son chiffre et non par la rareté de sa perception.

Je viens à la seconde catégorie de recettes du budget extraordinaire, comprise en la définition complétée de la loi : les recettes temporaires. Ce sont évidemment celles que j'ai désignées sous le nom d'annuités, et qui sont destinées à suppléer à l'insuffisance des capitaux. J'ai préféré l'appellation d'annuités comme plus claire, surtout lorsqu'elle s'applique à l'excédent des revenus, c'est-à-dire à l'épargne, dont elle exprime la forme caractéristique. L'annuité est la formelle antithèse de l'annuel. En dehors d'un versement de capitaux, toute opération extraordinaire se résout en un payement d'annuités. Il n'y a là, au surplus, qu'une variante d'expression ; sur le fond, tout le monde doit être d'accord.

Conclusion : ne dites pas que les recettes du budget extraordinaire sont accidentelles ou temporaires. Cette définition, sans être inexacte, n'est pas bonne, en ce qu'elle prête à épiloguer sur un mot, et n'est pas claire dans son ensemble ; elle a besoin d'être expliquée à son tour ; elle n'est pas un repos pour l'esprit. « Accidentel » vise un capital ; « temporaire », une annuité, c'est-à-dire une fraction de capital, un capital encore. Appelons les choses par leur nom : les recettes du budget extraordinaire sont des capitaux *lato sensu*.

Cette critique a ramené, comme je l'avais annoncé, les catégories de la loi aux miennes. Cependant je n'oublie pas que mes définitions ne reposent que sur des vues logiques et un examen superficiel des textes ; une justification rigoureuse est nécessaire et exigera un assez long effort. Presque tout est à faire. Nous avons hérité de la loi de 1837 une définition des recettes ordinaires ; comment passer de là aux recettes du budget ordinaire ? Nous avons dit : il reste à prouver que c'est en ajoutant aux premières les ressources pour insuffisance de revenus. Mais ni la

loi municipale ancienne n'a défini les recettes extraordinaires, ni la loi municipale moderne n'a caractérisé
clairement les recettes du budget extraordinaire. Nous
avons annoncé, il y a lieu de démontrer que ces dernières
ne sont que capitaux formés ou en formation, ceux-ci
lentement accumulés par l'épargne ou l'impôt : capitaux
ou recettes capitalisées. Combien de lacunes à combler!
Avant tout, il faut procéder à un nouvel inventaire,
patient et méthodique, des deux budgets, rechercher
quels éléments s'y sont classés, sous l'influence d'une
logique secrète dont le législateur a été l'instrument
plus que l'interprète éclairé.

Cependant je tablerai encore dans le chapitre suivant,
relatif aux dépenses, sur cette simple déclaration de
principes, demandant au lecteur de l'accepter provisoirement, comme un postulat, et de s'en fier à sa
grande apparence de raison.

CHAPITRE III

Scepticisme doctrinal. — Embarras du législateur de 1837.
— Définitions de la loi de 1884. — Déception de Dalloz. — Principes. — Dépense faible, payable au moyen des revenus ou
de l'annuel : dépense ordinaire. — Dépense forte, payable au
moyen des capitaux ou d'annuités : dépense extraordinaire. —
Insignifiance de l'objet annuel ou accidentel. — Exception importante : la dépense de chiffre fixe nécessairement ordinaire. —
Caractère de la dépense subordonné à celui de la recette.— Listes
impossibles.— Gâchis.— Dalloz et les grosses réparations (affaire
Fabien); le Conseil d'État et les frais de procès (affaire de Cour-
Cheverny). — Force des choses. — M. Morgand plus sagace. —
Observation juste, conclusion fausse. — Les conseils munici-
paux et l'imposition pour insuffisance de revenus. — Arrêté con-
sulaire de l'an XI concernant les dépenses fixes. — Annuel
nécessaire de l'Isle-Molène. — Les listes départementales. —
Dépenses de chiffre variable ballottées d'un chapitre à l'autre. —
Budget extraordinaire de l'Yonne en blanc. — Opinion de
M. Aucoc. — Cadres budgétaires, guide-âne. — Conclusions.

Voici un sujet que beaucoup de personnes qui n'y ont
jamais regardé de près s'imaginent comprendre, et
qu'en réalité nul n'a jusqu'à ce jour tiré au clair. C'est
à tel point qu'un commentateur dont on ne niera pas
la compétence, un de ceux qui se sont le plus préoc-
cupés de la question des dépenses, Dalloz, aboutit à
un complet scepticisme à son endroit, et finit par la
déclarer sans solution, sinon sans importance. Dépenses

ordinaires, dépenses extraordinaires, disait-il, et croyant
donner le dernier état de la théorie, — en 1878, —
« distinction arbitraire et qui permet de changer
l'aspect d'un budget par de simples changements de
place des articles de dépenses (D. P., 78, 3, 34) ». La
loi de 1884 n'a pas mis fin à ses perplexités ni raffermi
ses convictions, comme on verra tout à l'heure.

Dans la loi de 1837, la division des dépenses en ordinaires et extraordinaires était impliquée par l'ordonnance générale du budget et visée très explicitement par
l'article 35, mais sans position de principes ni tentative de
définition. Quelqu'un, au cours de la discussion de cette
loi, en fit la remarque. Le rapporteur, M. Vivien
répondit que cette définition « existait partout », qu'elle
se trouvait consignée dans tous les budgets, que « les
dépenses ordinaires sont celles qui concernent les
besoins journaliers, les besoins ordinaires de la commune ». Réponse embarrassée et vide, peu digne de
son auteur ; dépenses ordinaires, besoins ordinaires ;
explication du mot par le mot. La définition est-elle
partout ? Elle n'est sûrement pas là[1] !

La loi de 1884 ne l'y a pas vue, car elle a pensé avoir
à combler une lacune, et pour cela, sans se mettre
en frais d'invention, elle s'est approprié une formule
connue : les dépenses du budget ordinaire sont, à
son avis, annuelles et permanentes, les dépenses du
budget extraordinaire sont accidentelles ou temporaires. C'est la reproduction pure et simple des termes
appliqués aux recettes ; symétrie fausse et vaine. Dalloz
s'est montré au moins déçu de n'en tirer aucune
lumière. Examinant la question de savoir quelles sont
les dépenses ordinaires auxquelles les revenus doivent

---

1. *Collection des lois.* — Année 1837. — Note sur l'article 35 de la
loi de 1837.

s'appliquer, avant qu'il y ait lieu de recourir aux centimes pour insuffisance de revenus : « C'est, dit-il, la plus
délicate en cette matière. Elle avait soulevé d'assez
nombreuses difficultés sous l'empire de la loi de 1837,
en raison de l'absence de distinction légale entre les
dépenses ordinaires et extraordinaires. Elle n'a pas été
tranchée par l'article 135 de la loi de 1884, qui dispose,
que les dépenses du budget ordinaire comprennent les
dépenses annuelles et permanentes, mais qui ne définit
pas ces dépenses [1] . » Cette conclusion est pour surprendre à un certain point de vue : la loi a bien entendu
définir les dépenses du budget ordinaire par les mots.
« annuel et permanent ». Dalloz veut se plaindre évidemment du caractère indéterminé que cette définition leur
laisse, et de l'absence d'une liste qu'il croit possible et
oubliée.

Une chose est vraie, cependant, parmi ses observations, c'est que les définitions de la loi sont déce-
vantes. On est tenté de prendre les dépenses en soi,
comme elles sont données, de s'essayer à fixer l'annuel
et l'accidentel à priori, tandis qu'elles n'ont pas de
caractère propre, en thèse générale. Je m'explique
sur ce point de vue, très nettement opposé à celui de
la loi : une dépense peut être ordinaire ou extraordinaire comme objet ou comme chiffre ; la loi la considère au point de vue de l'objet, et je prétends
qu'il la faut considérer au point de vue du chiffre. Peu
importe, dans un budget, à mon sens, la dépense habituelle ou rare ; elle s'y classe selon qu'elle est relativement faible ou forte. Est-elle faible, elle se paye sur
les revenus ou sur l'annuel, et se range à l'ordinaire ; est-
elle forte, elle exige capital ou annuités, et elle s'inscrit
à l'extraordinaire. Bref, la dépense a le caractère de la

---

1. *Suppl. Répert.* V° Commune, n° 397.

recette qu'elle emploie. La logique, supérieure à la loi, le veut ainsi.

C'est là le cas général. Un cas particulier est important et veut être aussitôt tiré de pair, car il est la cause principale du désordre en cette matière; je veux parler de la dépense de chiffre fixe, — loyers, abonnements, salaires, — ce qui implique incontestablement son caractère annuel. Une dépense de ce genre ne saurait avoir pour contre-partie qu'une recette annuelle, et par conséquent d'autre place qu'à l'ordinaire. Il n'y a pas à songer à l'acquitter avec un capital ou une annuité, le procédé serait fou et ruineux. Elle ne peut qu'être inscrite à l'ordinaire ou rejetée, à moins qu'elle ne soit indispensable à la vie communale, et n'impose à l'État, à défaut des particuliers, un devoir d'assistance sociale, car il arrive à une communauté, comme à un homme, d'être indigente, et il faut aussi bien qu'on lui fournisse ce que j'appellerai l'annuel nécessaire. J'en donnerai un exemple; il n'y en a que deux en France. Quoi qu'il en soit, l'annuel fixe est une restriction à la règle que j'ai posée : il ne saurait être qu'ordinaire. Et c'est la cause de la confusion qui s'est établie entre les deux termes annuel et ordinaire ; c'est ce qui a fait définir l'un par l'autre, faussement, car l'ordinaire dépasse l'annuel.

Ce cas particulier mis à part, je reviens à mon dire, à cette thèse générale que les dépenses n'ont pas de caractère propre, et qu'elles sont ordinaires ou extraordinaires uniquement en raison de la recette qui y pourvoit, ou finalement de l'importance relative de leur chiffre. Une autre idée a prévalu, nous le savons, favorisée par la loi, et qui veut classer les dépenses comme ordinaires ou extraordinaires, selon que l'événement qui y donne lieu, ou leur objet, est habituel ou rare, soit, d'après les termes usités, annuel ou accidentel. Dès lors, il serait possible d'en faire un tri par avance, d'en établir une liste bipartite, une fois pour toutes. On l'a prétendu, en effet, et certains auteurs et de nombreuses autorités en sont là ; l'opinion commune les suit, quel que soit le gâchis prochain où l'on voit qu'ils aboutissent.

Cette théorie ne mène pas loin, en vérité. De l'aveu de ses partisans mêmes, on se heurte à des faits inexplicables ; de prétendus classements sont changés par la force des choses, si j'ose dire, à la barbe des gens. Je vais le montrer dans deux exemples : les grosses réparations aux édifices communaux et les frais de procès, dépenses que le préjugé n'hésite pas à ranger, sur l'étiquette et à priori, parmi les extraordinaires.

Dalloz a eu l'occasion de s'expliquer sur les grosses réparations aux édifices communaux, dès avant la loi de 1884, à propos d'une affaire Fabien contre la ville de Paris (D. P., 76, 3, 4), et voici en quels termes : « Ainsi que le faisait remarquer, dit-il, M. Aucoc [commissaire du Gouvernement, dans une instance de la Compagnie des Petites-Voitures contre la ville de Paris (D. P., 70, 3, 71)], la loi qui distingue les dépenses obligatoires et les dépenses facultatives, ne dit nulle part ce qu'il faut entendre par dépenses ordinaires et par dépenses extraordinaires. Cette distinction s'est établie en pratique par les cadres imprimés des budgets communaux... Ce système d'une application facile [on voit que l'auteur ne connaît pas les cadres dont il parle] serait conforme à la réalité des faits, s'il s'agissait des budgets des petites communes. Mais dans les villes importantes, *un grand nombre de dépenses dites extraordinaires se représentent annuellement* [au point de vue de la loi de 1884, la logomachie est complète]. Dans ces villes, chaque année, le budget doit comprendre des sommes considérables pour grosses réparations, ou réfection d'églises, écoles ou autres bâtiments municipaux, pour des travaux de voirie ou d'égout, pour des améliorations de toute nature, qui, dans un village, seraient des dépenses exceptionnelles, exigeant la création de ressources spéciales. Aussi, dans ces cités, les dépenses ordinaires sont-elles maintenues à un chiffre très supérieur à celui des *dépenses de même nature*. »

Dalloz avoue donc que la théorie qu'il soutient, bonne pour la campagne, est mauvaise pour la ville. Et il le dit en des termes que je vais reproduire, sauf le remplacement de la périphrase finale par le mot qu'elle dissimule, en vérité : « Dans ces cités, les dépenses ordinaires sont maintenues à un chiffre très supérieur à celui des *dépenses ordinaires*. » L'absurdité est flagrante. Évidemment, les grandes agglomérations traitent comme ordinaires des dépenses qui, d'après la détermination de leur caractère, faite une fois pour toutes au regard des bourgs moyens, sont tenues pour extraordinaires. L'auteur est visiblement déconcerté par un phénomène qui ne tient pas compte de ses raisonnements, et il reste enlisé dans le galimatias.

Poursuivons cependant ; passons aux frais de procès, à propos desquels nous allons voir le Conseil d'État lui-même errer aussi gravement, et sans paraître y prendre garde, avec l'impassibilité de la justice. C'est à propos d'un litige fort mince, mais qui prête à d'importantes observations.

Voici les faits postérieurs à la loi de 1884 (D. P., 88, 3, 101). La commune de Cour-Cheverny (Loir-et-Cher), ayant succombé dans un procès contre un de ses habitants, avait été condamnée aux dépens. Le conseil municipal inscrivit au budget de l'année suivante une somme pour les payer, et solda ce budget avec des centimes pour insuffisance de revenus.

Le contribuable qui avait gagné le procès invoqua

le bénéfice de l'article 131 de la loi de 1884, et demanda à être déchargé, pour sa quote-part, des centimes qui devaient servir au payement des dépens. Le conseil de préfecture de Loir-et-Cher rejeta sa réclamation, par ce motif étonnant que les frais du procès avaient été acquittés sur les fonds libres du budget, et n'avaient nécessité la création d'aucune imposition spéciale.

On alla devant le Conseil d'État, qui annula cette sentence, par décision du 10 juin 1887 :… « Considérant que *les dépenses extraordinaires doivent être acquittées sur les ressources extraordinaires* ou sur l'excédent des ressources ordinaires… Que, dès lors, si les frais du procès gagné contre ladite commune, *qui constituaient une dépense extraordinaire,* n'ont pas été couverts au moyen d'une imposition extraordinaire, le requérant n'en est pas moins fondé à être déchargé de toute part contributive dans l'imposition communale perçue à cet effet sous une autre qualification… »

Remarquez la suite du raisonnement… et des événements. La loi, dit-on, veut que les dépenses extraordinaires soient payées sur l'extraordinaire. Or, les frais d'un procès sont une dépense accidentelle, c'est-à-dire extraordinaire, et la commune de Cour-Cheverny n'a pas d'ordinaire en excédent, puisqu'elle a dû avoir recours à des centimes pour insuffisance de revenus. Donc… mais le raisonnement s'interrompt, et l'on apprend qu'en fait l'affaire a reçu une solution diamétralement contraire à celle qui semblait s'imposer : la commune a payé les frais du procès, dépense extraordinaire, sur les ressources de l'ordinaire, complétées par des centimes additionnels. Que va dire le Conseil d'État de cette violation de la loi, certaine à son sens ? — Rien ! Il a fait une déclaration de principes et, aussitôt après, il les abandonne. Les choses doivent être de telle façon, elles sont de telle autre ; il n'importe. Et, en effet, cette autre façon est la meilleure, et il faut s'y tenir pour rendre bonne justice ; ce que le Conseil d'État a fait, en dépit de ses raisonnements. Le mal est que lui aussi, comme Dalloz, il semble renoncer à comprendre.

On voit comme la logique secrète dont j'ai parlé s'est révoltée dans ces deux cas; elle s'oppose d'elle-même à de certaines violences. La doctrine a eu cependant, il faut le reconnaître, des inspirations meilleures. M. Morgand n'a pas été trompé complètement par le leurre des distinctions légales; il a approché de la vérité dans une page bonne à lire.

« La loi, dit-il, se borne, dans l'article 135, à donner la définition des dépenses ordinaires et extraordinaires [désaccord avec Dalloz]. Elle ne donne pas l'énumération des unes ni des autres, comme elle l'a fait pour les recettes dans les articles 133 et 134. Le législateur a pensé sans doute qu'en dehors de la difficulté qu'il y aurait à énumérer les dépenses, en raison de leur très grande variété suivant les communes, cette énumération aurait l'inconvénient d'attribuer un caractère immuable à quelques-unes d'entre elles, dont la nature peut changer d'une commune à une autre, en ce sens que certaines dépenses, purement accidentelles pour une commune de peu d'importance, et devant dès lors être inscrites à son budget extraordinaire, devraient, au contraire, figurer au budget ordinaire d'une grande ville où des dépenses de même nature se produiraient normalement tous les ans.

» Ainsi, les grosses réparations aux édifices communaux constituent une dépense extraordinaire dans une commune qui ne possède qu'une église et une maison d'école, parce qu'une telle dépense n'est susceptible de se produire qu'accidentellement; à des époques assez éloignées. Il en serait autrement dans une ville [ce commencement d'argumentation est le même que celui de Dalloz] ayant de nombreux édifices publics, et qui devrait pourvoir chaque année à des dépenses de même nature, nécessitées tantôt par l'un, tantôt par l'autre de ces édifices. La dépense devrait alors être inscrite au budget ordinaire, à moins qu'elle ne se soit élevée accidentellement à un chiffre exceptionnel, par suite de quelque événement fortuit, tel qu'un incendie.

» C'est pourquoi le législateur laisse aux municipalités et à l'autorité chargée du règlement des budgets le soin de répartir les dépenses communales entre les deux budgets, en leur indiquant seulement qu'ils doivent comprendre dans le budget ordinaire les dépenses annuelles et permanentes, c'est-à-dire celles qui se présentent chaque année, par une succession nécessaire, et qu'il n'y a lieu de faire rentrer dans le budget extraordinaire que les dépenses accidentelles ou temporaires [1]. »

Il y a dans le morceau qui précède des faits bien observés, une explication insuffisante, une conclusion erronée. L'observation juste, conforme à nos vues, — on l'a dû reconnaître, — est celle-ci : certaines dépenses, — sans autre désignation, — n'ont pas un caractère immuable ; telle qui est extraordinaire au village est, sans contradiction possible, ordinaire à la ville. Deux dépenses de même objet et de même chiffre peuvent se classer différemment dans deux budgets différents ; deux dépenses de même objet et de chiffre différent peuvent se classer différemment dans le même budget. L'explication tentée de ces faits : « Cela dépend de

---

1. M. Béquet, dans son *Traité de la Commune,* a donné, sous une forme beaucoup plus brève, des explications concordant avec ce qu'on vient de lire.

l'importance de la commune, » est vague et incomplète. Elle rend à peu près compte du premier fait et non pas du second. Puis, quelles sont au juste les dépenses qu'il y a inconvénient à classer d'une façon immuable, et qui sont susceptibles de changer de place dans un budget? Rien n'est dit d'une distinction nécessaire entre les dépenses de chiffre fixe et celles de chiffre variable. Enfin l'auteur donne tout à fait à gauche quand il conclut que l'autorité municipale suppléera le législateur, en séparant les dépenses ordinaires et extraordinaires, et suivra ses définitions, sinon comme règle, — car il les abandonne, — au moins comme conseil.

Notre solution est connue; elle s'imposait à M. Morgand, comme conséquence des faits aperçus de lui-même. L'objet ou l'événement ne signifie rien pour classer une dépense; son importance relative est tout. La distinction s'établit par une comparaison de chiffres. Ainsi s'expliquent les étonnements de Dalloz, en présence de dépenses soi-disant extraordinaires qui lui semblaient forcer la main aux rédacteurs de certains budgets et prendre place à l'ordinaire contre toutes les règles, et qui le contraignaient à dire — hélas! — qu'il y avait des dépenses ordinaires qui n'étaient pas ordinaires. Ainsi s'expliquent les lacunes de l'argumentation du Conseil d'État, qui, après avoir déclaré une dépense extraordinaire en soi, l'admet à l'ordinaire, sans critiquer l'auteur du budget et sans douter de son propre raisonnement. On doit comprendre enfin par des arguments d'une rigueur toute scientifique comment deux dépenses de même objet et de même chiffre peuvent se classer différemment dans deux budgets différents et comment deux dépenses de même objet et de chiffre différent peuvent se classer différemment dans le même budget. Un rapport change par suite du changement de l'un de ses termes ; dans le premier cas, la recette, le dénominateur varie ; dans le second cas, la dépense, le numérateur. Le caractère de la dépense, qui est l'expression du rapport, s'en trouve modifié, d'une façon ou de l'autre.

C'est là dénier implicitement aux conseils municipaux l'initiative que M. Morgand leur attribue en fin de compte. Ils n'ont, en principe, qu'à rapprocher des chiffres, à établir une comparaison entre les dépenses et les recettes, empruntées successivement, s'il y a lieu, aux deux compartiments des budgets, dans l'ordre qui a été exposé, ordre nécessaire, au surplus.

Il faut cependant faire une certaine concession à l'opinion de M. Morgand, et se garder d'une rigueur exagérée. Il est une circonstance, où l'influence des conseils municipaux peut agir sur le classement des dépenses, et elle s'exerce, en effet, trop souvent d'une façon abusive : c'est lorsqu'il s'agit de marquer les limites où doit se maintenir l'imposition pour insuffisance de revenus, l'annuel en somme. Les municipalités ne sont que trop disposées à enfler cette ressource, comptant sur l'apathie des pouvoirs publics, sur l'endurance de la gent taillable, et ainsi retiennent-elles au chapitre mal surveillé de l'ordinaire des dépenses qui auraient dû être, soit rejetées, soit inscrites à l'extraordinaire, où la loi plus vigilante a posé des barrières. Mais, je le répète, les principes souffrent là moins une dérogation qu'une transgression, et, sauf un abus que l'autorité serait fort en mesure de réprimer, les conseils locaux ont plus à compter qu'à apprécier. Les définitions de la loi, que M. Morgand reconnaît inapplicables comme règle, sont oiseuses comme conseil.

Je n'en ai pas encore fini avec cet auteur ; reste un point qu'il n'a pas su démêler : la distinction des dépenses de chiffre fixe, qui ne peuvent être qu'ordinaires, et des dépenses de chiffre variable, qui empruntent aussi bien leur provision à l'un ou à l'autre chapitre. Il s'est, en effet, contenté de dire qu'il y aurait inconvénient à « attribuer un caractère immuable à quelques-unes d'entre elles, dont la nature peut changer d'une commune à l'autre », et cela est singulièrement imprécis.

L'arrêté consulaire du 17 germinal an XI a donné une énumération des dépenses qu'il appelait fixes. Il visait seulement le budget des communes ayant plus de 20,000 francs de revenus ; mais il s'inspirait de principes indépendants de toute quotité. Les dépenses fixes sont, d'après ce texte, le coût de l'administration, c'est-à-dire des services et des choses nécessaires à la vie communale : « abonnements de journaux, registres de l'état civil, entretien de la maison commune (non compris le loyer), les bois, lumière, encre, papier, ports de lettres, impressions et affiches, les secrétaires, commis, agents, huissiers, sergents, appariteurs, sonneurs, gardes champêtres et employés quelconques, les fêtes nationales et les dépenses imprévues. » L'arrêté consulaire estimait ces dépenses comme fixes en ce sens que, réunies, elles ne devaient pas dépasser cinquante centimes par habitant. Mais elles étaient fixes aussi à ce point de vue qu'elles devaient s'inscrire au budget, en tout cas, avec une provision minima, sous peine de compromettre l'existence de la cité. Cet ordinaire irréductible se prévoit, en effet, avant toute supputation de la recette, car il faut qu'on lui trouve la contre-partie qu'il exige, de façon ou d'autre : à défaut de revenus par l'impôt, à défaut d'impôts par la charité administrative. L'homme ne peut se passer de ressources annuelles pour vivre, qu'elles viennent d'une fortune acquise, de son industrie ou de l'assistance sociale ; le plus dénué a un budget ordinaire. Toute vie coûte, aussi bien la vie communale.

La commune indigente de l'Isle-Molène nous donnera un intéressant spécimen de l'annuel nécessaire[1]. Voici son budget ordinaire pour 1895 :

RECETTES				
Taxe municipale sur les chiens......	20 f.»		*Report.....*	482 »
Attribution sur amendes........	1 »		Confection des matrices-rôles........	3 »
Biens communaux (prix de ferme).....	136 25		Timbres des comptes et registres......	9 »
Intérêt des fonds placés au Trésor	5 »		Timbres de mandats	3 »
Total........	162 25		Impressions à la charge des communes.	30 »
Déficit.......	616 75		Registres de l'état civil............	70 »
Total........	779 f. »		Abonnements :	
DÉPENSES			au *Journal officiel* ...	4 »
Traitement du secrétaire de la mairie.........	150 »		au *Bulletin annoté des lois*...........	3 »
Frais de bureau...	20 »		au *Bulletin du ministère de l'Intérieur*..	5 »
Traitement du garde champêtre.........	100 »		Chauffage des classes...........	50 »
Traitement du receveur.............	170 »		Traitement de la sage-femme pour les indigents...........	100 »
Allocation du 10ᵉ..	17 »		Fête nationale.....	20 »
Indemnité pour préparation des budgets.	25 »		Total égal....	779 f. »
	482 »			

Il ne peut être question évidemment, de lever des impôts pour insuffisance de revenus sur une pauvre population de pêcheurs ayant pour tout territoire moins de cent hectares de sable. Le déficit, qui est de 616 fr. 75, est comblé par une allocation charitable du conseil général du Finistère.

Le budget extraordinaire se compose d'une « annuité de l'État pour remboursement d'emprunt scolaire : 753 fr. ».

1. L'Isle-de-Sein est pareillement dénuée de ressources et secourue par l'administration départementale.

De proche en proche, en passant d'une commune à une autre plus riche, on verrait l'annuel se développer, une série de chapitres s'ouvrir. Dans les grands budgets urbains, une circulaire du 18 octobre 1838 conseillait d'adopter une subdivision des dépenses réglée d'après l'ordre suivant : 1° Frais d'administration ; 2° Entretien des biens communaux, salubrité, sûreté, voirie ; 3° Garde nationale ; 4° Établissements de charité, pensions ; 5° Instruction publique, beaux-arts ; 6° Cultes, fêtes publiques, dépenses imprévues. Sous le couvert de l'ordinaire, en somme, tous les services sont institués, et l'on conçoit que, avec des ressources annuelles suffisantes, toutes les dépenses de la vie communale y trouvent de quoi s'alimenter, les dépenses accidentelles comme les autres. L'accidentel obtient d'ailleurs officiellement sa place, même dans l'arrêté consulaire de l'an XI, même dans le misérable budget de l'Isle-Molène, sous le nom de dépenses imprévues. Le budget extraordinaire, à partir d'un certain chiffre de recettes, pourrait ne pas exister, ou au moins, tout esprit d'entreprise étant banni, ne servir qu'aux mouvements de capitaux résultant de la gestion du patrimoine.

Nous avons étudié la jurisprudence du Conseil d'État et la doctrine surtout, et nous avons trouvé argument en faveur de nos idées, soit dans le spectacle de l'impuissance et de l'incohérence d'un autre système, soit dans les grandes simplifications qui naissent de la logique satisfaite. Il reste à interroger la pratique, qui, avec ou sans principes, va son train, et ne semble nullement suspendue à la querelle que nous avons soulevée. Les cadres sont mauvais peut-être, mais suffisent à leur office. Ils font illusion même à Dalloz, sinon à M. Aucoc, et on peut nous objecter à leur propos : « Vous dites qu'il n'y a pas de dépenses ordinaires ni extraordinaires à priori, ni de listes possibles. Cependant voici des listes imprimées, voici même quatre-vingt-sept variantes à travers la France ! »

Examinons donc les listes et les cadres.

J'admets bien, on le sait, les listes de l'annuel fixe et, en effet, ces dépenses sont aisées à prévoir en tous pays, selon les besoins généraux ou particuliers. J'y jetterai un coup d'œil à titre de curiosité seulement, et pour signaler au lecteur, en passant, des traits de mœurs locales ; je les relève au hasard.

Plusieurs départements, les Ardennes, Meurthe-et-Moselle, la Haute-Marne, le Morbihan ont des sonneries civiles : sonneries d'intérêt communal, sonneries de la retraite, sonneries du couvre-feu ; la Somme, sans songer à mal assurément, fait sonner l'*Angelus*. Le Doubs paye les visites de ses fromageries, l'enlèvement des neiges. Dans la Haute-Saône, on supporte l'entretien d'un taureau communal ; dans le Finistère, le loyer d'une écurie de monte ; dans l'Ardèche, des frais de planches et passerelles. Les Côtes-du-Nord font un article spécial de l'achat de quinine pour les indigents. Les Hautes-Alpes notent la dépense du recensement des troupeaux, du rôle de pâturage ; le Calvados, celle de la marque des bestiaux. Le pâtre est un agent communal en nombre de lieux ; le taupier, dans la Somme. Le hannetonnage est salarié dans l'Aisne, la destruction des vipères dans la Meuse, le traitement du phylloxéra dans la Haute-Marne. Les Basses-Pyrénées affectent un crédit aux observations météorologiques ; la Haute-Saône, aux dépêches météorologiques. La Somme et d'autres départements font entrer en compte l'entretien d'asiles de nuit pour les voyageurs. L'Isère alloue des frais de représentation aux maires ; la Meuse, des frais de binage aux desservants. La Sarthe prend soin de tombes militaires. Seine-et-Marne subventionne les orphéons ; le Jura, les banquets de pompiers, et, suivant les pays, on fait pareille faveur aux comices agricoles, aux sociétés de secours mutuels, à des œuvres philanthropiques variées.

J'arrête cette énumération ; tout cela est simple. Le législateur est à propos suppléé par les préfets, pour la solution du petit problème des usages provinciaux. Ces articles sont bien classés à l'ordinaire. Mais les administrations locales, pas plus que le législateur, n'avaient la possibilité d'établir dans un ordre immuable le tableau des dépenses de chiffre variable. Aussi allons-nous les voir, essayant de tabler sur le sens des mots et les interprétant avec plus ou moins d'embarras, balancer entre un chapitre et l'autre, battre la campagne, se contredire, et même parfois se dérober.

Pour les dépenses relatives à la conservation des édifices communaux, par exemple, on use volontiers de ces distinctions verbales : entretien, réparations, grosses réparations, travaux neufs. Comment les accommode-t-on aux divisions budgétaires ? En général, on classe l'entretien à l'ordinaire[1], bien que de pauvres pays y suffisent à peine, et les travaux neufs à l'extraordinaire, bien que, dans les villes, ils puissent, en partie au moins, s'exécuter avec les ressources annuelles. Mais l'embarras est grand au sujet des frais intermédiaires; les budgets ne partagent pas l'entretien et les grosses réparations carrément entre l'ordinaire et l'extraordinaire, comme fait le Code civil entre le compte de l'usufruitier et celui du nu propriétaire. Le plus souvent, réparations et travaux neufs se trouvent joints dans le chapitre de l'extraordinaire. Les

1. La Drôme prend soin d'ajouter à tous les articles d'entretien le mot « annuel », afin de bien marquer qu'à cette condition seulement ils font partie de l'ordinaire. L'observation est parfaitement juste.

Basses-Alpes disposent les choses ainsi. Je prends cet exemple, parce que, dans leur voisinage immédiat, dans le milieu tout semblable des Hautes-Alpes, le cadre du budget réunit, au contraire, comme articles de l'ordinaire, l'entretien et les réparations. On voit ce rapprochement aussi dans l'Eure, la Vendée et la Haute-Vienne. Loir-et-Cher joint même l'entretien et les grosses réparations.

En ce qui concerne les grosses réparations à faire aux églises et presbytères, et qui n'incombent à la commune qu'en cas d'insuffisance des ressources de la fabrique, tous les genres de classement sont usités. Dans la Vienne, elles sont réputées extraordinaires; dans le Doubs, ordinaires accidentelles (quelle logomachie !); dans le Pas-de-Calais, ordinaires tout simplement. Plusieurs départements font une distinction plausible entre les réparations, qu'ils attribuent à l'ordinaire, et les grosses réparations qu'ils rangent à l'extraordinaire. Puis, chose bizarre, on trouve dans le Jura précisément l'inverse : les grosses réparations à l'ordinaire et les réparations à l'extraordinaire[1].

Cependant, la vérité est tout près de percer par endroits. Voici l'Ariège, qui amorce les grosses réparations dans les deux chapitres, et fait ainsi dépendre leur classement de leur importance. La Seine adopte le même parti pour l'entretien des bâtiments communaux, qu'elle inscrit préventivement deux fois.

Prenons encore dans nos formules quelques exemples

---

1. Cette pratique trouve un semblant de prétexte dans ce fait que la commune est obligée, sous condition d'insuffisance des ressources de la fabrique, aux grosses réparations, et n'est nullement tenue aux réparations d'entretien. Il est donc extraordinaire, dira-t-on, qu'elle se charge de ces dernières. Mais extraordinaire, en ce sens, signifie étonnant; et vraiment la surprise du public n'a rien à faire avec la nature de la dépense. C'est jouer sur les mots que de s'exprimer de la sorte.

de dépenses classées à l'extraordinaire comme accidentelles. Dans le Puy-de-Dôme : « Achat d'une pompe à
incendie. » Dans le Gers : « Achat d'étalons de poids
et mesures.— Achat de boîtes pour renfermer le plan et
la matrice du cadastre. » Après comme avant l'affaire
de Cour-Cheverny, certaines préfectures maintiennent à
l'extraordinaire les frais de procès. Cela peut se voir dans
les Hautes-Alpes, l'Ariège, la Corse, la Meuse et la
Haute-Saône. Et cependant, à quelques lignes de distance, l'Ariège et la Corse ont une meilleure inspira-
tion ; ces départements font figurer l'acquisition d'un
mobilier scolaire à l'ordinaire d'abord, puis à l'extraordinaire, sous cette condition : « Quand il est pourvu à
la dépense à l'aide de ressources extraordinaires. » Voilà
la bonne solution, que ma thèse ne fait que généra-
liser.

On a vu jusqu'ici, dans les formules, l'expression
des opinions les plus variées, touchant le sujet qui
nous occupe, et les aperçus les plus contradictoires et
même, en quelques détails, la vérité. On y trouve tout,
à moins qu'on n'y trouve rien, et voilà un dernier argument, fort piquant, pour achever la déroute de l'opinion qui en attend une règle précise. Regardez, en
effet, les cadres de l'Aude, de Belfort, de la Côte-
d'Or, de la Seine-Inférieure et de Seine-et-Marne ;
il n'y a pas une seule ligne imprimée de dépenses
extraordinaires ; dans l'Yonne, le chapitre de l'extraordinaire tout entier est en blanc. C'est ainsi que certains départements se dérobent, tandis que d'autres
battent la campagne.

Après cela, comment Dalloz dira-t-il que la distinction des dépenses ordinaires et extraordinaires, négligée par la loi, « s'est établie dans la pratique, par
les cadres imprimés des budgets communaux » ? Il
allègue l'opinion de M. Aucoc, mais voici comment

et en quelle circonstance formulée : la Compagnie des Petites-Voitures soutenait que la ville de Paris avait, en 1869, ses dépenses ordinaires payées, un excédent suffisant pour acquitter les dépenses de l'instruction primaire, et que pas n'était besoin de voter des centimes spéciaux à cet effet. Le conseil de préfecture de la Seine jugea qu'il était « impossible d'établir, au point de vue légal, une comparaison entre les dépenses ordinaires et les ressources ordinaires, pour en déduire l'insuffisance de ces ressources, parce que le législateur, qui a distingué les ressources ordinaires des ressources extraordinaires, n'a pas établi la même distinction pour les dépenses, qui sont divisées dans la loi de 1837 en dépenses obligatoires et facultatives ».

« Mais cette objection, fit observer M. Aucoc au Conseil d'État, ne vous arrêtera pas. Il y a dans la pratique, dans le cadre des budgets communaux, une distinction faite entre les dépenses ordinaires et les dépenses extraordinaires. » M. Aucoc, à mon avis, opposait au singulier doute du conseil de préfecture de la Seine une considération de bon sens : à savoir que, si le législateur ne donne pas de nomenclature des dépenses ordinaires et extraordinaires, il a cependant fondé l'ordre du budget sur cette distinction, et qu'on la trouvera réalisée dans les cadres budgétaires dont toutes les communes se servent. Mais n'entendez pas ici par cadre le passe-partout, la formule vide, telle qu'elle sort des mains de l'imprimeur de la préfecture; il s'agit de la formule remplie, en somme, du budget lui-même. Si ses chiffres sont déférés aux tribunaux administratifs, on les trouvera répartis dans les compartiments d'un cadre qui en rendra la critique possible et facile au point de vue d'un litige.

Voilà le sens de l'observation, peut-être trop sommaire, de M. Aucoc. Elle n'autorise nullement à tabler sur les formules budgétaires, comme sur une interprétation officielle ou une annexe de la loi. Dalloz ne les connaissait pas ; — qui les connaît dans leur ensemble? — Elles n'offrent aucune garantie, elles sont l'œuvre anonyme et surannée des bureaux de préfecture, des guide-âne, si j'ose dire, qui ne sont pas préparés par de grands savants. Au demeurant, fussent-elles rédigées par des maîtres, on ne saurait leur demander ce qu'elles ne peuvent donner : la solution d'un problème indéterminé. En effet, le problème de la séparation des dépenses n'est pas moins indéterminé, théoriquement, pour un département que pour la France entière, pour un préfet que pour le législateur. Nous avons vu certaines administrations se récuser ; à beaucoup elles sembleront bizarres ; ce sont peut-être les plus sages.

Je termine ma démonstration en répétant qu'il n'est pas possible de faire à l'avance le tri des dépenses ordinaires et extraordinaires, sauf l'état approximatif des dépenses fixes, qui sont les frais d'administration, le coût des services et des choses indispensables à la vie communale. En thèse générale, le budget ne distingue pas entre dépenses annuelles et accidentelles ; il n'y a pour lui que dépenses faibles ou fortes. Le conseil municipal ajuste ces catégories à la mesure des finances locales. C'est le suppléant du législateur. Lui seul peut dresser une liste, et non pas à sa guise, comme on sait. Le budget ordinaire comprend les dépenses fixes nécessairement, et toutes les autres dépenses communales, s'il se peut ; le budget extraordinaire fournit la ressource des capitaux ou des recettes capitalisées à celles que les revenus et l'annuel sont impuissants à solder.

CHAPITRE IV

Utilité double de la distinction de l'obligatoire et du facultatif.
— Identité passagèrement admise avec l'ordinaire et l'extraordinaire. — Recettes ordinaires et dépenses obligatoires, recettes extraordinaires et dépenses facultatives. — Balance
impossible à établir. — Circulaires de 1838, 1842 et 1846.
— Trois conseils, quatre systèmes. — Insuffisance des
mots. — Scepticisme de Paris. — Confiance de Loir-et-Cher. —
Quatre départements poursuivent dans le chapitre de l'extraordinaire la distinction de l'obligatoire et du facultatif. — Utilité
réduite à la coercition.— Plan de l'extraordinaire dans l'Ariège,
la Corse, l'Isère et la Haute-Saône. — Cas probables. —
Réserve sous-entendue. — Faute concernant l'entretien des
bâtiments communaux. — Deux degrés dans la coercition :
inscription, imposition. — Inscription suffisante en cas de ressources disponibles. — Article 149. — Loi de 1836 concernant
les chemins vicinaux. — Deux autres moyens d'exécution. —
Dettes exigibles payées par une aliénation ; dépenses d'installation scolaire, par un emprunt. — Amortissement de l'emprunt
par l'emploi des ressources de l'article 149.

L'utilité capitale de cette division ressort de l'article 149 de la loi de 1884 : l'autorité a le droit d'inscrire
dans un budget les dépenses reconnues obligatoires,
et d'établir une certaine quotité d'impositions, voire
exceptionnellement d'emprunter d'office, pour en
assurer le payement.

Une utilité accessoire,— et qu'on sait presque disparue en fait, grâce aux déclarations du ministère de

l'Intérieur,—est exposée par l'article 133 *in fine* : l'approbation du préfet suffit pour régulariser le vote de centimes destinés à des dépenses obligatoires; celle du chef de l'État est requise pour des dépenses facultatives.

L'étude de cette division est importante en elle-même, et aussi bien parce qu'on a commis, en un temps, l'erreur de l'identifier avec la précédente. Quoiqu'elle ait peu duré, l'illusion a laissé des traces profondes. Nombre de documents sont illisibles, si l'on n'en est prévenu. Un ouvrage qui a été autrefois dans toutes les mains, et qui est consulté encore : l'*Administration financière* de Braff, — le Morgand de son époque, — en a des chapitres tout obscurcis. De nos jours, ce n'est plus qu'une sorte de préjugé, mais fort tenace, et qui s'étale dans le dictionnaire de Littré, pour longtemps.

La loi de 1837, qui, notamment dans son article 35, supposait existante la division des dépenses en ordinaires et extraordinaires, n'en dit rien d'explicite. Mais elle exposa d'une façon très nette et détaillée la théorie de l'obligatoire et du facultatif. « Heureuse innovation ! » s'écriait alors un commentateur.

C'était trop d'enthousiasme. L'État avait eu besoin, dès longtemps, pour maintenir sa puissance, son existence même, d'assurer la fonction des organes communaux qui le servaient en même temps. La dépense « obligée » existait avant la dépense « obligatoire », dans les cadres de Seine-et-Oise, par exemple. Le principe remontait, pour ce qui regarde le nouveau régime, à la loi du 11 frimaire an VII ; il avait été appliqué, par la suite, à des cas nombreux. M. Leber, un juriste connu, écrivait, en 1826[1] : « Les

1. *Histoire critique du Pouvoir municipal,* p. 574.

dépenses ordinaires des communes comprennent les frais de l'administration municipale et de la garde des bois communaux; l'entretien des propriétés susceptibles de revenus; celui des édifices publics d'utilité communale, tels que halles, fontaines, horloges, fossés, aqueducs, ponts, murs d'enceinte; l'éclairage des villes; le pavage des rues de petite voirie, là où l'usage n'oblige pas les propriétaires riverains de s'en charger; les remises à faire aux percepteurs des contributions foncière et personnelle; les frais de registres de l'état civil et de la police locale. Indépendamment de ces *obligations* propres à l'administration municipale, les villes sont encore chargées de pourvoir à titre de subsides, etc. » A la vérité, le caractère obligatoire ou facultatif d'une dépense n'était pas toujours fixé de façon certaine; il y avait en cela, chose bizarre, du plus et du moins. On ne lit pas sans étonnement cette phrase d'une circulaire du ministre de l'Intérieur, datée du 24 juin 1836 : « La loi de 1824 avait considéré les réparations des chemins vicinaux comme à peu près facultatives. »

A partir de 1837, la logique du système fut mieux conçue, et toute dépense imposée aux communes le fut au même degré et en termes exprès. M. Vivien donna des dépenses obligatoires une définition souvent copiée depuis, entre autres par M. de Marcère : « Ce sont celles qui affectent l'État et les intérêts généraux, qui ont pour objet l'accomplissement d'une obligation publique ou privée, ou qui touchent essentiellement à l'existence de la commune. Elles peuvent être imposées aux communes malgré elles, et l'administration peut établir d'office des contributions extraordinaires pour en assurer le paiement. » C'est trop de paroles pour serrer étroitement le lien d'une définition. Le ministre de l'Intérieur eut beau jeu à proposer d'autres phrases. Il voulait que l'on considérât comme obligatoires « les dépenses déjà prescrites par des lois positives, celles qui ont une grande influence sur l'avenir de la commune, enfin celles qui pourraient intéresser des tiers, les forains, le public, en un mot ». Entre M. Vivien et le ministre, le Parlement ne voulut pas choisir, et fit bien. On préféra une énumération, sur laquelle on eut, d'ailleurs, assez de peine à s'entendre. L'article 30 de la loi de 1837 comprit vingt et un paragraphes, finissant par admettre « généralement toutes les autres dépenses mises à la charge des communes par une disposition de loi ».

Recettes ordinaires et extraordinaires, d'une part, dépenses obligatoires et facultatives, de l'autre, l'administration essaya de bâtir un budget avec ces matériaux, que la loi tirait au premier plan, et mettait, pour ainsi dire, à pied d'œuvre. Les recettes ordinaires furent placées en face des dépenses obligatoires, les recettes extraordinaires en face des dépenses facultatives. Les cadres budgétaires offrirent cette forme de compte.

La jurisprudence antérieure y tendait. On en trouvera la preuve dans cette circulaire du 24 juin 1836, dont j'ai dit quelques mots, et que je reprends, pour en donner une citation plus étendue : « La loi de 1824 avait considéré les réparations des chemins vicinaux comme à peu près facultatives ; ces travaux devaient, à défaut de ressources ordinaires des communes, s'effectuer au moyen de prestations en nature. Les centimes extraordinaires, auxquels il était permis de recourir en cas d'insuffisance des prestations, étaient donc considérés comme une contribution extraordinaire... La loi du 21 mai 1836, au contraire, a rendu l'entretien et les réparations des chemins vicinaux obligatoires, tellement qu'elle a prévu le moyen de vaincre l'inertie ou le refus des conseils municipaux.

La dépense est donc devenue obligatoire aussi. Dès lors, les cinq centimes qui peuvent y être annuellement affectés ont réellement perdu le caractère de contribution extraordinaire. » On voit à quel point l'auteur de cette circulaire est entêté de l'idée qu'à une dépense facultative doit correspondre une recette extraordinaire, et à une dépense obligatoire une recette ordinaire. Il affirme sans broncher que des centimes additionnels extraordinaires se changent en ordinaires, pour s'accommoder à la dépense qu'ils acquittent et qui, sans changer d'objet, devient de facultative obligatoire. Au rebours de la vérité et du bon sens, il imagine que la nature de la recette s'adapte à celle de la dépense.

L'illusion était celle-ci : « Les dépenses extraordinaires, dit Dalloz, représentent en quelque sorte les dépenses facultatives, et les dépenses ordinaires les dépenses obligatoires. » Singulière thèse, on l'avouera, en présence des articles 35 et 39 de la loi de 1837, qui établissaient une opposition très nette entre les dépenses ordinaires qu'une commune avait la permission d'engager sur le même pied que l'année précédente, en cas de retard du budget, et les dépenses obligatoires, qui pouvaient lui être imposées d'office en cas de refus de crédits. L'assimilation était irréalisable, au surplus. Le commentateur déjà cité en fit bientôt l'aveu : « La classification des dépenses en obligatoires et en facultatives n'a pas la clarté qu'avait celle que l'on suivait avant cette époque (1837), lorsque les dépenses étaient partagées en ordinaires et extraordinaires, car il est certaines dépenses facultatives qui sont, en réalité, obligatoires pour les grandes communes, comme celles de l'éclairage, de l'entretien des fontaines et du pavé des rues. Ces dépenses doivent revenir chaque année ; pourtant elles sont classées dans le deuxième chapitre du budget, tandis qu'il est certaines dépenses qui ne sont pas annuelles, et qui cependant figurent au premier chapitre : telles sont les grosses réparations à faire aux édifices communaux. Il suit de là que le premier chapitre de la dépense ne donne pas le chiffre des charges annuelles et que, pour le trouver, il faudrait faire le dépouillement de tous les articles. »

On ne comprendra pas ces explications sans un certain effort. Il faut se rappeler que, suivant une théorie qui a passé dans la loi et qui avait déjà cours, on prend annuel et non-annuel comme synonymes d'ordinaire et d'extraordinaire, et que c'est à l'annuel que l'on compare l'obligatoire et au non-annuel que l'on compare le facultatif, pour apprécier, de part et d'autre, l'identification avec l'ordinaire et l'extraordinaire. Sans doute, on fut frappé plus encore de l'impossibilité de faire cadrer le chiffre des dépenses avec celui des recettes, chapitre par chapitre. En effet, comment balancer, par exemple, les grosses réparations aux bâtiments communaux, classées comme ordinaires à cause de leur caractère obligatoire, et exigeant communément un capital, avec des recettes ordinaires qui ne sont que revenus ? Il y avait là un désaccord absolu.

Mais il fallut que l'expérience le démontrât évidemment. Quelque grossière que fût l'erreur, on s'y empêtra durant deux années. Après quoi, le ministre de l'Intérieur, mieux instruit lui-même, vint au secours des communes : le modèle de budget du 18 octobre 1838 les tira de ce mauvais pas. On reprit les errements antérieurs ; on fonda définitivement l'ordre du budget sur la division parallèle des deux chapitres en ordinaire et en extraordinaire. Tout essai d'identification avec l'obligatoire et le facultatif était abandonné.

Que faire cependant de cette dernière division, comment la combiner avec l'autre, dans le plan d'un cadre budgétaire ? Cela fut un embarras nouveau. La circulaire se bornait à dire : « Dans plusieurs préfectures, on a cru devoir suivre dans les dépenses le classement de la loi de 1837 ; mais celle-ci ne détermine que celles qui sont obligatoires, sans entendre rien prescrire, d'ailleurs, pour les formes de la comptabilité. La division ancienne en ordinaires et extraordinaires est plus avantageuse et doit être maintenue. » La décision était bonne, mais avec quelle pauvreté de motifs ! Rien au sujet de l'obligatoire et du facultatif ; et le fait est que le modèle annexé à la circulaire n'en porte plus trace.

Une circulaire du 13 décembre 1842 donna lieu de revenir sur cet effacement. Elle paraissait aboutir à la séparation de l'ordinaire en deux listes, l'une de dépenses obligatoires, l'autre de dépenses facultatives, afin de faciliter la distinction des parts de l'imposition pour insuffisance de revenus qui sont à autoriser par arrêté ou par décret. Enfin la circulaire du 7 août 1846, confirmant la convenance d'une classification primordiale des dépenses en ordinaires et extraordinaires, conseilla de marquer chacune d'elles d'un signe particulier, afin qu'on pût distinguer au premier coup d'œil celles qui sont obligatoires de celles qui sont facultatives. On atteindrait ce but, faisait-elle remarquer, si le libellé des premières était suivi d'un *O*, et celui des autres, d'un *F*. Cette distinction aiderait les conseils municipaux à apprécier exactement le caractère des dépenses dont le vote leur est proposé.

Il y avait ainsi, semble-t-il, trois partis à choisir, parmi ces tâtonnements de l'administration. L'ordre principal du budget reposant sur la division des dépenses en ordinaires et extraordinaires, on pouvait :

1° ne tenir aucun compte apparent des obligatoires et des facultatives (1838) ; 2° les noter au passage, et sans troubler le développement des listes (1846) ; 3° former de la seconde division une subdivision de l'autre, au moins pour ce qui regarde l'ordinaire (1842). L'administration ayant déclaré, avec un libéralisme fort contradictoire à d'anciennes instructions, et né sans doute de son propre embarras, qu'elle n'imposait aucune forme de comptabilité, les départements manifestèrent une complète divergence de vues. Il s'y rencontra des adhérents pour chacun des trois partis proposés, et même ils en imaginèrent un quatrième, qui consista à distinguer l'extraordinaire, comme l'ordinaire, en obligatoire et en facultatif, et à faire ainsi, absolument, de la seconde division une subdivision de la première.

Les Hautes-Alpes, l'Aude, l'Ardèche, la Loire-Inférieure, les Hautes-Pyrénées, le Rhône, — je ne cite que des exemples, — suppriment toute mention relative à l'obligatoire et au facultatif. Ces catégories sont indiquées par une initiale dans l'Aisne, le Calvados, la Haute-Garonne, la Nièvre, Seine-et-Oise. Des listes séparées de l'obligatoire et du facultatif composent le chapitre des dépenses ordinaires dans l'Ain, le Cantal, la Gironde, la Manche, Meurthe-et-Moselle, l'Oise, les Deux-Sèvres. Enfin quatre départements seulement dédoublent l'extraordinaire, comme l'ordinaire, en obligatoire et en facultatif : ce sont l'Ariège, la Corse, l'Isère et la Haute-Saône.

Parmi les quatre systèmes, je choisirai celui que conseille la circulaire la plus récente, celle de 1846, je veux dire la notation de l'obligatoire et du facultatif par une initiale, afin d'attirer l'attention des conseils municipaux sur le classement de la dépense à ce point de vue, et d'indiquer à l'administration le caractère qu'ils ont entendu donner à chacun des articles. On a tort évidemment de rejeter dans l'ombre une classification que la loi, tout au contraire, a mise en pleine clarté, et qui sert ou devrait servir à l'application d'une règle de constant usage. Il y a relativement fort peu d'occasions de contraindre une commune à admettre une dépense qu'elle aurait repoussée ; mais la supputation de l'obligatoire et du facultatif s'impose chaque année dans la majeure partie des provinces, afin de déterminer la compétence de l'autorité chargée d'approuver l'établissement des centimes pour insuffisance de revenus. C'est donc compliquer le rôle de l'administration que de lui refuser des données nécessaires, et de la forcer à faire elle-même le tri malaisé des matières d'un budget.

On dira peut-être que l'énoncé des dépenses suffit, que le caractère de chacune se révèle aussitôt à qui sait son article 136, et que le groupement s'opère de lui-même. Ce serait une pure illusion. Ici encore, les mots ne sont que des mots, c'est-à-dire des étiquettes, et dont on peut abuser. Sous le couvert de l'obligatoire, il n'est rien de plus facile, en ce temps surtout, que de faire passer une dépense facultative. Et, à l'inverse, telle dépense dite facultative peut revêtir un caractère de nécessité absolue par l'effet d'un contrat.

J'insisterai sur le premier point. Je rappelle au lecteur une division doctrinale des travaux en trois sortes : nécessaires, utiles et voluptuaires ; ces mots emportent leur explication. Or, supposons qu'il s'agisse d'inscrire au budget une somme pour travaux d'entretien d'une mairie. La loi les déclare obligatoires sans réserve apparente. Cependant on m'accordera qu'il y a lieu de rechercher de quelle sorte ils doivent être. Les vrais travaux d'entretien ne sauraient souffrir de difficultés ; ce sont ceux qu'un bon père de famille ordonnerait, les travaux nécessaires et, en certains cas, les utiles. Mais les voluptuaires ne s'accordent qu'avec une situation financière rare ; ils sont criticables le plus souvent, et facultatifs, en tout cas, dans la mesure où ils dépassent le nécessaire ou l'utile. Si une mairie de village ayant besoin de vitres, on y met des vitraux ; ayant besoin de papiers peints, on y pose des tentures ; ayant besoin de poêle, on y construit une cheminée décorative, il est clair que l'administration qui contresigne ces projets sans les connaître, et sous le titre fallacieux d'entretien de la mairie, est trompée presque toujours. Il n'y avait d'obligatoire que les vitres, le papier, le poêle ; le reste est fantaisie, dépense facultative au premier chef. En combien de circonstances, l'esprit de gaspillage moderne ne prend-il pas occasion d'une réparation pour procéder à une réfection totale ! Les moindres frais s'exagèrent, se tournent en dépenses de luxe. Les exemples se pressent sous ma plume.

A l'inverse, « il est certaines dépenses facultatives, — je reprends un texte de Dalloz cité plus haut,— qui sont en réalité obligatoires pour les grandes communes, comme celles de l'éclairage, de l'entretien des fontaines et du pavé des rues ». Et Dalloz a dix fois plus raison aujourd'hui qu'il n'avait en écrivant ces lignes, il y a un demi-siècle. La circulaire du 7 janvier 1846, énumérant les principales dépenses facultatives, est elle-même terriblement démodée. Ce ne sont plus seulement les villes qui prétendent jouir, à l'heure présente, de ce qu'on appelait autrefois les services urbains. Il n'est si petit village, ou pays d'un peu d'aisance, qui ne veuille une voirie parfaite, de l'eau en abondance et des lanternes d'octobre à avril. Lorsque les circonstances le permettent, il n'hésite pas à conclure des traités pour trente ou cinquante ans avec des sociétés de distribution d'eau ou d'éclairage, et à transformer ainsi, sous l'œil bénévole de l'administration, des dépenses facultatives en dépenses obligatoires, en dettes exigibles.

Comment s'y reconnaître ? Certains conseils municipaux peuvent, en toute conscience, hésiter. Paris, la ville-lumière, comme il s'appelle, avoue que tel est son cas. Il en est toujours, comme on sait, au régime de la loi de 1837, qui, d'ailleurs, sur le point qui nous occupe, a été à peu près copiée par le législateur de 1884. Or, voici l'observation placée depuis nombre d'années en tête des dépenses ordinaires du budget parisien : « La mention des dépenses obligatoires ou facultatives a été insérée dans les développements pour satisfaire un vœu exprimé par le conseil municipal. » La note, après citation des textes qui expliquent l'utilité de la mesure aux termes de la loi, se poursuit de cette façon : « L'énumération des dépenses obligatoires, contenue dans la loi du 10 juillet 1837, n'étant pas, d'ailleurs, limitative, mention a dû être faite des diverses lois spéciales imposant des dépenses aux communes. L'application de ces dispositions à chaque article n'a été faite que sous toutes réserves. » Ainsi, à Paris, on se déclare incapable de discerner sûrement l'obligatoire du facultatif. On verra là, sans doute, moins de prudence que de scepticisme.

Les amateurs de convictions solides n'ont qu'à s'adresser à Blois : on s'y appuie sur les mots comme sur la fermeté d'un roc. Le cadre budgétaire de Loir-et-Cher, après l'énumération des dépenses obligatoires, formule cette consigne : « Aucune dépense nouvelle ne doit être introduite dans la 1re section du chapitre 1er. Cette section ne peut contenir que les dépenses obligatoires des communes, qui y ont *toutes* été prévues et détaillées. » Voilà une double illusion dans un seul mot, que j'ai souligné. Le préfet se vante là de donner une liste des dépenses obligatoires *ne varietur*, ce que le législateur n'a pas osé dire, car remarquez dans la loi de 1884 la suppression de cette phrase du texte de 1837 : « Toutes les dépenses autres que les précédentes [déclarées obligatoires] sont facultatives. » En second lieu, le préfet se persuade que, sous les rubriques qu'il a fait imprimer, en comptant et mesurant les compartiments, on ne lui glissera pas de dépenses facultatives. Qu'il y aille voir ! Si Paris est sceptique, Blois a, en vérité, trop de confiance.

Je passe au cas des quatre départements qui poursuivent la division de l'obligatoire et du facultatif dans le chapitre de l'extraordinaire : j'ai déjà nommé l'Ariége, la Corse, l'Isère et la Haute-Saône. Pratique peu utile, sans doute, si l'on en juge par le petit nombre des administrateurs qui l'ont adoptée. L'observation est fondée. Nous avons exposé l'intérêt de la distinction en matière ordinaire ; il concerne deux objets : 1° l'approbation des impositions, remise à des autorités différentes, selon qu'elles satisfont à des dépenses obligatoires ou facultatives ; 2° la contrainte, qui est la sanction de l'obligation. En matière extraordinaire, la première utilité s'efface : le vote des impositions ne comporte aucune alternative semblable à celle qui règle l'établissement des centimes dans l'autre chapitre. Il est approuvé dans les mêmes formes, qu'il s'agisse de dépenses obligatoires ou facultatives ; la raison de cette différence est, soit dit en passant, assez difficile à donner. Reste la coercition, essentielle au système, mais dont les cas sont rares, et l'occasion n'est naturellement pas signalée dans les budgets qui y donnent lieu. Avant de nous en expliquer, jetons un coup d'œil sur les cadres budgétaires dont nous venons de parler.

A part de minimes différences de détail, ils s'accordent sur la distribution suivante : d'abord, selon l'illusion commune, que j'ai cherché à dissiper, ils composent le chapitre de l'extraordinaire de dépenses jugées telles sur l'étiquette. Puis, subdivisant, ils établissent trois catégories. Ils déclarent : 1° facultatives, les constructions et acquisitions de maisons ; 2° tantôt facultatives, tantôt obligatoires, les grosses réparations, selon qu'elles s'appliquent à des bâtiments affectés à un service facultatif ou obligatoire ; 3° obligatoires, les dettes exigibles et les dépenses d'installation scolaire. Ces dernières sont présentées sous la forme suivante :

Locaux scolaires.. $\left\{\begin{array}{l}\text{Installation.}\\\text{Acquisition.}\\\text{Appropriation.}\\\text{Construction.}\\\text{Grosses réparations.}\end{array}\right.$

Acquisition du mobilier des classes[1].

Cette nomenclature, — qui n'est point un modèle, — contient, sans en faire saillir le caractère essentiel, les articles probables du chapitre de l'extraordinaire ; il faut cependant comprendre qu'ils n'y sont portés que sous la réserve sagace énoncée dans les budgets si semblables de la Corse et de l'Ariège, à propos des frais d'acquisition du mobilier scolaire : « Quand il est pourvu à la dépense au moyen de ressources extraordinaires. » Cette condition est sous-entendue à chaque ligne, comme il a été démontré. Les dépenses de chiffre variable doivent éventuellement figurer aux deux chapitres ; elles seraient toutes ordinaires, si les ressources du premier chapitre leur suffisaient.

Ces principes rappelés, notons une erreur de doctrine dans la seconde catégorie de dépenses déduites ci-dessus. Les grosses réparations ne sont pas obligatoires ou facultatives, selon qu'elles s'appliquent à

---

1. L'auteur de ces budgets, pour montrer qu'il est informé des textes, cite à ce propos la loi du 17 juin 1878. Il montre seulement, à cette heure, qu'il est singulièrement attardé ; il a à rejoindre la loi du 20 mars 1883, qui règle véritablement la matière.

des bâtiments affectés à un service obligatoire ou facultatif ; le paragraphe 12 de l'article 136 classe d'une façon générale parmi les dépenses obligatoires : « les grosses réparations aux édifices communaux, » sauf les dispositions concernant les édifices consacrés au culte ou affectés à un service militaire. La troisième catégorie, déclarée obligatoire en tout cas, est assez judicieusement tirée à part, contenant des dépenses dont l'obligation, comme on va voir, est assurée par des moyens d'une rigueur spéciale.

La contrainte est réglée par l'article 149 de la loi municipale.

Ce texte marque deux degrés dans l'exécution des mesures propres à sanctionner l'obligation de certaines dépenses : l'inscription d'office et l'imposition d'office. L'inscription d'office suffit quand le budget offre les ressources nécessaires à l'acquittement des frais dont il s'agit ; il y a lieu, quand elles manquent, de recourir à l'imposition d'office, qui n'est pas, d'ailleurs, le seul moyen de parer à leur défaut.

L'inscription d'office est soumise à certaines formalités, qui ne prêtent à aucune observation où il faille s'arrêter. Elle ne peut se faire qu'après mise en demeure adressée par l'administration préfectorale à la municipalité, et refus par celle-ci de vote ou de délibération. Le crédit est ensuite inscrit par un décret ou par un arrêté spécial, en somme, par un acte de l'autorité chargée de régler le budget. Le quantum est fixé suivant la distinction qu'on sait entre les dépenses fixes de leur nature et les dépenses de chiffre variable.

L'imposition d'office est établie par décret, si elle n'excède pas le maximum à fixer annuellement par la loi de finances, et par une loi spéciale, si elle doit excéder ce maximum. Depuis l'origine, les lois de finances autorisent pour cet objet dix centimes, et exceptionnellement vingt centimes, lorsqu'il s'agit de pourvoir à l'exécution de condamnations judiciaires. Les centimes spéciaux sont à part, comme nous verrons, et l'article 5 de la loi du 21 mai 1836 a édicté, en ce qui concerne les dépenses vicinales obligatoires, des formes qui n'ont pas été abrogées. Il dispose que, si un conseil municipal mis en demeure n'a pas voté, dans la session désignée à cet effet, les prestations et les centimes nécessaires, le préfet pourra d'office imposer les communes, jusqu'à concurrence de trois journées de prestations et de cinq centimes additionnels. Le préfet prend ici le rôle qui incombe au chef de l'État, d'après les lois qui ont suivi.

L'imposition d'office est le parti habituel en cas d'insuffisance de ressources ; il y en a deux autres, tendant à la solution de la même difficulté par la réalisation d'un capital ; ils s'appliquent à deux cas distingués dans les cadres budgétaires que nous commentons. La troisième catégorie de dépenses extraordinaires notée ci-dessus comprend, avons-nous remarqué, les dettes exigibles et les dépenses d'installation scolaire. Or, l'article 110 de la loi de 1884, permet la vente des biens de la commune, pour solder les premières ; l'article 10 de la loi du 20 mars 1883 autorise à contracter un emprunt d'office, pour acquitter les secondes.

Dettes exigibles : ce n'est plus là une contrainte administrative, mais une contrainte de droit commun. La loi, en groupant cette dépense avec les autres, a rattaché à son énumération, une obligation envers les tiers. Elle crée ailleurs l'obligation de dépenser ; elle ne fait ici que souscrire, en principe, à l'obligation de payer. Je dis : « en principe, » car elle ne permet pas toujours qu'une commune ayant une dette, même certaine, liquide et exigible, en soit tenue comme un simple particulier. La commune est placée en dehors du droit commun. Un créancier peut obtenir contre elle une condamnation en justice et les actes préparatoires de l'exécution ; mais, pour passer à l'exécution même, il doit déférer sa poursuite à l'administration, se faire autoriser par un décret, qui déterminera les biens à aliéner et la forme de la vente. Une commune n'est pas obligée, aux termes de l'article 2092 du Code civil, sur tous ses biens. Il n'est permis à personne de la déposséder de ceux qui servent à un usage public ; elle peut être déclarée insolvable. Si la loi dispose « que, en cas d'insuffisance, il doit être pourvu aux dépenses obligatoires par une imposition extraordinaire, établie par un décret ou par une loi, il appartient au gouvernement seul de reconnaître si, eu égard aux facultés contributives des communes, il peut leur être fait application des dispositions » de la loi. Ainsi a décidé le Conseil d'État, le 29 mars 1853, dans une affaire où une section de commune de la Lozère, ayant 1,000 francs de principal de contributions directes, avait été condamnée à payer 25,000 francs, pour restitution des rentes d'un terrain usurpé depuis plus de soixante ans (D. P.,53, 3, 50). Nos départements, sauf la Corse, inscrivent à l'extraordinaire les dettes exigibles. Celle-ci en fait un article de l'ordinaire avec autant de raison ; c'est une question de chiffre, selon notre théorie, qui concilie aisément ces divergences.

Dépenses d'installation scolaire : lorsqu'une commune refuse de créer les ressources applicables aux frais d'acquisition, de construction ou d'appropriation de locaux scolaires, ou à ceux d'acquisition du mobilier des classes, dans les cas où ces dépenses sont obligatoires, l'administration peut y pourvoir au moyen d'un emprunt d'office, dans les conditions déterminées par la loi du 20 mars 1883 et par le décret du 7 avril 1887. Le Conseil général doit être consulté. En cas de conflit entre lui et l'autorité préfectorale, le gouvernement tranche le débat. Un décret fixe la dépense et décide qu'il y sera pourvu. Le préfet autorise l'emprunt, au sujet duquel l'article 10 de la loi de 1883 dispose en son paragraphe 3 : « Il sera alors pourvu au service de l'emprunt au moyen d'une imposition spéciale établie conformément au paragraphe 4 de l'article 39 de la loi de 1837. » Ce texte est devenu le paragraphe 5 de l'article 149 de la loi de 1884.

On retombe finalement sur l'imposition d'office ; elle sert dans ce cas à l'amortissement d'un emprunt ; c'est, au fond, toute la différence.

Cette question reviendra. Nous avons dit tout ce qu'il importe de savoir provisoirement sur le sujet des dépenses obligatoires et facultatives.

CHAPITRE V

Commençons par un retour rapide sur ce qui précède.

Tout d'abord, nous avons indiqué les définitions générales et les grandes lignes d'un budget. Puis, nous
avons cherché à nous orienter, en éclairant le chemin
par des vues de bon sens. La logique du sujet reconnue, au moyen d'une comparaison du budget communal avec le budget privé, nous avons posé notre
thèse : budget ordinaire, compte de revenus ; budget
extraordinaire, compte de capitaux ; revenus et capitaux
pris *lato sensu* et comprenant respectivement l'annuel
et les annuités, c'est-à-dire les ressources pour insuffisance de revenus et celles pour insuffisance de capitaux.

Les recettes et les dépenses sont les éléments du

budget. La loi leur donne des définitions d'apparence très étudiée, au fond les plus vaines du monde, sous leur symétrie invraisemblable, et dont il y avait lieu de débarrasser le discours. La loi de 1884 a consacré un changement de comptabilité, et considéré les recettes du budget ordinaire et du budget extraordinaire, au lieu des recettes ordinaires et extraordinaires. Il a été possible de pressentir l'identification des définitions légales avec les nôtres au moyen d'un léger changement. Nous avons commencé de substituer à des épithètes vagues des termes clairs : les recettes permanentes ont été transformées en revenus, les annuelles en impôt annuel, les accidentelles en capitaux et les temporaires en annuités ; cela sous la réserve d'une justification ultérieure.

Passant aux dépenses, nous avons montré, d'une façon générale, l'impossibilité d'apprécier leur nature ordinaire ou extraordinaire d'après leur objet, et de les définir en soi. Peu importe l'annuel ou l'accidentel ; il n'y a, au point de vue du budget, que des dépenses faibles ou fortes ; on ne peut les juger que par comparaison aux recettes. Sauf la catégorie des dépenses de chiffre fixe, nécessairement ordinaires, nous avons établi que la dépense emprunte le caractère de la recette qui y pourvoit dans l'ordre logique d'emploi. Les listes portées aux cadres budgétaires ne sauraient résoudre un problème indéterminé. Pour terminer en une fois la question des dépenses, nous avons traité sommairement de l'obligatoire et du facultatif.

Cette critique achevée, reste la discussion rigoureuse du problème fondamental ; reste, — et c'est presque tout le sujet de ce livre, — à procéder à un nouvel inventaire, patient et méthodique, des deux budgets, à rechercher quels éléments s'y sont classés, sous l'influence d'une logique secrète dont le législateur a été l'instrument plus que l'interprète éclairé, finalement à prouver que les recettes du budget ordinaire sont des revenus, c'est-à-dire choses à consommer, sommes à dépenser, et les recettes du budget extraordinaire, des capitaux, c'est-á-dire choses à conserver, sommes à employer.

Les recettes sont dénombrées par la loi et réparties entre l'ordinaire et l'extraordinaire ; elles n'y sont pas classées. Nul ne prendra pour un classement leur numérotage : ordre superficiel, commode au praticien, si l'on veut, insuffisant à qui cherche le lien d'une idée. Le procédé le plus simple pour démêler ce fatras me paraît être de partager les recettes selon leur origine, et de reconnaître successivement, dans chacun des groupes ainsi formés, l'ordinaire et l'extraordinaire, autrement dit de diviser le problème.

La commune est une circonscription administrative et une personne morale ; je laisse de côté le premier sens, dont je n'ai point affaire. La personne morale a été créée pour deux emplois : elle est, sous la tutelle de l'État, la gérante des intérêts de l'agrégation des citoyens résidant ou propriétaires de biens-fonds sur son territoire : elle est, sous l'autorité de l'État, un organe de l'administration publique. Nous l'envisagerons ici particulièrement dans son premier rôle.

Une personne morale est instituée pour le service des individus qu'elle représente, et ceux-ci ont naturellement à la mettre en état de tenir sa fonction. Proudhon a dit quelque part que l'impôt municipal est le juste prix des services de la commune. La proposition n'est pas exacte en ces termes absolus ; l'impôt n'est que le complément de ce prix, car la commune a d'autres moyens d'existence, et elle n'est pas faite, d'ailleurs, pour réaliser des bénéfices. Elle peut s'alimenter de trois genres de ressources : les recettes d'un domaine anciennement constitué[1]; l'émolument, en général modique, de quelques libéralités publiques ou privées; l'impôt, qui se présente sous des formes multiples, et vient, en dernier lieu, parer à l'insuffisance des autres recettes. Ces moyens contribuent à la vie communale dans des proportions très variables. On ne se passe d'impôt nulle part; il n'est pas de commune en France qui vive de ses rentes.

Donc patrimoine, libéralités, impôts, voilà les trois origines des recettes de la commune. Trois mots, qui seront les têtes des chapitres sous lesquels nous ferons la distribution de la matière budgétaire et son classement en ordinaire et en extraordinaire. Les recettes des deux premières sources se plieront assez facilement à notre interprétation; celles de la troisième exigeront plus de temps et d'efforts, et l'aide de l'histoire, car c'est une théorie qui a subi au cours des années des changements très profonds, oubliés ou inaperçus. L'impôt, un revenu? L'impôt, un capital? Comment comprendre ces termes, et surtout les concilier? C'est là le point que nous avons fait entrevoir, et qui appelle une complète lumière.

Commençons par le patrimoine.

Une commune peut posséder à titre patrimonial tout bien susceptible d'appropriation privée, en somme, les choses les plus variées : meubles, immeubles, industries. Chargée, par suite, de la gestion des intérêts qui se rattachent à ce domaine, elle est habile à payer

---

1. M. Léon Aucoc résume en ces termes les origines des biens communaux : « La répartition primitive du sol au temps où dominait la vie pastorale ; l'attribution des terres vacantes faite aux municipalités romaines par les empereurs; mais surtout, et à peu près exclusivement pour les communautés rurales, les concessions à titre gratuit ou à titre onéreux des seigneurs ecclésiastiques et laïques et les débris des propriétés indivises des communautés agricoles du moyen âge. »

comme à recevoir, sous certaines autorisations, les sommes qui passent aux mains d'un administrateur. La loi l'exprime, d'une façon concise et fragmentaire, en ses articles 133 et 134.

Prenons dans ces textes les seuls objets ressortissant au patrimoine :

« Article 133. — Les recettes du budget ordinaire se composent : 1º Des revenus de tous les biens dont les habitants n'ont pas la jouissance en nature ;... 9º Du produit des terrains communaux affectés aux inhumations et de la part revenant aux communes dans le prix des concessions dans les cimetières ; — 10º Du produit des concessions d'eau, de l'enlèvement des boues et immondices de la voie publique et autres concessions autorisées pour les services communaux ;... »

« Article 134. — Les recettes du budget extraordinaire se composent :... 2º Du prix des biens aliénés ;... — 4º Du remboursement des capitaux exigibles et des rentes rachetées ;... — 5º Du produit des coupes extraordinaires de bois ; — 6º Du produit des emprunts ;... — 8º Et de toutes autres recettes accidentelles. »

Les formules budgétaires départementales donnent à la brièveté de ces textes un développement intéressant, mais présenté dans une grande confusion. Je me propose de l'ordonner au moyen des repères indiqués plus haut, c'est-à-dire de répartir les recettes patrimoniales du budget ordinaire, particulièrement nombreuses, en trois catégories d'origine : mobilière, immobilière et industrielle. Voici le tableau qu'on en peut composer de la sorte :

1º Arrérages de rentes sur l'État. — Rentes sur particuliers. — Intérêts des obligations du Crédit foncier (Calvados). — Intérêts des fonds placés au Trésor (ou à « la Caisse de service », suivant une expression surannée, conservée dans plusieurs départements). — Cens et rentes foncières (la Meuse et Meurthe-et-Moselle perpétuent un mot odieux à nos pères, le cens, aboli le 17 juillet 1793). — Intérêts du prix des biens communaux partagés (Calvados).

2° Prix de location des maisons et usines. — Prix de ferme des biens ruraux ; égouts des fontaines (Drôme) ; fuyant des fontaines (Vaucluse). — Redevances sur les portions ménagères des marais (Nord) ; redevances à payer par les copartageants de biens communaux (Corse). — Prix de vente des coupes ordinaires de bois et des menus produits forestiers (Vosges) ; bois de sumac (Drôme) ; tonte des saules (Aube, Meurthe-et-Moselle) ; chablis, harts (Jura, Meuse) ; tuyes et fougères (Hautes-Pyrénées) ; fougères, glands et châtaignes (Basses-Pyrénées) ; écorces (Ardennes) ; matières résineuses (Landes). — Affermage de la glandée (Corse). — Prix de vente des fruits et récoltes ; fruits champêtres (Meuse, Meurthe-et-Moselle) ; fruits de noyers (Côte-d'Or) ; feuilles de mûriers (Ardèche, Drôme, Gard, Var) ; truffes (Gard, Vaucluse) ; foin et regain des prairies (Eure-et-Loir) ; herbes et blaches (Savoie) ; cueillette des herbes et buis (Drôme) ; herbes des marais (Nord) ; tourbage (Pas-de-Calais, Somme). — Produit des mines, carrières et sablonnières (Gard, Meurthe-et-Moselle). — Produits spontanés du domaine public communal ; herbes du cimetière ; herbes des chemins (Vosges). — Location de la chasse et de la pêche.

3° Recettes des services publics : produit des actes administratifs et des actes de l'état civil ; prix des concessions dans les cimetières. — Produit de la boîte aux affiches (Calvados). — Produit des immatriculations des étrangers (Mayenne). — Bénéfices d'exploitations gérées ou concédées en vue de l'intérêt public :

distribution des eaux, du gaz ; enlèvement des boues et immondices ; adjudication de la fête patronale, des jeux publics, jeux de quilles ou autres (Belfort, Doubs, Jura, Meuse, Vosges) ; établissement de bains, lavoirs, collèges, stations thermales, tramways. — Honfleur exploite un service de bateaux à vapeur ; Langres, un chemin de fer d'intérêt local.

Les recettes du budget extraordinaire ne sont guère exposées dans les cadres avec plus de détails que dans la loi, et elles n'en comportent effectivement pas davantage. Elles consistent toutes en : prix de vente d'immeubles, — prix de cession de terrains par voie d'alignement, — remboursement de capitaux exigibles, — emprunt, — coupes de bois, tourbages extraordinaires, — enfin recettes accidentelles.

Si l'on dépouille ces formules de ce qu'elles ont de local et de contingent, et qu'on ne prenne que le mot essentiel, en chaque groupe de l'ordinaire et de l'extraordinaire, on obtient deux séries bien tranchées et de caractère fort apparent. Du côté de l'ordinaire, se trouvent réunis : arrérages, intérêts, cens, rentes, loyers, fermages, coupes ordinaires, fruits, récoltes, produits, profits, bénéfices... Sous la rubrique de l'extraordinaire, on ne trouve que : prix de vente, de cession, d'aliénation, emprunts, coupes extraordinaires, et autres recettes accidentelles... La généralisation est on peut dire spontanée. Le trait commun à chaque série se dégage visiblement, et un lecteur non prévenu aurait aussi bien le mot sur les lèvres : les recettes de l'ordinaire sont des revenus, les recettes de l'extraordinaire des capitaux ; nous ne parlons, bien entendu, que des recettes provenant du patrimoine. Ici, d'ailleurs, la loi de 1884 a emprunté à celle de 1837 les textes allégués ; les recettes du budget ordinaire coïncident, en ce point, avec les recettes ordinaires, qui sont explicitement qualifiées de revenus par l'article 33 de cette dernière loi. De même les recettes du budget extraordinaire coïncident avec les recettes extraordinaires ; mais de celles-ci nulle interprétation n'a été donnée, et la remarque est sans portée. Laissant de côté l'argument historique, tous les articles de la nomenclature de l'ordinaire sont jusqu'ici des fruits, au propre et au figuré, c'est-à-dire choses qui se renouvellent d'elles-mêmes et sont consommées annuellement : c'est aussi bien la définition des revenus. Ils alimentent la dépense annuelle ou, comme on parle souvent, la dépense courante. A propos des biens d'une commune surtout, il est juste de dire que les revenus sont faits pour être dépensés.

Pour les recettes du patrimoine versées à l'extraordinaire, leur nature de capitaux est, dans l'ensemble, très facile à apercevoir ; mais, quand on vient au détail, certains cas soulèvent des difficultés qu'il est bon d'examiner, en repassant attentivement les paragraphes précités.

Prix des biens aliénés. — Remboursement des capitaux exigibles et des rentes rachetées. — La gestion d'un patrimoine, à de certains moments, aboutit à convertir en argent les biens qui le composent. Une administration municipale, comme un particulier, est dans le cas de passer des contrats, qui, en se nouant ou se dénouant, occasionnent des mouvements de fonds. La comptabilité de la commune les enregistre et c'est à cela qu'elle se borne : elle ne connaîtrait pas, par exemple, d'un échange sans soulte. Sauf exception, elle ne présente pas ce qu'on appelle un compte d'actif. Les capitaux réalisés fournissent, selon notre article 134, des recettes à l'extraordinaire, qui, ajouterai-je, sont le type du genre. Les capitaux s'appellent aussi, par juste analogie, des fonds ; cela veut dire qu'on les fait valoir, qu'ils servent d'instrument de production. Sans figure, on les emploie ; telle est la destination précise de la dépense extraordinaire ; il y a lieu d'insister sur la nécessité légale de cet emploi.

Le mot « emploi » n'a pas ici la rigueur qu'on lui connaît en matière de dot. La gestion des biens d'une commune a plus de liberté, plus de souplesse que le régime dotal ; elle est plutôt comparable à la gestion des biens d'un mineur. L'administration tient le rôle d'un conseil de famille ; lorsqu'elle autorise une aliénation, elle prescrit, peut-on dire en empruntant les termes de la loi du 27 février 1880, « les mesures qu'elle juge utiles ».

La règle générale est l'emploi ; les circulaires ministérielles, la jurisprudence du Conseil d'État, les cadres budgétaires nous serviront tour à tour pour le faire voir. Qu'il s'agisse d'aliénation de rentes ou d'immeubles, les prescriptions administratives sont pareilles, et commandent de réserver l'avenir. Il est ordonné de ne recourir à cette mesure qu'en cas de nécessité bien constatée, de demander préférablement l'argent nécessaire à un emprunt remboursable au moyen d'impositions extraordinaires, ou au moins de combiner les deux genres d'opérations. Ainsi le produit d'une aliénation est confondu dans l'usage avec celui d'un emprunt ; cette association des deux recettes pour une fin commune est caractéristique, au point de vue de l'emploi. L'aliénation comme l'emprunt n'est jamais autorisée que pour un objet déterminé (Circ. Fin. du 6 septembre 1840, et Int. du 5 mai 1852).

L'administration a le devoir de suivre les capitaux aux mains des communes. D'après un avis du Conseil d'État, du 21 décembre 1809, les débiteurs qui veulent se libérer « doivent avertir les administrateurs un mois d'avance, pour que ceux-ci avisent, pendant ce temps, aux moyens de placement et requièrent les autorisations nécessaires de l'autorité supérieure ». Et même on exige sur ce point une double garantie : les receveurs muni.cipaux ne peuvent accepter le remboursement des capitaux que sur avis du receveur des finances. On veut que celui-ci soit informé à l'avance, afin d'être en mesure, non seulement d'assurer le recouvrement des sommes dues, mais encore d'en surveiller l'emploi et d'en prévenir le détournement. Et les capitaux ne doivent jamais rester en l'air ; des emplois provisoires sont ordonnés. Les fonds provenant d'une aliénation, et qui ne seront pas immédiatement consacrés à l'usage prévu, seront convertis en rentes sur l'État, aux termes d'une circulaire du 21 juin 1819.

Qu'une commune, après cela, soit autorisée à aliéner une partie de son domaine, en cas d'urgence absolue, et s'il faut qu'elle pare à un déficit causé par des dépenses d'un caractère exceptionnel, cela ne modifie pas le régime ni sa caractéristique légale, qui est l'emploi. De même, le régime dotal souffre, sans que sa nature en soit altérée, certaines exceptions limitativement prévues : l'aliénation de la dot pour tirer de prison le mari ou la femme, ou pour fournir des aliments à la famille. Le vœu de la loi, en somme, me paraît bien compris par les nombreuses formules qui ajoutent à la liste des dépenses extraordinaires cet article, destiné aux cas prévus et imprévus : « Achat de rentes (emploi de capitaux). » Voyez le Cher, le Pas-de-Calais, la Meuse, Seine-et-Oise et d'autres.

La pratique budgétaire, en certains pays, confirme d'une autre façon le sens général des observations qui précèdent. Plusieurs départements, — l'Eure, entre autres, de la façon la plus nette, — inscrivent dans leurs cadres, comme prévision de dépense extraordinaire, l'énoncé de chaque recette extraordinaire, précédé du mot « emploi » :

Emploi du produit des impositions extraordinaires à...
— du produit des biens aliénés à...
— des dons et legs à...
— du remboursement des capitaux exigibles et des rentes
rachetées à...
— du produit des coupes extraordinaires de bois à...
— de l'excédent des recettes ordinaires à...

Les budgets de l'Ain, de l'Aisne et de la Somme offrent une disposition analogue.

Du côté des recettes maintenant, nous relevons, en quelques départements, notamment dans les Hautes-Pyrénées, une rédaction d'un système en quelque sorte complémentaire. Toute recette extraordinaire est suivie du mot «pour». Je cite :

Aliénation d'immeubles pour...
Imposition extraordinaire pour...
Coupes extraordinaires de bois pour...
Emprunt pour...

Dans la Seine, des expressions plus variées marquent l'emploi de l'extraordinaire. Impositions, taxes, sommes empruntées, subventions, souscriptions, etc., sont dites : « pour... », « relatives à... », « affectées à... », « applicables à... », « destinées à... ».

Que ce soit au chapitre de la recette ou de la dépense, la même précaution est visible et a le même but : canaliser la recette, de façon qu'elle aille sans déperdition à son emploi. Toute recette extraordinaire est affectée ; c'est la définition même du capital, d'après J.-B. Say, d'être une valeur « soustraite à la consommation improductive ».

Produit des coupes extraordinaires de bois. — Les coupes de bois sont qualifiées, dans la pratique forestière, d'ordinaires ou d'extraordinaires, suivant les cas, et ces épithètes les classent à la fois très exactement dans les budgets de même nom. Nous tirerons de l'examen de ces recettes un des arguments les plus clairs en faveur de notre thèse.

Quand un bois est aménagé, pratiquer une coupe selon l'ordre adopté, c'est prendre un revenu. La coupe est dite ordinaire parce qu'elle observe l'aménagement, et le produit en tombe, à titre de revenu, dans le budget ordinaire. Mais, si l'on intervertit, si l'on anticipe les aménagements, si l'on exploite les réserves, la coupe est dite extraordinaire ; elle emprunte une partie de la valeur du fonds. Léon Béquet (*Traité de la Commune*, p. 427) observe que « les produits des coupes extraordinaires ne constituent pas un revenu, mais une recette ». Cela n'a pas un sens net ; mais l'auteur ajoute plus loin : « C'est une sorte d'aliénation de capital. » Le mot est dit. Il y a, en effet, une portion de capital dans une coupe extraordinaire ; elle diminue la valeur du fonds. C'est pourquoi le prix en est versé au chapitre de l'extraordinaire. Coupe ordinaire, coupe extraordinaire ont donc bien la place que leur assigne dans chaque budget leur caractère de revenu ou de capital. La raison est simple et décisive. Le produit de la coupe extraordinaire s'emploie ; maint département, outre ceux que j'ai cités, le note d'une façon explicite.

La Somme et le Pas-de-Calais exploitent et aménagent la tourbe, comme on fait ailleurs les bois. Et cela donne lieu à des tourbages ordinaires et extraordinaires, classés comme les coupes, et pour les mêmes raisons. Le produit du tourbage ordinaire se dépense ; le produit du tourbage extraordinaire s'emploie.

Produit des emprunts. — L'emprunt est, au regard d'une commune, une demande de capitaux, soit qu'il y ait lieu pour elle de réparer la destruction qui aurait pu en être faite par un événement calamiteux, soit qu'il s'agisse simplement d'une entreprise, ce qui est le fait habituel, le seul qui intéresse le développement économique de la cité. Les particuliers empruntent parfois faute de revenus; ce ne peut être le cas d'une commune, à qui un impôt est donné spécialement pour parer à ce genre d'insuffisance; une commune n'emprunte que pour se procurer des capitaux. A ce titre, la somme empruntée est versée à l'extraordinaire; puis elle en est tirée par la dépense, extraordinaire à cause de cela même, en vue de laquelle la recette a été créée : achat ou construction de maison, ouverture ou redressement de chemin, etc. Ce ne sont là, comme on sait, que des exemples vraisemblables, et non pas des dépenses classées sur l'énoncé.

L'emprunt donne lieu, par la suite, à des écritures inverses. Il peut prendre fin par remboursement ou par amortissement. On verse alors à l'extraordinaire, soit une somme qui recompose d'un seul coup le capital emprunté, soit des annuités qui en opèrent la reconstitution graduelle. La première hypothèse est la seule qui nous touche en ce moment; elle se réalisera par le versement, inscrit aux recettes de l'extraordinaire, du produit d'un bien réalisé, et par le payement, inscrit aux dépenses de l'extraordinaire, de la somme correspondante, sous une rubrique empruntée, si l'on veut, au département de l'Eure : « Emploi du produit des biens aliénés..., du remboursement des capitaux exigibles..., des coupes extraordinaires de bois..., pour le remboursement de tel emprunt. »

L'hypothèse de l'amortissement sera développée à d'autres places, à propos des recettes qui y servent : revenus, libéralités, impôts. Il n'est pas possible, malgré les apparences, de rattacher l'amortissement au moyen des revenus à la seule considération du patrimoine; ils interviennent sous la forme d'un excédent des recettes ordinaires comprenant en même temps des impôts, qu'on a appelés revenus fiscaux ou légaux, et dont l'étude préalable est nécessaire.

L'Ille-et-Vilaine prévoit deux systèmes d'amortissement, d'abord au moyen du jeu de toutes les ressources: « impositions, subventions, prélèvement complémentaire sur les ressources ordinaires, » puis au moyen d'une seule : « prélèvement intégral sur les ressources ordinaires. » On comprend ce qu'il manque à ce cadre pour être complet : l'amortissement au moyen d'impositions et de subventions isolément, et des trois groupes de recettes pris deux à deux.

Toutes autres recettes accidentelles. — Les auteurs rangent sous cette vague formule, complétive, toutes les recettes non prévues par la loi, et ils en donnent quelques exemples, sans autre explication. Il y a là une lacune qu'une première exposition de principes nous a induit à combler d'avance. On connaît nos vues sur l'accidentel et l'illusion que les théoriciens, y compris le législateur, se sont faite à cet égard. Dans un précédent chapitre, nous avons opposé au budget des Ardennes, qui fait des « recettes accidentelles » un article de l'extraordinaire, le budget de l'Aisne, qui les inscrit à l'ordinaire, en dépit du texte précité. La conciliation se tire du chiffre plus ou moins fort envisagé ici et là. Les Ardennes ont en vue une somme qui a l'importance d'un capital et un emploi déterminé ; l'Aisne songe à une perception qui ne vaut pas d'être employée et passe avec les revenus dans la dépense courante. Il n'y a, bien entendu, aucun chiffre à articuler: l'importance en est essentiellement relative ; c'est affaire d'appréciation et de mesure de distinguer entre l'accidentel indisponible et l'accidentel disponible.

Venons aux cas particuliers que j'ai annoncés, et que je limite provisoirement, pour ordre, à ceux qui concernent le patrimoine ou le domaine public. Il y a lieu d'examiner : 1° la subvention industrielle ; 2° le prix de cession des terrains retranchés de la voie publique.

1° Subvention industrielle. — L'espèce particulière de dommages-intérêts désignée sous le nom fort impropre de subvention industrielle est due, en vertu de la loi du 21 mai 1836, par quiconque dégrade extraordinairement un chemin vicinal, au cours de l'exploitation de certaines propriétés ou d'entreprises industrielles. Est-il bien sûr que ce soit une recette extraordinaire ? On est pris de doute à parcourir les cadres budgétaires, où l'on trouve, sur ce point comme sur tant d'autres, le pour et le contre. Tandis que ceux de la Manche et de l'Oise, par exemple, — et leur avis est le plus commun, — tiennent pour l'extraordinaire, les Ardennes, la Gironde, le Nord, le Rhône tranchent en faveur de l'ordinaire.

Qui a raison ? Disons d'abord, où plutôt rappelons que le mot « accidentel » appliqué à cette recette n'a rien de caractéristique, et qu'un article ainsi qualifié peut se rencontrer dans l'un ou l'autre budget. Il faut se résoudre par d'autres considérations. Les premiers départements ont raison en théorie, et voici les motifs que je leur prête : l'indemnité dont il s'agit est le moyen de réparer le dommage causé au domaine public, l'équivalent d'un capital détruit, un capital, en somme ; donc une recette extraordinaire. Les départements de la série adverse ont raison en pratique, attendu que la subvention, qui pare à un excès d'usure, vient en accroissement des sommes destinées à l'entretien et se dépense annuellement avec elles. Le service vicinal en fait état dans son budget ordinaire, ainsi que le cadre du Nord l'indique fort exactement, et ce budget partiel a sa place dans le budget ordinaire de la commune. Au résumé, la subvention industrielle, représentation d'un capital employé à la réparation d'un dommage, est une recette accidentelle extraordinaire, que la comptabilité communale, pour plus de simplicité, réunit aux ressources ordinaires du service vicinal et, par suite, au budget ordinaire.

2° Prix de cession des terrains retranchés de la voie publique. — Ce sont, on le comprend, les portions de chemins cédées aux riverains pour cause d'alignement. Ici encore, les formules départementales ne s'accordent guère. La Nièvre, par exemple, inscrit cet article à l'ordinaire, le Finistère à l'extraordinaire. La question est à résoudre, comme la précédente, par un simple renvoi au principe qui m'a servi à trancher le différend fondamental existant entre l'Aisne et les Ardennes. La recette dont il s'agit est accidentelle : faible, elle passera dans les revenus ; forte, elle aura son emploi parmi les capitaux. Faible ou forte relativement, veux-je dire ; les chiffres ne sont point à considérer dans leur valeur absolue. Dans un village, 1,000 francs doivent s'employer ; dans une grande ville, à Lille, par exemple, je vois que le budget de 1894, laisse au courant de l'ordinaire, pour parties de la voie publique cédées, une prévision de recettes de 10,000 francs. La recette encaissée pour le même objet au compte de 1892 s'élevait à 32,000 francs ; la dispense d'emploi, pour le coup, serait abusive.

Il me reste un mot à dire d'une question d'ordre.

Les revenus patrimoniaux sont la première ressource à employer, cela va sans dire, donc la ressource à mettre en première ligne dans un budget. Pas n'est besoin d'argumenter de l'ordonnance de Colbert. C'est d'ailleurs une nécessité légale de constater l'insuffisance des revenus, avant de mettre en jeu, le cas échéant, les moyens qui y suppléent. Et tout compte bien dressé doit porter la trace des opérations qui en établissent l'ordre. Cependant le modèle ministériel de 1838 débutait par les centimes additionnels ordinaires, et il a laissé des traces profondes, malgré tout : 75 départements ont adopté et maintenu cette disposition dans leurs cadres budgétaires.

Nous verrons, à la vérité, assimiler cette catégorie de centimes à des revenus ; mais pourquoi ne pas commencer par les revenus eux-mêmes ? Faute d'une remarque aussi simple, quelques rédacteurs de budgets ont éprouvé des incertitudes singulièrement résolues. Dans l'Isère, le premier article est : « Frais de perception des centimes communaux ; » il est dans Tarn-et-Garonne : « Attribution sur les patentes. » La Somme ouvre son budget, — on devrait forcer la préfecture à dire pourquoi, — par le tiers du prix des concessions funéraires destiné aux pauvres, une recette qui ne fait que passer, une écriture d'ordre. D'autres départements placent les centimes pour insuffisance de revenus presque en tête des recettes. Tout se rencontre dans ces combinaisons, même l'ordre dicté par le bon sens ; il est suivi par l'Aube, l'administration de Belfort, le Doubs, l'Eure et Meurthe-et-Moselle.

La même observation a sujet d'être faite au point de vue de l'extraordinaire ; les capitaux doivent venir en tête, car c'est la ressource fondamentale du chapitre. La loi de 1837 avait brouillé cet ordre, et le modèle ministériel de 1838 ne l'avait rétabli que partiellement. La loi moderne n'a pas été mieux inspirée ; mais c'est un point sur lequel il y aura lieu de revenir, et qui ne peut être traité complètement qu'après l'étude de tous les éléments de l'extraordinaire.

CHAPITRE VI

Le texte qui vise les libéralités se réduit aux deux
mots du 3ᵉ paragraphe de l'article 134 : « Dons et legs. »

La mention est courte et incomplète : dons et legs ne
sont que libéralités privées. L'État ni le département
ne fait de dons, à proprement parler ; puis il est clair
qu'un legs ne pouvant venir que d'un particulier, le
don, qui leur est associé, se réfère à la même source. Il
a fallu ranger les libéralités publiques sous le dernier
paragraphe de l'article 134, dans la catégorie ouverte
aux recettes imprévues, parmi « toutes autres recettes
accidentelles ». Cependant la ressource est commune
et bien connue sous le nom de subvention ; on en
abuse presque autant que de la bonté du roi sous

l'ancien régime. Il y avait plus de raisons pour la faire figurer dans le plan d'un budget que les libéralités privées. Le législateur l'a oubliée ; il copiait la loi de 1837, œuvre d'un temps moins enclin au gaspillage ; les formules ont réparé l'omission. Divisons notre sujet en conséquence.

Libéralités privées. — Nous en chercherons le commentaire principalement dans les cadres budgétaires. Comment classent-ils les dons et legs ? De toutes les façons possibles, et c'est au premier abord un grand sujet de confusion. Je me bornerai à des exemples.

L'Eure, le Gard, la Gironde, la Nièvre, la Seine-Inférieure rangent les dons et legs à l'extraordinaire. Les Basses-Pyrénées, l'Aube, la Loire-Inférieure, la Marne, la Sarthe, la Somme les placent à l'ordinaire, et très illégalement, en apparence. D'autres départements, comme l'Ariège, le Cantal, le Cher, la Haute-Loire, la Manche, Meurthe-et-Moselle, la Marne, Seine-et-Marne, Seine-et-Oise, les inscrivent à la fois dans les deux chapitres. Il reste encore un parti à prendre, afin que le désordre soit complet, c'est de passer l'article sous silence, et nous ne sommes point embarrassé pour donner comme spécimen du genre, la Drôme, la Haute-Garonne, l'Hérault, Indre-et-Loire et le Var.

Qui a raison ? Je me prononce pour les départements qui inscrivent la double mention, tout en leur adressant le reproche de manquer de clarté. Un seul ne le mérite pas, et peut servir de modèle en ce point ; de la Haute-Loire nous vient la lumière. Elle propose à l'extraordinaire cet article : « Legs et donations (capitaux), » et elle insère à l'ordinaire cette note : « Les rentes et intérêts provenant de fondations ayant une affectation spéciale doivent ressortir au chapitre 1er des dépenses. » — A l'ordinaire, autrement dit. — On voit poindre, dans une division des libéralités en capitaux et en rentes ou revenus, l'ordre cherché, et le fondement en est toujours le même. La plupart des départements et la loi même pèchent par une analyse inexacte ; ils s'arrêtent à une hypothèse particulière, comme on va voir. Il en faut examiner, cependant, au moins trois.

1° Pierre donne à sa commune un mobilier pour une école, une maison pour une mairie, un terrain pour une place, soit une chose appropriée à son objet, et dont elle jouira en nature. La commune ne fait à ce propos, évidemment, ni recette ni dépense ; elle n'a aucune écriture à passer, si elle ne tient pas de compte d'actif. Quoi qu'il en soit, les biens dont il s'agit se joindront au domaine public, sans que le budget en connaisse, au moins directement. Les formules qui ne font aucune mention des libéralités n'ont peut-être envisagé que ce cas.

2° Paul donne une somme destinée à l'achat d'une des choses dont il vient d'être question, — mobilier, maison ou terrain, — ou encore à l'exécution d'un travail. C'est un capital à employer. Il tombe à l'extraordinaire, d'où la dépense à laquelle il est affecté le tirera. L'objet de la donation se réalise en un payement. Le classement de la première catégorie des départements précités semble accommodé à cette hypothèse.

3° Jacques lègue un bien, une valeur, une créance, produisant revenus ou intérêts, pour l'entretien de son tombeau, la dot de jeunes filles pauvres, le couronnement de rosières. L'objet du legs est perpétuel ; il se réalise par le renouvellement annuel et indéfini d'une certaine dépense. C'est ce qu'on appelle une fondation. Le bien légué, créance ou valeur, ne s'inscrit pas plus au budget que la chose que nous supposions tout à l'heure que Pierre donnait prête à son usage. La rente seule entrera dans les comptes : revenu grevé de charges, revenu toutefois, et comme tel, article de l'ordinaire. Voilà, peut-on croire, le cas prévu par notre seconde catégorie de départements.

La double mention faite par la troisième catégorie, m'a paru préférable, en ce qu'elle vise les deux genres de libéralités : donation valant comme capital, donation valant comme rente. Elle est utile, en effet, à ce point de vue, mais à un autre encore : elle peut être mise en jeu pour la même libéralité. Voici comment : supposons que Jacques, pour une fondation, ait légué, au lieu d'une rente, une somme d'argent, le budget extraordinaire la recevra, — avec une note explicative dans le genre de celle de la Haute-Loire, — puis lui donnera, au moyen d'un placement, un emploi en rapport avec son objet, qui est la création d'un revenu perpétuel. La rente ainsi obtenue fournira aux exercices futurs, et déjà même peut-être à celui où la donation est advenue, la recette portée dans nombre de budgets sous la rubrique : « Produit d'une fondation. » Le legs d'un bien par Paul, au lieu d'une somme d'argent, pour l'achat d'un mobilier, d'une maison, d'un terrain, ou pour le payement d'une entreprise, offrirait, de même, l'exemple d'une adaptation préalable et l'occasion d'une double inscription de la même libéralité : encaissement d'un revenu, puis d'un capital, après l'aliénation nécessaire.

Tout cela est simple, quand on y met de l'ordre, et la formule de la Haute-Loire ne permet aucune espèce de doute sur l'exactitude de notre interprétation. La mention de la loi est trop brève et tranchante ; les dons et legs qui consistent en un capital à employer sont, comme elle l'indique, de la comptabilité de l'extraordinaire ; mais ceux qui consistent en un revenu à dépenser sont bel et bien de l'ordinaire. Conclusion pratique : écrivez en recette à l'extraordinaire le capital des legs et donations, et en recette à l'ordinaire les revenus de ces libéralités, non affectés ou affectés perpétuellement à la même œuvre, comme sont les fondations.

Il est entendu que l'affectation temporaire de ces revenus, les transformant en annuités, en changerait la nature et en ferait une écriture de l'extraordinaire. Voici un exemple qui précisera ma pensée : la ville de Bordeaux a été autorisée par une loi du 1er juillet 1896 à amortir en vingt-neuf ans, à partir de 1896, les actions d'une société concessionnaire de bains. « Il sera pourvu, ajoute le législateur, au payement des annuités, montant à... au moyen de prélèvements sur les revenus d'un legs fait à la ville par le sieur Godard. » Les revenus ainsi affectés du legs Godard s'inscriront, dès lors, à l'extraordinaire pendant vingt-neuf ans, et si, à l'expiration de ce temps, ils peuvent, aux termes constitutifs de la libéralité, devenir, d'annuités, des ressources annuelles, ils repasseront à l'ordinaire, pour s'y joindre aux revenus.

Souscriptions volontaires. — Voilà un cas particulier du même sujet : une libéralité collective et néanmoins d'ordre privé. C'est l'engagement, pris par des particuliers envers une commune, de concourir à certaines dépenses publiques. Il n'y a là ni donation ni contrat synallagmatique, au moins explicite. Les formes solennelles de la donation sont écartées ; la souscription se constate par acte sous seing privé, le plus ordinairement par la signature d'une liste comprenant tout le groupe intéressé à l'entreprise. Le conseil municipal l'accepte, et par cela seul la rend définitive, en attendant l'approbation du préfet. La souscription était volontaire, le payement devient obligatoire.

A quelle nature de recette avons-nous affaire ? Comme toujours, les départements se divisent, au moins en apparence. La Haute-Garonne, Meurthe-et-Moselle, la Vienne la tiennent pour ordinaire ; le plus grand nombre, pour extraordinaire. Ma solution est celle-ci : la souscription volontaire est le plus souvent un concours offert pour une œuvre déterminée. Quel genre de ressource la commune elle-même y emploie-t-elle ? L'apport des particuliers, qui s'y associe, en partagera la nature et le classement. Il ne peut pas y avoir deux comptes pour le même ordre de dépense. Les départements de l'un ou l'autre parti ont raison selon l'occurrence. S'il arrive que les souscriptions volontaires n'aient pas ce rôle de participation à une œuvre communale, et qu'elles soient, à elles seules, la provision d'une dépense d'intérêt public, elles ne se distinguent pas d'une donation, quant à leur objet, et elles se classent comme telles. Question de minime importance, au surplus.

Le Cher place à l'ordinaire, et avec raison, un genre de souscription dont la rubrique au moins sort du commun : « Souscription pour l'extinction de la mendicité. » C'est une variante, d'une forme plus distinguée, de l'article prévu par quelques préfectures pour les communes qui n'ont pas de bureau de bienfaisance : « Collecte pour les pauvres. » Voilà bien, en effet, de l'ordinaire.

Libéralités publiques. — Je viens aux libéralités publiques, qu'il est singulier, ai-je observé, de ne pas rencontrer dans les prévisions normales d'un budget. Les subventions de l'État et des départements, en effet, n'atteignent pas moins de 11 millions, on l'a vu précédemment. Il est peu de communes qui n'en réclament le bénéfice pour l'un des trois objets auxquels elles s'appliquent principalement : maisons d'école, chemins vicinaux, églises et presbytères. Les départements, de plus, inscrivent à leur budget certains crédits pour des travaux ou services d'utilité communale.

L'octroi et l'emploi de ces diverses allocations sont

soumis à des règles particulières, dont les points principaux seuls seront touchés ici. Les subventions pour constructions scolaires s'accordent sous forme d'annuités aux communes, pour le remboursement des emprunts qu'elles sont autorisées à contracter dans le même but. Ces annuités se joignent à celles que les communes payent, et sont avec elles dans un rapport variable, selon l'importance des travaux et des ressources locales.

Les subventions destinées à l'achèvement des chemins vicinaux ne sont données que pour des travaux à déterminer chaque année, et dont la dépense est fixée par des projets régulièrement dressés et approuvés. Les communes doivent affecter à ces travaux tout leur disponible et même s'imposer certains sacrifices, pourvoir au moyen de ressources extraordinaires à une partie de la dépense. Il faut enfin que le département consente à partager le surplus avec l'État.

Les subventions pour les églises et presbytères sont particulièrement destinées à venir en aide aux petites communes rurales, dont les ressources sont presque toujours insuffisantes. La fabrique doit appliquer aux travaux toutes les ressources dont elle dispose ; la commune y contribuera de son côté pour une part notable, de façon que l'État n'ait à intervenir que pour parfaire le quart ou le tiers de la dépense.

Cela dit, le classement des subventions ne saurait offrir de difficultés, malgré le désaccord des cadres budgétaires. Elles sont une coopération à une œuvre déterminée, elles complètent des ressources insuffisantes ; elles auront, dès lors, le caractère de l'œuvre et des ressources auxquelles elles sont associées. Se joignant aux excédents de recettes ou aux impositions affectées, elles seront, comme elles, ressources extraordinaires. Ainsi le Doubs nous offre au chapitre II cet article : « Subvention de l'État pour annuités d'emprunt contracté pour la construction d'écoles. » L'Aisne, l'Hérault, les Landes émettent une pareille prévision.

Mais le département, surtout, coopère à certaines dépenses, sans exiger que la commune y consacre d'autres ressources que celles de l'ordinaire. Alors la subvention elle-même a le caractère de ces ressources. Nous trouvons un cas pareil dans Indre-et-Loire, qui inscrit fort justement à l'ordinaire : « Subvention du département applicable à l'entretien des chemins vicinaux ordinaires. » Il s'agit d'entretien, d'une dépense à laquelle les revenus suffisent.

Un budget, très exceptionnel à la vérité, celui d'une commune indigente, l'Isle-Molène, permet de constater la double fonction des subventions et le double classement qui y correspond. L'Isle-Molène n'a pas de quoi payer ses dépenses ordinaires ; le département du Finistère y pourvoit au moyen d'une subvention annuelle, qui compense, au chapitre de l'ordinaire, l'insuffisance de revenus. La même commune, non moins dépourvue de capitaux, a dû contracter un emprunt scolaire. L'État subvient, d'autre part, à l'amortissement de cet emprunt, au moyen d'annuités, qui sont matière de l'extraordinaire. Ce contraste est fort instructif, et ne laisse rien à ajouter[1].

1. Nous trouvons, sur ce sujet, dans la circulaire du 30 juin 1881, que nous avons déjà eu l'occasion de citer, un passage, dont les conclusions assez justes sont faiblement motivées : « Des doutes se sont élevés quelquefois sur le classement des subventions accordées aux communes, soit pour la vicinalité, soit pour les dépenses afférentes au service de l'instruction primaire. Les premières n'ont qu'un caractère temporaire, et sont d'ailleurs accordées principalement en vue de dépenses extraordinaires: les travaux d'achèvement des chemins vicinaux ; elles constituent à ce double titre une recette extraordinaire. Il en est de même pour les subventions destinées à la construction de maisons d'école; mais celles qui sont

Avant de clore ce sujet, j'ai deux mots à dire des subventions que l'État accorde aux communes après un fléau : inondation, grêle, sécheresse ou rigoureux hiver. Des sommes d'argent sont alors délivrées pour venir en aide aux victimes vraies, ou à ceux qu'on appelle trop facilement des ouvriers sans travail. La subvention est mise à la disposition du préfet, qui, d'ordinaire, la répartit aux communes de son département, suivant les nécessités qu'il apprécie.

Qu'est-ce qu'une semblable recette? Le mot de subvention lui est appliqué fort improprement. Sous le nom de secours, qui lui convient mieux, quelques formules la rangent à l'ordinaire, et d'autres à l'extraordinaire. Il n'y a pas de raison de décider bien nette. Une subvention de ce genre est une grande aumône que le gouvernement fait distribuer par ses agents ; elle va à la seule catégorie des nécessiteux, et non pas à la généralité des habitants; elle n'est pas, à vrai dire, une recette communale. Le conseil municipal, faisant fonction, à plus ou moins juste titre, de bureau de bienfaisance, inscrit le secours au budget, qui est son unique compte ; la somme s'y joint aux recettes, sans en faire partie au fond. La question touche peu aux principes. On aura raison de placer cette subvention à l'ordinaire, avec les ressources de la charité; elle est destinée à être consommée dans l'année.

J'ai terminé ce qui a trait aux libéralités. Dans ce chapitre, comme dans le précédent, mon interprétation du budget a ordonné les recettes d'une façon claire et conforme à la nature des choses. Elle s'est pliée sans difficulté à tous les cas. Reste la dernière et la plus laborieuse épreuve.

allouées pour l'entretien des écoles et le traitement des instituteurs ou institutrices, ayant pour objet des dépenses annuelles, ont, par corrélation, le caractère des recettes ordinaires. »

CHAPITRE VII

IMPÔTS. — ATTRIBUTIONS LÉGALES. — TAXES MUNICIPALES. — CENTIMES ADDITIONNELS. — ASSIMILATION DES DEUX PREMIÈRES CATÉGORIES ET DES CINQ CENTIMES ORDINAIRES A DES REVENUS.

Les textes et les catégories. — Exemples de taxes locales. — Quatre variétés apparentes de centimes. — Centimes ordinaires et spéciaux affectés aux communes par les lois de finances, centimes pour insuffisance de revenus, contributions extraordinaires dûment autorisées. — Anomalie des patentes. — Recettes ordinaires comptées comme revenus par la loi de 1837. — Démonstration en ce qui concerne les taxes en général, les attributions légales et les cinq centimes ordinaires. — Arrêté du 4 thermidor an X, lois du 16 mai 1881 et du 24 juillet 1867. — *Quid* des ressources ajoutées aux recettes ordinaires dans le budget de la loi de 1884 ? — *Quid* des contributions extraordinaires ? — Retour nécessaire aux origines. — Application ultérieure de la même théorie aux taxes extraordinaires.

L'impôt est la ressource capitale, presque l'unique, dans la plupart des pays. Les communes le puisent à toutes les sources qui leur sont ouvertes, sources nombreuses, et que la loi énumère dans un désordre où je ne vais rien changer d'abord.

Les recettes du budget ordinaire se composent, d'après l'article 133, en outre de celles appartenant aux deux catégories étudiées, revenus patrimoniaux et libéralités : « ...2° Des cotisations imposées annuellement sur les ayants droit aux fruits qui se perçoivent en nature ; — 3° Du produit des centimes ordinaires et spéciaux affectés aux communes par les lois de finances; — 4° Du produit de la portion accordée aux communes dans certains impôts et droits perçus pour le compte de l'État; — 5° Du produit des octrois municipaux affecté aux dépenses ordinaires; — 6° Du produit des droits de place perçus dans les halles, foires, marchés, abattoirs, d'après les tarifs dûment établis; — 7° Du produit des permis de stationnement et des locations sur la voie publique, sur les rivières, ports et quais fluviaux et autres lieux publics; — 8° Du produit des péages communaux, des droits de pesage, mesurage et jaugeage, des droits de voirie et autres droits légalement établis;... — 11° Du produit des expéditions des actes administratifs et des actes de l'état civil; — 12° De la portion que la loi accorde aux communes dans les produits des amendes prononcées par les tribunaux de police correctionnelle et de simple police; — 13° Du produit de la taxe de balayage dans les communes de France et d'Algérie, où elle sera établie, sur leur demande, conformément aux dispositions de la loi du 26 mars 1873, en vertu d'un décret rendu dans la forme des règlements d'administration publique; — 14° Et généralement du produit des taxes et droits dont la perception est autorisée par les lois dans l'intérêt des communes... »

Enfin, l'article 133 s'achève par ce paragraphe en l'air, déjà cité : « L'établissement des centimes pour insuffisance de revenus est autorisé par arrêté du préfet, lorsqu'il s'agit de dépenses obligatoires. Il est approuvé par décret dans les autres cas. »

Les recettes du budget extraordinaire qui procèdent de l'impôt, comme les précédentes, mais sous une autre forme, se composent, selon l'article 134 : « 1° Des contributions extraordinaires dûment autorisées;... — 7° Du produit des taxes ou des surtaxes d'octroi spécialement affectées à des dépenses extraordinaires et à des remboursements d'emprunt. »

Ces impôts, qui, à une première lecture, paraissent fort divers, peuvent se grouper en trois genres, selon leur origine, ainsi que nous l'avons déjà indiqué en termes sommaires. On y trouve en effet : 1° attributions bénévoles de la loi ; 2° taxes indirectes et taxes directes, ces dernières généralement perçues pour le prix de services municipaux ; 3° contributions directes ou centimes additionnels. Précisons et développons, en nous servant des termes et des exemples légaux :

1° — « Produit de la portion accordée aux communes dans certains des impôts et droits perçus pour le compte de l'État. » — « Portion que les lois accordent aux communes dans le produit des amendes prononcées par les tribunaux de police correctionnelle et de simple police. » (Art. 133, §§ 4 et 12.)

L'attribution sur les patentes est la plus ancienne ; elle a été réglée pour la première fois par la loi du 6 fructidor an IV et, en dernier lieu, par celle du 15 juillet 1880. Dans les Ardennes, on en est encore à croire que le texte le plus récent sur la matière est la loi du 25 avril 1844. C'est une des singularités de la formule en vigueur dans ce département[1].

La loi du 23 juillet 1872 attribue aux communes un vingtième du produit de la contribution sur les chevaux et voitures.

Aux termes de l'article 5 de la loi du 3 mai 1844, la délivrance des permis de chasse donne lieu, en dehors du droit perçu au profit du Trésor, à un versement

---

1. Elle a encore celle-ci : elle établit en réalité trois budgets, budget ordinaire, budget des chemins vicinaux, budget extraordinaire. Le budget des chemins vicinaux réunit tous les articles de l'ordinaire et de l'extraordinaire, revenus et capitaux affectés à la vicinalité.

de 10 francs au profit de la commune où la demande a été faite.

La loi du 28 avril 1893 a établi une taxe annuelle de 10 francs par chaque vélocipède ou appareil analogue, et elle attribue aux communes le quart du produit de la susdite taxe. C'est là tout le contenu de ce chapitre.

2° — « Taxes et droits dont la perception est autorisée par les lois dans l'intérêt des communes » (art. 133, §§ 2, 5, 6, 7, 8, 13, — art. 134, § 7). Les communes lèvent ainsi à leur profit exclusif des droits et taxes, soit en vertu de lois générales qui ont fixé un tarif uniforme, soit en vertu de règlements locaux et suivant un tarif établi par l'autorité municipale.

On peut distinguer aussi bien dans ce groupe, à un autre point de vue, des taxes indirectes, comme les octrois, et des taxes directes qui sont communément le prix de services municipaux, comme les prestations, les droits de place, d'abatage, de location sur la voie publique, de péage, de pesage, de mesurage, de jaugeage, de voirie, « et autres droits légalement établis ». Les droits d'octroi sont seuls indiqués comme pouvant fournir des ressources à l'ordinaire et à l'extraordinaire ; mais, en réalité, ce double rôle peut appartenir à d'autres taxes, comme celles de péage, d'abatage, de tourbage. Les taxes d'octroi seront l'objet d'une étude spéciale, car elles jouent un rôle important et multiple, comparable à celui des centimes additionnels.

Au sujet des autres droits, puisons rapidement, dans les cadres budgétaires, quelques traits intéressants. Les cotisations du paragraphe 2, imposées à ceux qui jouissent des biens communaux en nature, sont notamment des taxes d'affouage et de pâturage. Rôle de pâturage a pour équivalent rôle de pacage dans la Nièvre et les Basses-Pyrénées, taxe de dépaissance dans le Gard, rôle de bacades dans les Hautes-Pyrénées. On trouve le tourbage dans l'Aisne, le Pas-de-Calais et la Somme, des taxes de glandée dans les Hautes-Pyrénées. L'Ain, les Basses-Pyrénées, les Deux-Sèvres, l'Yonne établissent des taxes de jouissance des communaux cultivés. La Loire, la Haute-Loire, la Vienne prévoient un rôle pour le salaire des gardes forestiers, la Lozère pour les sonneurs. Dans nombre de départements, on prélève un droit pour la police sanitaire des marchés de bestiaux. Voici maintenant quelques particularités : rôle d'arrosage dans les Alpes-Maritimes ; taxe d'hivernage du taureau étalon dans l'Ariège ; produit des danses dans les Pyrénées-Orientales ; rôle des ensemencements dans le Var ; taxe sur les mariages contractés la nuit dans le Gers. C'est assez pour juger la diversité des services collectivement payés ici ou là, et les inventions plus ou moins ingénieuses de la fiscalité communale.

3° — « Centimes ordinaires et spéciaux affectés aux communes par les lois de finances... Centimes pour insuffisance de revenus... Contributions extraordinaires dûment autorisées... » (Art. 133, §§ 3 et dernier. — Art. 134, § 7.) Cette dernière ressource est incomparablement abondante. Les communes peuvent être autorisées à ajouter au principal de leurs contributions directes une quotité proportionnée, dans de certaines limites, à leurs besoins, et calculées en centièmes du principal : d'où le nom de centimes additionnels. Il y en a, au moins en apparence, quatre sortes : les ordinaires, les spéciaux, ceux pour insuffisance de revenus et les extraordinaires.

Je reviens aux têtes de chapitre de l'impôt : Taxes municipales, portion attribuée dans quelques impôts, portion ajoutée à d'autres. Dans toute classification, certains genres restent douteux ou impossibles à enfermer exactement dans une catégorie ; tel ici celui des patentés. Les communes perçoivent 8 pour 100 sur le montant de leur principal et, d'autre part, y ajoutent des centimes, le cas échéant, comme au principal des autres contributions. Les patentes fournissent de la sorte, un impôt par prélèvement et un impôt par addition ; elles chevauchent sur deux genres. Quelques préfectures semblent ne pas l'avoir compris ; on ne sera pas peu surpris de voir l'Eure, la Gironde, l'Hérault, les Landes, les Deux-Sèvres commettre la bévue de nommer « centimes additionnels » la portion prélevée sur le principal des patentes, en vertu de la loi, aussi bien que la portion ajoutée au même rôle, à la demande des communes.

Cela posé, comment cette matière de l'impôt se plie-t-elle aux règles que j'ai montrées qui conviennent aux recettes provenant du patrimoine et des libéralités ? Laissera-t-elle se poursuivre l'identification commencée entre le budget ordinaire et un compte de revenus, d'une part, entre le budget extraordinaire et un compte de capitaux, d'autre part ? Comment concevoir le double rôle de l'impôt ?

Le problème paraîtra presque aussitôt résolu que posé à l'égard de tous les impôts qui figurent au budget ordinaire, sauf un. On a dû remarquer, en effet, le nom de celui qui vient après l'énumération des recettes de ce budget : « imposition pour insuffisance de revenus ». Donc toute cette énumération ne serait que de revenus, sauf l'imposition qui s'y ajoute, et dont la nature resterait à déterminer. Cependant l'argument est-il assez sûr pour conclure aussi vite et, au surplus, qu'est-ce que l'imposition pour insuffisance de revenus elle-même ? Il y faut regarder de fort près avant de répondre.

La loi de 1837 avait donné, pour ce qui regarde les

recettes ordinaires, une solution plus tranchée que motivée. L'article 33 portait : « Le revenu d'une commune est réputé atteindre cent mille francs lorsque les recettes ordinaires constatées dans les derniers comptes se sont élevées á cette somme pendant les trois dernières années [1]. » Elle prononçait ainsi d'instinct, muette d'ailleurs sur le caractère des recettes extraordinaires. Les commentateurs n'étaient guère assurés sur ce terrain. Voyez Braff : « Pour apprécier le revenu d'une commune, on doit prendre pour base les recettes ordinaires constatées dans les comptes, sans y comprendre les recettes extraordinaires, essentiellement variables et temporaires de leur nature... Certaines villes perçoivent chaque année, en dehors de leurs revenus ordinaires, une somme plus ou moins considérable provenant de coupes extraordinaires de bois ; mais le produit de ces coupes est rangé par la loi parmi les recettes extraordinaires et, par suite, quelles que soient la fréquence et l'importance de ce produit, il ne peut servir de base pour apprécier les produits ordinaires. » La solution est juste ; mais quelle théorie mal assise, quel manque de critérium ! Enfin, il ne s'agissait là que des recettes ordinaires, et nous avons à nous prononcer aujourd'hui, aux termes de la loi de 1884, sur les recettes du budget ordinaire.

Une assimilation raisonnée a déjà été établie des recettes ordinaires provenant du patrimoine et des libéralités avec des revenus. Je puis prouver sans plus d'embarras que, pour ce qui concerne les impôts, on devra ranger dans la même catégorie : les taxes en général, les attributions légales et les cinq centimes ordinaires.

---

1. Dans l'article 37, la même loi employait comme termes équivalents « revenus ordinaires » et « recettes ordinaires ».

Rien de plus aisé, en effet, pour les taxes municipales et les attributions légales. Lisons l'article 7 de l'arrêté du 4 thermidor an X : « Les conseils municipaux indiqueront les moyens d'accroître les revenus ordinaires des communes : 1° par la location des places aux halles appartenant aux communes et aux foires et marchés ; 2° par l'établissement d'un poids public ; 3° par des octrois sur les consommations perçus par abonnement, par exercice ou à l'entrée. » C'était à peu près tout ce que l'on connaissait de taxes alors, ou au moins de taxes d'un produit intéressant. Les attributions légales ont été constamment mises sur le même pied ; je n'en veux pas alléguer d'autre preuve que celle-ci : la loi du 16 mai 1881, énumérant les revenus des communes sur lesquels, aux termes de la loi de 1850, devait s'exercer le prélèvement en faveur de l'instruction primaire, désigna les taxes les plus usuelles et les portions d'impôts généraux les plus fructueuses, telles que : ...« 2° La part revenant à la commune sur l'imposition des chevaux et voitures et sur les permis de chasse ; 3° la taxe sur les chiens ; 4° le produit net des taxes ordinaires d'octroi ; 5° les droits de voirie et les droits de location aux halles, foires et marchés. »

Et, maintenant, que les cinq centimes ordinaires soient traités comme des revenus, il suffirait à la rigueur, pour l'établir, de considérer leur origine et leur emploi. Les lois de finances les allouent aux communes sans vote et sans condition ; ils sont, comme de vrais revenus, annuels et permanents. Puis ils s'amalgament aux revenus, forment une seule masse et se consomment avec eux. Les autres lois n'ont pu que consacrer cet état de choses, sans ajouter aux principes une force ou une signification nouvelle. L'article 2 de la loi du 24 juillet 1867, — reproduit à peu près identiquement par l'article 145 de la loi de 1884, — signifie

en somme qu'une commune est maîtresse de ses revenus ; on l'exprime aussi bien en disant qu'elle dispose
sans critique possible de l'excédent de ses recettes
ordinaires sur ses dépenses obligatoires. Revenus,
recettes ordinaires s'employèrent alors avec une équivalence parfaite, et dont la portée fut, d'ailleurs, peu
comprise. M. Bonjean, rapporteur de la loi devant le
Sénat, se demandant, après la position du principe
ci-dessus, quelles sont les recettes ordinaires, ajouta
simplement : « Les recettes ordinaires sont énumérées
dans l'article 31 de la loi de 1837. » Autant dire les
revenus communaux comprennent, en fait d'impôts :
taxes, attributions légales et centimes ordinaires.

La loi de 1884, ai-je dit, a copié, dans son article 145,
l'article 2 de la loi de 1867. Elle range aussi bien parmi
les revenus ces trois catégories d'impôts, qu'on
retrouve parmi les recettes du budget extraordinaire,
à l'article 133. Mais cet article contient, de plus que
l'article 31 de la loi de 1837, les recettes qui correspondent au changement de plan que j'ai signalé. Il a
joint aux recettes ordinaires des impôts que la comptabilité administrative y réunissait pratiquement depuis
longtemps : taxes et centimes spéciaux, taxes et centimes pour insuffisance de revenus. Quelle qualification
convient à ces impôts ? Quelle est la nature de ces recettes ? On sait déjà que ma démonstration tendra à établir
que ce sont des impôts extraordinaires annuels, recettes classées à la suite des revenus et destinées à les
compléter.

Le même problème se pose à l'égard des contributions extraordinaires et des taxes et surtaxes d'octroi
affectées, que mentionne l'article 134 ; j'aurai à prouver
que ce sont des impôts extraordinaires temporaires,
recettes à classer à la suite des capitaux et destinées à
les compléter.

Mais c'est là un résultat qu'on ne saurait atteindre pleinement sans un véritable labeur. Une information historique préalable est nécessaire ; la loi de 1884 a toutes ses racines dans un passé qu'il faut connaître. Elle n'a rien inventé ; elle avait un modèle qu'elle a voulu copier, et quelquefois, corriger, sans le bien comprendre.

Nous commencerons par établir notre théorie au regard des centimes additionnels ; nous finirons par les taxes, dont nous avons envisagé le plus grand nombre, mais glissant sur les plus importantes, rangeant le bloc parmi les recettes ordinaires. Cependant on sait que, parmi les taxes d'octroi, il y a lieu de distinguer entre le produit des octrois affectés aux dépenses ordinaires et le produit des taxes et des surtaxes spécialement affectées à des dépenses extraordinaires et à des remboursements d'emprunts. L'étude de ces dernières offre quelque complexité ; mais on trouvera pour la suivre, après la théorie des centimes exposée, des facilités très grandes. L'impôt indirect a la faveur exclusive de certaines populations : l'octroi joue parmi elles un rôle qu'il a fallu modeler sur celui des contributions directes, pour l'adapter aux mêmes besoins, et qui se comprendra de soi-même dans un second développement.

Toutefois, avant d'aborder cette question, nous avons à parler de la pénétration de l'ordinaire dans l'extraordinaire, sous forme d'excédent de revenus. L'étude de l'ordinaire est assez avancée pour placer ce sujet ici ; les seules recettes qui puissent donner lieu à excédent sont évidemment les revenus naturels et légaux, dont nous avons déduit la série complète.

CHAPITRE VIII

Contradiction apparente du classement de recettes annuelles
et permanentes parmi des recettes accidentelles ou temporaires. — Doute sur l'influence prépondérante de la nature
des recettes. — Objections inaperçues. — Transformation opé-
rée dans le passage d'un budget à un autre. — L'annuel devenu
annuité, le revenu capitalisé. — Une phrase de la *Situation
financière des communes de 1891*. — Vice fréquent des classements budgétaires. — Exemples. — Budgets de Roanne et de
Marseille. — Monstruosité du budget de Paris, énorme et
difforme. — Rappel des principes touchant la nature des dépenses. — Revenus attirant à l'ordinaire tout ce qu'ils suffisent
à payer en une fois.

Le sujet est délicat. Qui le soupçonne ? Généralement, on ne s'y arrête pas.

L'article 135 a un paragraphe ainsi conçu : « Les
dépenses du budget extraordinaire comprennent les
dépenses accidentelles ou temporaires qui sont imputées sur des recettes énumérées à l'article 134 ou
sur l'excédent des recettes ordinaires. » C'est un texte
nouveau; la loi de 1837 ne contenait rien de semblable.
De là naît une objection contre la loi et une autre
contre le système que j'ai présenté.

On peut dire : les recettes ordinaires étant, soit
annuelles et permanentes, soit, comme je l'ai établi,
permanentes ou annuelles, la portion dont elles dépassent le débit du budget ordinaire, l'excédent, en un

mot, a le même caractère. Comment donc trouve-t-il place parmi les recettes du budget extraordinaire, qui sont accidentelles ou temporaires? Des auteurs imaginent que cet excédent contracte un caractère accidentel du fait qu'il est rare, et croient justifier son classement à l'extraordinaire par cette raison. Il est rare dans les bourgs et les villages, c'est vrai; le cadre budgétaire de l'Eure est seul à le prévoir. Mais la conséquence qu'on en déduit est absurde; l'équivoque est flagrante. Accidentel, au sens de la loi, veut dire que la recette ainsi qualifiée est rare dans la commune, et accidentel, au sens qu'on lui prête en la circonstance, signifie que l'excédent de recettes est rare en France. Ce sont deux ordres d'idées différents, et le second est sans rapport avec la question. Il ne faut pas se laisser duper par les mots. Rien de moins accidentel au sens de la loi qu'un excédent de recettes ordinaires. Il est aussi ordinaire dans un budget que les recettes qui le composent. L'observation la plus superficielle montre que, pour les communes qui en jouissent, une fois établi, il persévère; le régime en devient durable, normal, ordinaire. L'objection soulevée contre l'exactitude des définitions de la loi n'a donc pas ici de réponse satisfaisante.

Une seconde objection peut se formuler à l'adresse du système que j'ai soutenu, et dont un principe est que la recette donne son caractère à la dépense, qui n'est, en soi et à priori, ni ordinaire, ni extraordinaire. Cependant, — voici l'argument, — on fait passer des recettes ordinaires au chapitre II, pour y acquitter des dépenses réputées extraordinaires. Comment ces dépenses restent-elles là, et ne s'inscrivent-elles pas au chapitre Ier, en face de recettes dont c'est la place naturelle, et dont on prétend qu'elles empruntent le caractère? En d'autres termes, l'excédent des recettes ordinaires devrait, à ce qu'il semble, dans mon système, demeurer à l'ordinaire, pour permettre à un plus grand nombre de dépenses d'y trouver une contre-partie et de s'y classer. L'objection a beaucoup de bon, je le dis par avance; elle est la juste critique de pratiques aussi communes qu'injustifiées.

Cependant la loi et les vues que j'ai exprimées peuvent se défendre par les raisons suivantes : l'excédent des recettes ordinaires ne passe pas, comme on l'imagine, à l'extraordinaire, en vertu d'un vote annuel, et pour acquitter des dépenses qualifiées extraordinaires simplement en raison de leur objet. Il n'entre au chapitre II que sous la forme de l'annuité; il reçoit une affectation temporaire à des dépenses classées comme extraordinaires, après comparaison avec les forces du budget et nécessité reconnue d'un payement réparti sur plusieurs exercices. Je rappelle ici un ordre de considérations touché dans nos prolégomènes.

Une commune, ayant à exécuter une entreprise dont le coût excède ses revenus, y fera face, soit par la réalisation d'un capital, soit pas l'épargne, soit par l'impôt. Je m'arrête ici au second moyen, qui peut suffire seul ou se combiner avec les deux autres. La commune échelonnera ses payements, soit en faisant appel au crédit, soit en répartissant son entreprise en tâches successives. Supposons qu'il s'agisse d'un achat de maison, elle peut obtenir termes et délais du vendeur; sinon elle s'adressera à un tiers, qui payera pour elle et envers qui elle conservera le lien d'un emprunt à amortir par des prélèvements successifs, — ou temporaires comme on dit, — sur ses ressources ordinaires, bref par des annuités. S'il s'agit de travaux, elle peut souvent se dispenser de recourir à un prêteur direct ou indirect; cela arrive quand l'entreprise est partageable en tâches successives, et s'accommode d'une exécution discontinue. La commune, engagée par un traité ou simplement par un commencement d'exécution, poursuit l'œuvre dans des campagnes annuelles, dont les frais sont réglés par une série d'annuités. Parfois enfin, la commune, s'intéressant à l'entreprise d'un tiers, à la construction d'un chemin de fer, d'un port, par exemple, y prête son aide au moyen d'allocations annuelles, de subventions également assurées sous forme d'annuités.

Tels sont, à grands traits, les modes de règlement des entreprises des communes. La *Situation financière* de 1891 les résume dans une phrase que je citerai pour rassurer le lecteur, en me raccordant avec un document officiel : « On a considéré qu'il convenait de faire rentrer dans le passif [des communes] non seulement les sommes restant dues en capital sur les emprunts proprement dits, mais encore tous les engagements comportant des payements par annuités, à raison soit de travaux, soit d'acquisitions, soit de subventions. » Il y a en tout cela une notion constante, un mot caractéristique, c'est l'annuité. Annuité qui n'est pas seulement un moyen d'amortissement, le remboursement en plusieurs termes d'un capital emprunté et de ses intérêts, mais encore le règlement, au fur et à mesure de l'exécution, d'une entreprise conduite par campagnes successives. D'une façon comme de l'autre, l'annuité est une recette capitalisée; elle tient lieu d'un capital, elle le constitue ou le reconstitue, elle supplée à son insuffisance.

On doit voir ainsi clairement le changement de rôle dont je parlais plus haut, et qui fait de l'excédent des recettes ordinaires une recette d'un autre caractère que celles qui le composent. Tandis qu'à l'ordinaire toutes recettes sont confondues dans une seule masse, qui est la provision de l'exercice, leur excédent, transporté à l'extraordinaire, est affecté à des emplois dépassant les forces annuelles du budget. La recette se dépensait, l'excédent se capitalise ; il devient d'annuel une annuité, de revenu un capital. C'est simplement une application de notre principe initial : budget ordinaire, compte de revenus ; budget extraordinaire, compte de capitaux.

Dès lors, l'erreur est manifeste qui consiste à inscrire à l'extraordinaire toute dépense réputée accidentelle en raison de son objet. Il y a une autre distinction, déjà dite, à établir. Si l'on aboutit, en raison du chiffre de la dépense, à un règlement temporaire, elle est bien placée ; mais, si un seul payement l'acquitte, payement fait au moyen de revenus, elle est mal inscrite à l'extraordinaire. Elle y appelle sans raison la recette, qui, malgré tout, conserve le même rôle qu'à l'ordinaire et n'aurait pas dû le quitter. La dépense est ordinaire, quoi qu'en pense M. Dalloz, et telle est, encore une fois, l'explication de la force des choses qui, à sa profonde surprise, ramène à l'ordinaire des dépenses qu'il avait nommées à priori extraordinaires.

Il y a lieu d'éclaircir cette discussion par des exemples qui en montrent, à la fois, le côté pratique.

Versailles a été autorisé à verser au département de Seine-et-Oise, à titre de garantie des intérêts du capital de premier établissement du tramway de Versailles à Maule, une subvention annuelle de 3,000 francs, payable pendant toute la durée de la concession. Il sera pourvu au payement de cette subvention à l'aide d'un prélèvement annuel sur les revenus ordinaires de la caisse municipale. (*Loi du 28 février 1896.*)

Rouen a fait approuver les engagements qu'il avait pris, d'acquitter par annuités le prix d'acquisition de divers immeubles pour le dégagement du palais de justice (135,000 fr.). Il sera pourvu au payement de ces dépenses au moyen, tant de subventions du département et de l'État que de prélèvements annuels sur les revenus ordinaires. (*Loi du 15 juillet 1895.*)

Nîmes a dû emprunter une somme de 1,785,000 francs pour travaux d'intérêt local, extension de la distribution d'eaux, construction d'un réseau d'égouts, etc. Ladite somme est remboursable au moyen d'annuités auxquelles concourront le produit de centimes additionnels et un prélèvement annuel sur les revenus ordinaires. (*Loi du 6 janvier 1896.*)

Dans ces exemples, on voit un excédent de recettes ordinaires se convertir en annuités, pour payer subventions, constructions, acquisitions d'immeubles, termes d'emprunts, et s'y employer, tantôt seul, tantôt en concurrence avec subventions ou centimes. L'excédent de recettes occupe à l'extraordinaire, sous la forme qui en est la caractéristique, la place qui lui appartient.

Examinons maintenant quelques budgets, où les recettes ordinaires, en même temps qu'elles jouent légitimement leur rôle à l'extraordinaire, y reçoivent un emploi pour lequel il est parfaitement illogique de les tirer de leur chapitre sous forme d'excédent. Je citerai, parmi tant d'autres villes, Roanne, Marseille et Paris.

Roanne offre, au budget extraordinaire de 1894, des articles que je résume sous trois paragraphes :

1° Un capital de 4,000 fr. (n° 63) approximativement employé à une acquisition d'immeuble (n° 83) ;

2° Des annuités formées au moyen de subventions, d'impôts, — centimes et taxes d'octroi, — et destinées à l'amortissement de neuf emprunts ;

3° Un excédent de recettes ordinaires, s'élevant à 67,000 fr. environ et recevant une triple affectation :

a) Complément de frais d'emprunt (6,000 fr.) ;

b) Payement de travaux par annuités (n°s 80, 85, 87 — 17,000 fr.) ;

c) Payement de travaux en une fois : curage d'égout, transformation d'appareils de chauffage, canalisation, urinoirs, pavage. (Nᵒˢ 84, 86, 88 à 90 — 44,000 fr.)[1]

Rien à dire des deux premiers numéros qui comportent rationnellement un emploi de capital et d'annuités. Les deux premiers alinéas du 3ᵉ numéro, où l'on use d'un excédent de recettes ordinaires sous la même forme, sont également corrects. Mais le troisième alinéa n'est pas à sa place ; ces 44,000 francs auraient dû rester sous le couvert de l'ordinaire, pour y remplir leur office normal, qui est d'acquitter toute dépense possible à payer intégralement dans l'année.

Le budget de Marseille pour 1894, — « élaboré à la prison Saint-Pierre, cellule 24 », — présente un excédent de recettes ordinaires de 3 millions. Les dépenses extraordinaires sont de près de 14 millions, dont la moitié environ s'applique « au remboursement d'emprunts, de capitaux et d'engagements à terme », et l'autre moitié, à des « travaux communaux ». Sur ces derniers 7 millions, 6 sont affectés à la construction d'un abattoir et d'un marché-entrepôt de bestiaux, et prennent une provision légitime de 2 millions dans l'excédent de la recette ordinaire. Mais le troisième million de cet excédent, affecté au payement du solde des travaux communaux, se disperse en 27 articles de médiocre importance, — constructions, acquisitions, grosses réparations, plantations, etc., — dépenses accidentelles, mais d'une importance globale sensiblement constante et complètement soldées sur chaque exercice. L'excédent véritable n'est que de 2 millions : l'autre n'est point excédent, mais recette ordinaire à consommer à à l'ordinaire, comme les 44,000 francs de Roanne.

---

1. Je néglige quelques articles (nᵒˢ 58 à 62) qui se compensent et appartiennent assurément à l'ordinaire.

A Paris, autres griefs aux principes, et plus graves, et même étonnants. Le budget extraordinaire (en 1896) se compose de deux parties : Recettes et dépenses sur fonds généraux. — Recettes et dépenses sur fonds spéciaux. Les fonds spéciaux, s'élevant à 38 millions et demi, sont des capitaux d'emprunt, dont l'emploi est réglé par délibérations spéciales du conseil municipal. Le classement est régulier. Mais les fonds généraux, d'un million et demi au total, sont, — sauf la contribution peu importante de l'État aux frais de reconstitution des actes de l'état civil, — des recettes diverses, d'importance médiocre, appliquées, en bloc et sans affectation spéciale, à des dépenses diverses, qui se représentent tous les ans, sinon les mêmes, au moins sous forme de série approximativement de même valeur globale. C'est un compte à régler au chapitre ordinaire et inséré là, contrairement à la loi de 1837, — qui régit encore Paris, — identique, d'ailleurs, sur ce point à celle de 1884.

La faute est commune, ainsi qu'on l'a vu ; mais un renversement de principes unique caractérise l'administration parisienne, et ne saurait être soupçonné de ceux qui n'ont pas lu son budget. Elle règle par l'ordinaire le service de la dette, au lieu de rejeter à l'extraordinaire sous forme d'excédent les revenus qui y sont affectés, en même temps que les autres ressources demandées dans le même but à l'impôt. C'est tout l'inverse de ce que nous avons rencontré jusqu'ici ; des dépenses essentiellement temporaires, et qui sont partout, et d'après la loi même, le type de l'extraordinaire, se classent parmi les annuelles et les permanentes. Paris a dénaturé d'une façon criante le système de la loi, à cause, sans doute, de ce double fait, que, depuis longtemps, dans son histoire, un emprunt succède à l'autre, et maintient comme normal le régime de la dette, et que, d'autre part, il a longtemps pu employer seulement pour y satisfaire son octroi de productivité indéfinie, ses taxes étonnamment fructueuses, ses bénéfices sur l'eau, le gaz, en somme, les plus beaux revenus du monde : 300 millions[1].

Une dernière observation. Dans les villes d'un peu d'importance, une série de dépenses que l'on tient communément pour extraordinaires, en raison de leur objet, se représentent tous les ans, et, maintenues à un chiffre sensiblement constant, trouvent dans les ressources de l'exercice une provision suffisante. Suivant les vues que j'ai exposées, je les classe à l'ordinaire, sans autre discours, en raison simplement de la recette qui leur est appliquée. Mais il n'est nullement difficile, en définitive, de se raccorder, si l'on veut, avec le préjugé même, en observant que, si les dépenses sont accidentelles ou extraordinaires, selon ce que l'on croit, d'après leur objet, elles se succèdent pour ainsi dire sans interruption les unes aux autres, en séries annuelles. Or, le caractère permanent de ces séries prime évidemment le caractère exceptionnel des termes qui les composent, et fixe leur place à l'ordinaire. Nous verrons le même raisonnement employé par certains auteurs pour maintenir dans ce chapitre les surtaxes d'octroi destinées à former un fonds pour l'accidentel qu'il est possible de payer dans l'année.

1. Le régime de Paris, au point de vue de la comptabilité budgétaire, peut se caractériser par comparaison d'une façon frappante. La loi de 1837, on l'a vu, attribuait à l'ordinaire les revenus, à l'extraordinaire les capitaux et les ressources pour tout genre d'insuffisance. La loi de 1884 range à l'ordinaire les revenus et les ressources pour insuffisance de revenus, à l'extraordinaire les capitaux et les ressources pour insuffisance de capitaux. Paris, élargissant encore l'ordinaire, y fait entrer les revenus et les ressources pour les deux insuffisances, et ne laisse à l'extraordinaire que les capitaux. C'est le contre-pied de la loi de 1837, en ce qui concerne le compte des insuffisances.

Combien plus naturellement s'applique-t-il à des revenus !

J'ai terminé ce qui se rapporte à la question négligée,
inaperçue, délicate, de l'excédent des recettes ordinaires. Je l'ai résolue en montrant la transformation
qu'implique un changement de chapitre. La même
recette est ici, par sa nature seule, un revenu ; là, en
vertu du vote d'un conseil municipal qui en ordonne
la répétition et l'affectation, un capital.

Le principe que j'ai posé nous a été ainsi, jusqu'à
présent, un guide sûr ; il aura porté partout la lumière,
quand il aura réduit à ses catégories le surplus des
centimes additionnels. J'arrive à ce problème, le plus
ardu, et où il convient de demander l'éclaircissement
de l'histoire, car ce sont les traces mal effacées de variations antérieures qui le compliquent. Je prendrai les
choses *ab ovo*.

CHAPITRE IX

LES CENTIMES ADDITIONNELS AVANT 1884. — CENTIMES ORDI-
NAIRES. — CENTIMES EXTRAORDINAIRES DE DEUX SORTES. —
REVENUS ET CAPITAUX.

§ 1. — Centimes ordinaires (1791).

§ 2. — Centimes extraordinaires (1814-1818). — Maximum fixé administrativement.

§ 3. — Portion détachée à l'ordinaire. — Centimes extraordinaires annuels pour insuffisance de revenus (1828).

§ 4. — Changements concernant l'autorisation et l'emploi(1837).

§ 5. — Centimes spéciaux, centimes pour insuffisance de revenus d'une sorte particulière (1832-1837).

§ 6. — Maximum supprimé pour les centimes annuels destinés à des dépenses obligatoires (1842).

§ 7. — Maximum supprimé pour les centimes annuels destinés à des dépenses facultatives (1852). — Affranchissement complet des centimes pour insuffisance de revenus.

§ 8. — Centimes extraordinaires temporaires pour insuffisance de capitaux (1852-1867). — Principes établis.

La connaissance exacte des centimes additionnels est un point capital. L'intérêt de la science n'est pas seul en jeu ; l'intérêt économique du pays est lié dans une large mesure à cette question de doctrine. Une bonne définition, un sens éclairci peuvent mettre l'opinion en garde, lui donner l'intelligence et la crainte des abus. Le penchant à la dépense a rendu les administrations complices de certaines erreurs. La fin de la confusion peut entraîner celle de la profusion.

Développons successivement nos paragraphes.

§ 1er

Établissement de cinq centimes ordinaires. — Lois de frimaire an VI, de frimaire an VII, de pluviôse an VIII. — Arrêté du 4 thermidor an X. — Loi du 15 mai 1818. — Misère sous la Révolution et l'Empire. — Budget d'un village de cinq cents âmes en 1810.

La Révolution, synonyme parfois de violence populaire, mit à la gêne nombre de communautés d'habitants, privées des droits et taxes qui avaient été jusqu'alors leur principale ressource. Devant l'incendie des bureaux d'entrées, le renversement des barrières, les révoltes sanglantes, il avait fallu capituler. Le peuple, plus que l'Assemblée nationale, supprima tous les impôts perçus à l'entrée des bourgs, villes et villages. La vie municipale en allait être suspendue, si les législateurs n'avaient en même temps chargé leur comité des impositions de présenter un projet qui suppléât aux recettes abolies.

Un décret du 27 mars 1791 permit aux villes de prélever pendant trois mois les sommes nécessaires à leur administration, au marc la livre et par émargement sur les rôles des contributions de 1790, en attendant la confection de rôles nouveaux. En juin, on décida que le régime provisoire durerait toute l'année. En août, il fut l'objet d'une réglementation aux termes de laquelle les communes étaient tenues de pourvoir à leurs dépenses, à partir du 1er avril 1791, au moyen de deux sous pour livre sur les patentes et de sous pour livre ajoutés à la contribution foncière et à la contribution mobilière, sans limitation de quotité. L'impôt communal, juxtaposé aux contributions de l'État, allait se percevoir en vertu du même rôle.

On ne tarda pas, cependant, à fixer le maximum de l'addition permise aux deux contributions, comme on avait fait celui du prélèvement sur les patentes. Un texte souvent cité est l'article 12 de la loi de frimaire an VI. Alors existait le régime des municipalités de canton, et il y avait lieu de pourvoir aux dépenses municipales affectées au groupe et aux dépenses communales concernant chaque commune associée. Deux sommes étaient réparties au marc la livre des contributions foncière et personnelle, en vue de ces deux ordres de dépenses. « Les deux sommes réunies, dit l'article précité, ne pourront, pour chaque commune, excéder cinq centimes ou un sou pour livre des deux contributions foncière et personnelle. » La même loi prescrivit des états de recettes et de dépenses, renouvelant l'effort de 1683 pour arriver à l'établissement de budgets réguliers.

Dans les grandes reconstructions de l'an VII, il était immanquable que cette matière fût reprise : la loi du 11 frimaire, plus complète et adaptée à un ordre administratif plus durable, abrogea la précédente, en effaça, outre l'autorité, le souvenir. C'est au législateur de l'an VII que l'on reporte communément l'honneur d'avoir établi le fondement légal des recettes des communes. L'article 7 en termine l'énumération par celle-ci : « Enfin la quantité de centimes additionnels aux contributions foncière et personnelle qu'il sera jugé nécessaire d'établir pour compléter les fonds des dépenses communales, lesquelles ne pourront, dans aucun cas, excéder le maximum qui sera déterminé chaque année, après la fixation du principal de l'une et l'autre contribution. »

On remarquera l'abrogation du maximum fixé par la loi de l'an VI. Cependant le législateur n'admet pas l'éventualité d'une variation très large, car il prévoit aussitôt l'insuffisance de cette ressource, et il accorde qu'on recoure alors à d'autres impôts. On peut pourvoir aux dépenses, ajoute-t-il, « par l'établissement de taxes indirectes et locales ». Le mot d'octroi n'est pas prononcé ; mais c'est bien de cela qu'il s'agit ; les préjugés des physiocrates sont pour un temps oubliés.

Bientôt après, l'administration communale étant ramenée à son cadre naturel, — la loi du 28 pluviôse an VIII, — ordonnait que le conseil municipal délibérât « sur les besoins particuliers et locaux de la municipalité, sur les emprunts, sur les octrois ou contributions ou centimes additionnels qui pourraient être nécessaires à ses besoins ». Ces facilités ne sont point alors un danger ; le vent n'est pas à la prodigalité, tout au contraire. Les municipalités, restituées à chaque commune par le Consulat, ne demandèrent pas d'impôts aux populations, de peur de les indisposer, et laissèrent tout dépérir. Il fallut que l'arrêté du 4 thermidor an X vint gourmander leur inertie, et leur enjoignit de trouver des ressources : « Article 7. — Les conseils municipaux indiqueront les moyens d'accroître les revenus ordinaires de la commune : 1° par la location des places aux halles appartenant aux communes et aux foires et marchés ; 2° par l'établissement d'un poids public, par des octrois sur les consommations perçus par abonnement, par exercice ou à l'entrée. » On n'a plus peur ni du mot ni de la chose ; l'allusion de la loi de l'an VI se change en incitation directe au rétablissement des octrois.

Même une espèce de contrainte ressort de l'article 5 de l'arrêté de thermidor : « Les conseils municipaux ne pourront ni demander ni obtenir aucune imposition extraordinaire pour les dépenses ordinaires des communes. » Il faut donc, avant tout, chercher dans les taxes un accroissement de revenus, car déjà on les considère comme des revenus, on tient les octrois préférables aux impôts directs. Que l'ordinaire suffise à l'ordinaire, c'est-à-dire les revenus aux dépenses courantes ; le principe est fort sage, mais combien peu de temps respecté ! Son application stricte ferait crouler aujourd'hui presque tous les budgets de France. Alors on se plia facilement à l'ordre du législateur. « La quantité de centimes nécessaires, » comme parlait la loi de l'an VII, avec une compromettante largeur d'expression, ne dépassa jamais le chiffre alloué par la loi de l'an VI. Le maximum demeura constamment fixé à cinq centimes par les lois de finances successives, et même on oublia que ce taux était une limite et la perception, facultative. Voyez, entre autres, la loi du 23 septembre 1814.

La loi du 15 mai 1818 rétablit une pratique plus exacte, en affranchissant de cet impôt les communes qui déclareront « que cette contribution leur est inutile ». Ces cinq centimes se |sont perpétués jusqu'à nos jours ; on les voit en tête de la plupart des budgets ; il semble que c'en soit la ressource fondamentale. Nul impôt n'a été plus stable et pour ainsi dire plus respecté ; impôt suranné, cependant, avec sa mince quotité et son assiette boiteuse, legs visible d'un autre âge. Je passe maintenant, j'y reviendrai.

Le grand souci fut alors de peu dépenser, dût-on vivre chichement. La collection des budgets d'un village de Seine-et-Oise, à peu près complète depuis le commencement du siècle, nous a été, sur ce point et sur bien d'autres, d'une lecture fort instructive. Le budget de 1810, par exemple, peut servir à caractériser cette époque impériale où tant de gloire recouvrait tant de misère. Je vais le reproduire, après avoir averti qu'il concerne une commune d'environ cinq cents habitants.

RECETTES

5 centimes sur la contribution foncière..............	213 75
— — personnelle et mobilière.	32 30
Attribution sur le 1/10ᵉ du produit des patentes	23 »
Reliquat des exercices antérieurs ....:	27 32
TOTAL........	296 37

DÉPENSES

Abonnement au *Bulletin des lois*	6 »
Frais des registres d'état civil...................	11 78
Traitement du commis ambulant de l'arrondissement..	50 »
Frais de prison de la justice de paix	13 65
Part contributive dans les dépenses de la Compagnie de réserve du département...................	13 05
Impression des budgets, comptes, etc...............	8 30
Abonnement au journal et à l'annuaire du département.	12 »
Loyer du presbytère....................	60 »
Logement du maître d'école...................	30 »
Bois, lumière, encre, frais alloués au maire	30 »
Entretien de l'horloge....................	35 »
Salaire du tambour et de l'afficheur	10 »
Entretien des puits et fontaines....................	15 »
	204 78
Excédant............	1 59
TOTAL ÉGAL.......	296 37

Embryon de budget, plutôt que budget. Les pauvres gens de l'Isle-Molène ne s'en contenteraient pas. On n'y trouve rien de prévu pour les chemins ni pour les bâtiments communaux. L'entretien de l'horloge est une grosse affaire. De nos jours, le produit des cinq centimes ordinaires a doublé, sans augmentation sensible de population, et le même village se taille un budget de 15,000 fr., proportionnellement 25 fois plus fort qu'en 1810. Il se donne pour les fêtes publiques 300 fr., le budget entier des contemporains de l'épopée.

§ 2

Adjonction de centimes extraordinaires. — Loi du 23 septembre 1814 effacée par celle du 15 mai 1818. — Objet : dépense urgente, dépense obligatoire. — Mode d'emploi : excédent des dépenses annuelles reporté à l'extraordinaire avec les dépenses non annuelles. — Autorisation par ordonnance. — Limitation à vingt.

En l'année 1814, qui vit les soudains changements de la première Restauration, on commença de secourir les administrations communales. La loi du 23 septembre compta comme une importante nouveauté. On ouvrit alors aux municipalités un champ qu'elles se hâtèrent d'occuper, et dont elles n'ont pas cessé de reculer les limites.

Je cite les dispositions qui nous intéressent :

« Article 13. — Il sera aussi, comme précédemment, imposé en sus cinq centimes au principal de la contribution foncière et de la contribution personnelle et mobilière de 1815, pour subvenir aux dépenses des communes.

» Article 14. — Dans le cas où, ces centimes épuisés, la commune aurait à pourvoir à une dépense véritablement urgente, le maire est autorisé à convoquer le conseil municipal ; la délibération, prise à la majorité des voix, sera adressée au préfet, qui la transmettra au secrétaire d'État, ministre de l'Intérieur, pour y être définitivement statué.

» Article 15. — Le montant de ces contributions communales extraordinaires sera annuellement mis sous les yeux de la Chambre des députés. »

On voit le pas franchi : en outre des cinq centimes « imposés comme précédemment », et auxquels une loi prochaine donnera le nom d'ordinaires, il est permis aux communes de solliciter, pour « une dépense véritablement urgente », la levée d'autres centimes, déjà qualifiés d'extraordinaires.

Les lois de finances des années suivantes reproduisirent le même texte, identiquement, jusqu'en 1818, où la loi du 15 mai soumit le vote des centimes extraordinaires à une formalité nouvelle et très remarquable, l'adjonction aux conseillers municipaux de notables d'une sorte particulière.

« Article 39. — Dans le cas où, les cinq centimes additionnels imposés pour les dépenses des communes étant épuisés, une convocation aurait à pourvoir à une dépense véritablement urgente, le maire, sur l'autorisation du préfet, convoquera le conseil municipal et les plus forts contribuables aux rôles de la commune en nombre égal à celui des membres du conseil municipal pour reconnaître l'urgence de la dépense, l'insuffisance des revenus municipaux et des cinq centimes ordinaires pour y pourvoir.

» Article 41. — Le conseil municipal auquel, aux termes de l'article 39, auront été adjoints les plus forts contribuables, votera sur les centimes extraordinaires proposés. Dans le cas où ils seraient consentis, la délibération sera adressée au préfet qui, après l'avoir revêtue de son autorisation, la transmettra au ministre secrétaire d'État de l'Intérieur, pour y être définitivement statué par une ordonnance du roi. »

L'adjonction des plus imposés a longtemps passé pour la pierre de touche des centimes extraordinaires. Elle n'a pris fin que récemment, la situation s'étant retournée et la faveur passant aux moins imposés.

Quoi qu'il en soit, voilà une catégorie de centimes dont il y a lieu de préciser avec soin l'établissement et la fonction primitive. Après le vote par la commune et l'approbation préfectorale, leur concession dépendait du pouvoir exécutif, qui statuait par une ordonnance.

Ce point ne souffrait aucune difficulté; mais d'autres, et des plus importants, ont eu besoin d'être résolus par des instructions ministérielles, ou éclaircis par la pratique. — Dans quelles limites pouvait-on user des nouveaux centimes? — A quelle nature de dépenses s'appliquaient-ils? — Quel en était le jeu régulier dans les comptes? — Limitation, objet, mode d'emploi, ces trois questions méritent une réponse étudiée.

On s'occupa de la limitation, aussi bien que de l'objet, dès que fut institué le régime de la loi de 1814. Les communes pouvaient avoir intérêt à user du plein de la ressource; d'autre part, il était imprudent de laisser l'administration à ses propres lumières et sans défense contre certaines passions.

Le ministre de l'Intérieur écrit, le 16 avril 1817, que les conseils municipaux auront à « émettre leur vœu sur les impositions dont l'établissement, par addition au rôle de 1818, sera par eux jugé nécessaire, à l'effet de suppléer pour cet exercice à l'insuffisance des revenus, et plus particulièrement au payement du salaire des gardes champêtres et aux besoins du culte paroissial ». Plus loin, s'expliquant sur la question de limite, le ministre pose en principe que cette sorte d'imposition ne devra pas excéder 20 à 25 centimes du principal des quatre contributions.

Une circulaire du 18 mai 1818 tint un langage en apparence plus strict : « Ce n'est que dans les cas de dépenses extraordinaires et urgentes que la loi donne, comme les années précédentes [il est reconnu que la loi de 1818 n'innove point en cela], aux conseils municipaux la faculté de voter l'imposition de quelques centimes, au delà des cinq centimes qui leur sont attribués pour leurs besoins ordinaires... Quelle que soit la nature des besoins, la quotité des centimes que les communes sont autorisées à s'imposer par addition au principal de leurs impositions n'excédera pas, pour chaque année, 20 centimes sur chaque nature de contributions, sauf des cas rares et extraordinaires. » Ce qui serait, peut-on observer, de l'extraordinaire à la seconde puissance.

Donc, après quelques incertitudes, voilà la limite fixée : 20 centimes. Il semble que, comme celle des centimes ordinaires, on l'ait respectée jusqu'à nos jours. Mais les mots ont changé de sens ; l'extraordinaire limité jadis à 20 centimes était l'imposition excédant l'ordinaire ; de nos jours, ce n'en est plus qu'une catégorie, comme nous l'expliquerons.

Après la limite, l'objet. Quel est celui des centimes extraordinaires ? L'accord est moins facile à établir entre les deux circulaires ministérielles. Elles traduisent avec des différences sensibles l'expression identique des lois de 1814 et de 1818 : « une dépense véritablement urgente. » Pour le ministre de 1817, ce peut être une dépense annuelle simplement : « le salaire des gardes champêtres » ou « les besoins du culte paroissial », en un mot ce qu'on a coutume d'appeler, sans souci de précision scientifique, une dépense ordinaire. Le ministre de 1818, fidèle peut-être au souvenir de l'arrêté de thermidor an X, semble proscrire l'application d'une imposition extraordinaire à la dépense ordinaire, et la réserver à ce qu'il appelle, avec le même défaut de rigueur, une dépense extraordinaire.

Le point de départ étant mal défini, rien d'étonnant que les déductions ne s'accordent pas. Il fallut que la pratique débrouillât ses voies. Le point de départ incertain dont je veux parler était l'expression « dépense urgente », qui ne correspondait à aucune catégorie légale, ni même à aucune conjoncture précise. On voulut parler sans doute d'une dépense d'obligation pressante, impérieuse. On se trompa en croyant avoir à ajouter quelque chose à l'idée d'obligation, et l'on jeta les commentateurs en des distinctions vaines. L'exemple des besoins du culte paroissial, fourni par la circulaire de 1817, peut servir à le montrer. Si la commune, qui doit le logement à son curé, possède un presbytère dont la toiture soit enlevée par un orage, voilà un accident, une éventualité à laquelle il faut parer en toute hâte : obligation pressante. Si la commune n'a pas de presbytère, il faut qu'elle s'enquière d'une maison pour en tenir lieu ; elle en payera le loyer annuel : obligation non pressante. Et c'est le même service qu'elle assure, tantôt urgent, tantôt non urgent. Le premier cas est celui de la circulaire de 1818 ; le second, celui de la circulaire de 1817. Leur conciliation s'établit sur le terme constant en ces deux hypothèses : l'obligation. Peu importe que les éléments pressent, ou qu'on ait son loisir. La seule urgence, après tout, est d'obéir à la loi.

La pratique discerna la chose et institua en conséquence le mode d'emploi qu'on va voir. — Je passe ainsi à la troisième question. — Le cadre budgétaire de Seine-et-Oise pour 1819 inscrivit les centimes nouveaux aux recettes extraordinaires sous la rubrique : « Répartition pour dépenses obligées. » Au titre des dépenses extraordinaires, le cadre présente cette observation : « En ce titre doivent être comprises toutes les dépenses qui ne sont pas annuelles de leur nature, ou qui ne se renouvellent pas tous les ans, *ou qui ont été l'objet d'une imposition extraordinaire.* » — Voici l'explication de ce dernier membre de phrase : un certain nombre de dépenses annuelles, « indemnité de logement au desservant », « traitement du garde champêtre » sont inscrites deux fois, une première parmi les dépenses ordinaires, une seconde parmi les dépenses extraordinaires, et, en cette place, avec la mention entre parenthèses : « Si ladite dépense est payée au moyen d'une imposition extraordinaire. » L'imposition extraordinaire peut être ainsi créée en vue de deux ordres de dépenses : 1° dépenses non annuelles, ou éventuelles, comme on dit parfois ; 2° dépenses annuelles laissées à découvert par l'insuffisance des revenus. Dépenses *obligatoires* dans les deux cas ; c'est en ce terme que *urgentes* s'est changé. Le système est peu savant et peu clair. L'arrêté de thermidor est oublié.

Je résume les conditions primitives de l'établissement et du jeu des centimes extraordinaires suivant l'ordre de la discussion qui précède. L'autorisation en est donnée par un acte du pouvoir exécutif; — la limitation, fixée à 20 centimes; — ils ont pour objet des dépenses obligatoires, annuelles, ou non annuelles; — leur mode d'emploi en fait une recette unique de l'extraordinaire. Ainsi les centimes, divisés en ordinaires et en extraordinaires, se partagent entre les deux chapitres du budget, conformément à leur qualification. Les mots semblables ont une accommodation parallèle.

Tel est le commencement de l'histoire des centimes. Rien de plus instable que les conditions où leur office s'exerça. Toutes changeront successivement.

§ 3

Élargissement de l'objet des centimes extraordinaires jusqu'aux dépenses facultatives. — Nouvel emploi : la portion affectée aux dépenses annuelles détachée à l'ordinaire sous le nom de centimes pour insuffisance de revenus. — Juxtaposition et non incorporation. — Formule budgétaire de Seine-et-Oise en 1828. — Résistance étonnante de la Loire-Inférieure.

L'objet des centimes extraordinaires changea le premier, par un abus d'un progrès lent, inconscient peut-être, inavoué d'abord. Je ne sache, tout au moins, aucun document officiel qui ait ouvert la voie à cette nouveauté. On doit se rappeler qu'en 1818, pour la première application de la loi de 1816, le cadre budgétaire de Seine-et-Oise inscrivit les centimes extraordinaires sous ce titre : « Répartition pour les *dépenses obligées.* » Peu après, la rubrique prit cette forme plus accommodante : « Répartition pour *objets divers*, conformément à l'ordonnance du roi. » On devine que ces termes élargis comportaient une tolérance plus grande. Nul doute que, parmi les objets divers, on ne fît place peu à peu aux dépenses non obligées. Je ne puis pas en alléguer la preuve directe par des comptes de cette période, qui fut courte et indécise.

Mais, en 1828, un changement d'une autre sorte, et très apparent, mit, en même temps, celui-là dans une complète évidence. Au lieu de faire descendre à l'extraordinaire les dépenses annuelles excédant les revenus communaux, on pouvait aussi bien les maintenir à l'ordinaire, en y faisant remonter, pour les acquitter, une certaine part des centimes extraordinaires destinée à combler l'insuffisance des recettes de ce chapitre. Que la balance s'établît ici ou là, par un déplacement de la dépense ou de la recette, peu importait, du moins pour la comptabilité.

La formule budgétaire de Seine-et-Oise présenta cette disposition pour la première fois en 1828. Une part des centimes extraordinaires, celle destinée à l'éventuel, garde sa place et s'inscrit à l'extraordinaire, comme devant, avec affectation à une dépense déterminée : « Imposition extraordinaire pour... » Une autre part se hausse à l'ordinaire sous la rubrique générale : « Imposition pour suppléer à l'insuffisance des revenus ordinaires. » Cette dernière série de centimes extraordinaires entre ainsi à l'ordinaire en changeant de nom : on y verra sa nature devenir méconnaissable avec les années, et presque s'effacer.

Ce changement implique très visiblement la conséquence que nous avons signalée. Les centimes extraordinaires, passés à l'ordinaire pour parer à l'insuffisance de revenus, soldent un excédent où entrent pour une part indéterminée des dépenses obligatoires et facultatives, toutes celles en somme que les revenus ont coutume d'acquitter. Sans perdre leur nature extraordinaire, ils jouent leur rôle dans le budget ordinaire, juxtaposés, non assimilés aux revenus. La pratique existait obscurément ; le dédoublement et la scission des centimes extraordinaires donna à l'administration l'occasion de l'avouer.

Le nouveau mode d'emploi de ces centimes n'intéressait, semble-t-il, en lui-même, que la comptabilité. Question de forme, si l'on veut, mais qui influa prodigieusement sur le fond. Tandis que l'ancienne disposition aggravait le caractère de la dépense excédante en la transportant au chapitre extraordinaire, la moderne atténue, déguise le caractère de la recette qui s'y applique en la faisant passer à l'ordinaire. Le premier système impliquait un avertissement, le second se prête à une dissimulation où l'esprit a fini par se laisser prendre. L'administration a aidé par cette mesure, de si minime importance qu'elle paraisse, à un changement profond dans les mœurs financières des communes. Le budget moderne a sa logique, supérieure j'y consens, et ma tâche est précisément de la mettre en lumière ; mais il fallait se souvenir que l'imposition extraordinaire dédoublée reste extraordinaire, et ne pas la confondre, — juste ciel ! — avec les revenus communaux.

Je note, en passant, cette curiosité sur laquelle je reviendrai : la comptabilité budgétaire usitée avant 1828 a été conservée dans la Loire-Inférieure ; les communes de ce département, se conformant en cela au cadre dressé par la préfecture, maintiennent à l'extraordinaire l'imposition pour insuffisance de revenus. L'archaïsme est étrange en face de la loi de 1884.

En définitive, la condition des centimes extraordinaires a subi, dès 1828, deux modifications sensibles. Leur objet n'est plus seulement la dépense obligatoire, mais toute la dépense. Leur mode d'emploi les divise en deux groupes, dont l'un demeure à l'extraordinaire pour parer aux dépenses non annuelles ou éventuelles, et l'autre passe à l'ordinaire, sous le nom de centimes pour insuffisance de revenus pour satisfaire aux dépenses annuelles.

C'est le système moderne, dès lors trouvé, mais dont le sens s'obscurcit presque aussitôt.

§ 4

Système rudimentaire de la loi municipale de 1837. — Changement de compétence en matière d'autorisation. — Approbation par arrêté, ordonnance ou loi, suivant le caractère obligatoire ou facultatif de la dépense et le chiffre des revenus communaux. — Omission des centimes spéciaux. — Défaut de toute prescription relative à la limitation et au mode d'emploi. — Refoulement des centimes pour insuffisance de revenus à l'extraordinaire.

Survint la grande loi municipale de 1837. Ses dispositions concernant les centimes additionnels sont très rudimentaires encore, en retard sur les usages, inférieures à ce qu'on aurait pu attendre d'un législateur habile et informé.

L'article 31, § 3, énonce comme recette ordinaire : « le produit des centimes ordinaires affectés aux communes par les lois de finances. » L'article 32, § 1er, mentionne parmi les recettes extraordinaires : « les contributions extraordinaires dûment autorisées. » Enfin l'article 40 fixe d'un bloc, sauf ce qui concerne l'emprunt, la compétence en matière d'autorisation des centimes extraordinaires, de la façon suivante : « les délibérations du conseil municipal concernant une contribution extraordinaire destinée à subvenir aux dépenses obligatoires ne sont exécutoires qu'en vertu d'un arrêté du préfet, s'il s'agit d'une commune ayant moins de 100,000 francs de revenu, et d'une ordonnance du roi, s'il s'agit d'une commune ayant un revenu supérieur. Dans le cas où la contribution extraordinaire aurait pour but de subvenir à d'autres dépenses que les dépenses obligatoires, elle ne pourra être autorisée que par ordonnance du roi, s'il s'agit d'une commune ayant moins de 100,000 francs de revenu, et par une loi, s'il s'agit d'une commune ayant un revenu supérieur[1]. »

Ce dernier article sanctionne accessoirement la pratique que nous avons vu approuver par l'administration dès 1828: à savoir l'application des centimes extraordinaires aux dépenses facultatives aussi bien qu'aux obligatoires. Elle efface définitivement la disposition de la loi de 1818 concernant l'objet de ces contributions: « dépense véritablement urgente, » disait cette loi ; « dépense extraordinaire et urgente », ajoutait une circulaire de la même année. Cela est simple. Mais la loi de 1837 fut plus embarrassante par ce qu'elle ne dit pas. D'abord elle offre une lacune positive à l'endroit de centimes récemment créés qu'on appelait centimes

1. Voici la règle particulière aux emprunts et concernant, par conséquent, les centimes extraordinaires qui peuvent être affectés à leur amortissement: « Article 41. — Aucun emprunt ne pourra être autorisé que par ordonnance du roi, rendue dans la forme des règlements d'administration publique pour les communes ayant moins de cent mille francs de revenu, et par une loi, s'il s'agit d'une commune ayant un revenu supérieur.

spéciaux; ils ne se rangent, en effet, ni sous un article, ni sous l'autre, ils sont omis. Puis comment s'expliquer le manque absolu de règles au sujet de la limitation, de la séparation et du mode d'emploi des centimes extraordinaires?

On maintint, à la vérité, l'ancienne limite de 20 centimes, selon les termes connus de la circulaire de 1818, confirmée en dernier lieu par celle du 27 mars 1837. La circulaire du 13 décembre 1842, que nous rapporterons, montre que la tradition fut respectée jusqu'au moment où elle-même y porta la première atteinte. Le mutisme de la loi au sujet de la mise en œuvre des centimes extraordinaires était pour embarrasser et causa de réelles perplexités. Au point de vue théorique, c'était une grande faiblesse que de paraître ignorer la dualité logique de ces contributions ; puis quel traitement sommaire et peu souple que d'instituer un régime unique pour tous les centimes extraordinaires, sans souci de leur destination ni de leur durée! Les centimes pour emprunts, seuls, trouvèrent dans les termes généraux de l'article 41 une sanction un peu différente des autres. On se demanda si le silence des législateurs n'était pas un désaveu des errements administratifs, et on les répudia, au moins en partie. Pour imiter la concentration de l'imposition extraordinaire sous les articles 32 et 40, on refoula les centimes pour insuffisance de revenus à l'extraordinaire, en les maintenant, toutefois, à l'état de catégorie distincte. Ce fut un recul qui dura quatre ans, une solution bâtarde, adoptée dans le modèle ministériel de 1838. La Loire-Inférieure fut, un instant, la plus forte.

J'emprunterai à ce modèle tout ce qui, dans le chapitre de l'extraordinaire, a trait aux impositions, même la disposition typographique :

<table>
<tr><td rowspan="6">Impositions extraordinaires</td><td>1º Pour le salaire des gardes champêtres ;</td></tr>
<tr><td>2º Pour l'instruction primaire ;</td></tr>
<tr><td>3º Pour les chemins vicinaux ;
Évaluation en argent des prestations en nature ;</td></tr>
<tr><td>4º Pour insuffisance de revenus ;</td></tr>
<tr><td>5º Pour....................[dépenses non annuelles].</td></tr>
</table>

On reconnaît dans les paragraphes 4 et 5 les centimes extraordinaires, divisés comme auparavant. J'ai ajouté le mot « dépenses non annuelles » au paragraphe 5 pour plus de clarté.

Mais voici, dans le même groupe, des impositions extraordinaires, nouvelles au moins pour nous, et que nous savons déjà que la loi a omises. Elles se trouvent introduites dans cet exposé avec un retard sensible sur la date de leur création ; cela est fait à dessein, et afin de mettre plus d'ordre dans cette matière délicate. Le sujet s'interrompt plus facilement ici, pour faire place aux centimes dits spéciaux.

§ 5

Intercalation des centimes spéciaux (1832-1837). — Condition de leur établissement. — Autorisation par la loi même. — Objet : police, instruction, voirie ; toutes dépenses obligatoires. — Limitation à un nombre préfix ou déterminé par les exigences du service à pourvoir. — Nombre indépendant du maximum des centimes extraordinaires. — Branche annexe des centimes généraux pour insuffisance de revenus. — Classement des centimes spéciaux parmi les annuels et les extraordinaires. — Définition provisoire.

J'extrais du petit tableau donné à la fin du précédent chapitre quelques impositions jointes aux extraordinaires, et sous la même rubrique :

1º Pour le salaire des gardes champêtres ;

2º Pour l'instruction primaire ;

3º Pour les chemins vicinaux.

Ce sont toutes les catégories alors existantes des centimes dits spéciaux. La loi les a nommés simplement, mais non définis ni classés. Expliquons leur origine, pour combler ensuite les lacunes de leur théorie.

On sait la gêne de la vie communale au commencement du siècle; un exemple en a été donné. Les organes les plus essentiels lui faisaient défaut, ou n'existaient qu'à l'état embryonnaire. La marge des centimes ordinaires, limitée à cinq, et celle des centimes extraordinaires, limitée à vingt, étaient étroites, inextensibles, et l'établissement de ces derniers, en outre, dépendait du bon plaisir de l'administration. Cependant on prenait, chaque jour, dans une longue ère de paix, un souci plus grand de la condition matérielle et morale des citoyens, de la sûreté et de la facilité de leurs relations, enfin d'un universel désir de progrès. Police, instruction, voirie, notamment, étaient d'importants sujets, mal réglés, des services d'un grave intérêt social, insuffisamment pourvus, et que l'État comprit qu'il ne pouvait laisser en souffrance. Il imposa, de ce chef, des travaux, l'entretien d'un personnel. Mais, pour que sa contrainte pût aboutir, pour ne pas mettre les municipalités à l'aumône, il fallut leur permettre de se créer des ressources. On les forçait de dépenser, on devait leur en donner les moyens ; voilà le fait en deux mots, et sans philosopher davantage.

On usa d'un procédé simple et efficace. Tandis que, en thèse générale, le pouvoir législatif ou administratif devait intervenir pour autoriser la levée d'impositions extraordinaires, après avoir apprécié l'utilité de la dépense qui les rendait nécessaires, ce contrôle fut, en quelques cas, abandonné. La loi, par avance, et dans l'hypothèse d'une insuffisance de revenus, concéda aux communes l'autorisation de percevoir un nombre de centimes limités, pour les appliquer à des dépenses dont lui-même avait reconnu l'intérêt, au point d'en imposer l'obligation.

Quelques mots rapides sur les premières catégories créées, et dont l'objet est déjà annoncé.

Police. — Le besoin de sécurité, si pressant dans l'anarchie où le régime nouveau prit naissance, fut le premier satisfait. La loi du 20 messidor an III obligea les communes à entretenir un garde champêtre ; le décret du 23 fructidor an XIII leur en fournit tardivement les moyens, dans le cas « où le salaire des gardes champêtres ne pourrait pas être acquitté sur les revenus communaux ». La somme manquante devait être répartie sur les propriétaires et exploitants de fonds non enclos, au centime le franc de la contribution foncière de chacun d'eux. La loi de finances du 21 avril 1832, supprima ces rôles spéciaux, et comprit l'imposition à titre de centimes additionnels dans le rôle de la contribution foncière appliquée à toutes les natures de propriété. Depuis la loi du 31 juillet 1867, ces centimes additionnels portent, comme tous les autres[1], sur les quatre contributions directes. On voit que, si des ressources furent créées de bonne heure pour le salaire des gardes champêtres, elles ne prirent, à proprement parler, figure de centimes spéciaux qu'à partir de 1832. La quotité n'en est pas fixée à un chiffre précis ; elle est limitée seulement à une somme usuelle, convenable à son emploi.

Voirie. — La loi du 28 juillet 1824 a, la première, édicté un ensemble de règles concernant l'établissement et l'entretien des chemins vicinaux, et notamment cette prescription qu'en cas d'insuffisance des ressources ordinaires des communes, « il pourra être perçu sur tout contribuable jusqu'à cinq centimes addi-

---

1. Sauf, bien entendu, les cinq centimes ordinaires.

tionnels au principal de ses contributions directes ».
La loi de 1836 ne fit guère qu'augmenter, à l'égard de
ces centimes, les pouvoirs du conseil municipal et du
préfet : l'un put les voter sans le concours des plus imposés, l'autre, les établir d'office. La dépense est alors
d'une obligation plus stricte que toute autre. On sait que,
de nos jours, les frais d'installation scolaire peuvent
donner lieu à l'emploi d'une contrainte plus rigoureuse
encore.

Instruction.—L'article 13 de la loi du 28 juin 1833 est
ainsi conçu : « En cas d'insuffisance des ressources
ordinaires pour l'établissement des écoles primaires
communales, élémentaires et supérieures, il y sera
pourvu au moyen d'une imposition spéciale, votée par le
conseil municipal, ou, à défaut du vote de ce conseil, établie par ordonnance royale. Cette imposition, qui devra
être autorisée chaque année par la loi de finances, ne
pourra excéder trois centimes additionnels au principal
de la contribution foncière, personnelle et mobilière. »
La loi du 17 août suivant fit porter ces centimes sur
les quatre contributions, en les réduisant à deux et
demi, nombre relevé à trois par la loi du 18 juillet
1836, et confirmé par celle du 15 mars 1850.

La plupart des auteurs érigent, à tort à mon sens,
en une catégorie distincte de centimes spéciaux, ceux
qui sont applicables aux frais de perception des impositions communales. La loi du 20 juillet 1837 dispose
que les frais de perception de tous centimes additionnels à recouvrer pour le compte des communes
seront ajoutés, à raison de trois centimes pour franc,
au montant desdites impositions, pour être recouvrés
avec elles et versés dans la caisse des communes, à la
charge par ces dernières d'en tenir compte aux percepteurs, à titre de dépenses municipales. Le montant
de cette imposition n'entre dans les recettes des com-

munes que pour ordre. Elle n'a pas besoin d'être votée ; elle est prélevée d'office, en tout état du budget. C'est un accessoire de chaque catégorie, et dont on la grossit, comme on fait des centimes pour dégrèvement et non-valeurs, sauf que les frais de perception figurent au budget. Ainsi, en réalité, ces centimes de centimes n'ont pas d'existence indépendante et ne forment pas une catégorie distincte[1]. C'est ainsi que l'entendait, sans doute, l'auteur de la circulaire de 1838, car il les omit, comme on l'a vu, dans son modèle de budget. Ils seront de même passés sous silence dans une nomenclature donnée par la circulaire du 22 août 1867.

Telle fut la liste des centimes spéciaux en 1837, liste modifiable, contingente. demeurée cependant immuable pendant trente ans.

Ils étaient autorisés d'avance, nous l'avons dit, et applicables à des dépenses obligatoires. On avait voulu mettre une provision toute prête aux mains de ceux qu'on forçait à dépenser, donner des droits réciproques à la commune et à l'autorité : à l'une le droit de vote, à l'autre le droit de contrainte. La loi de 1833 sur l'instruction primaire, établit cette alternative, dans le même article, avec une entière netteté. Une limitation est établie dans chaque cas : nombre déterminé et préfix, ou indéterminé et borné seulement aux exigences usuelles du service à pourvoir, comme la rémunération des gardes champêtres.

Enfin les centimes spéciaux ne sont disponibles qu'en cas d'insuffisance de revenus. Cette condition

____

1. Je les ai rencontrés, en certains départements, divisés entre les deux budgets, adjoints ainsi, dans chacun, aux centimes qui s'y rangent. On pourrait pousser plus loin la division, et faire suivre chaque sorte de centimes de la recette destinée aux frais de leur perception. Ces centimes de centimes en sont bien véritablement l'accessoire.

capitale ressort des textes précités ; je groupe, pour la bien mettre en évidence, les passages qui s'y réfèrent. Le décret du 23 fructidor an XIII autorise des impositions « dans toutes les communes où le salaire des gardes champêtres ne pourrait être acquitté sur les revenus communaux ». La loi du 21 mai 1836 pourvoit à l'entretien des chemins vicinaux « en cas d'insuffisance des ressources ordinaires des communes ». La loi du 28 juin 1833 prévoit de même le « cas d'insuffisance des revenus ordinaires pour l'établissement des écoles primaires ».

Cette condition, constante, rattache les centimes spéciaux aux centimes proprement dits pour insuffisance de revenus, et qu'on aurait pu appeler, dès lors, centimes généraux pour insuffisance de revenus. Ceux-là forment une provision d'affectation particulière, à épuiser d'abord, une branche annexe de ceux-ci. Notre rapprochement les classe à la fois parmi les centimes annuels et parmi les centimes extraordinaires, dont les centimes pour insuffisance de revenus sont un dédoublement. Ce point de vue sera développé plus tard. Nous nous contenterons de le confirmer ici par un argument intéressant.

Les centimes spéciaux ne sont pas compris dans la marge assignée aux centimes extraordinaires par les instructions de 1818. Une circulaire du 27 mars 1837 déclara que les centimes pour l'instruction primaire et les chemins vicinaux, non plus que ceux destinés au salaire des gardes champêtres, ne seraient soumis au maximum fixé par l'administration pour les extraordinaires. Et la conclusion du ministre formula ce principe que, « en général, les centimes votés en exécution de lois spéciales ne comptent pas dans le nombre des vingt facultatifs susceptibles d'être autorisés pour les dépenses d'intérêt communal ». — *Facultatifs* est mis là pour *extraordinaires*, suivant la troublante confusion plusieurs fois dénoncée. — On prend soin de séparer ainsi les centimes spéciaux des autres centimes extraordinaires, sur un point particulier. Donc, ils sont de même souche et leur communauté de nature subsiste pour le reste. Ma thèse enfin pourrait se fortifier d'un autre argument, s'il en était besoin : la coutume administrative, qui, dès lors, réunit les centimes spéciaux aux centimes généraux pour insuffisance de revenus, sous la commune rubrique d'impositions extraordinaires [1]. C'est la disposition offerte par le modèle ministériel de 1838, précisément dans la partie transcrite au début de ce paragraphe. Tout cela, je le répète, sera repris.

Voilà les centimes spéciaux rapprochés, par la nature des choses et par la comptabilité, des centimes généraux pour insuffisance de revenus ; mais la situation du groupe entier reste alors flottante. On hésite entre un chapitre et l'autre : entre l'extraordinaire, auquel semble correspondre le caractère des centimes, et l'ordinaire, auquel convient mieux leur rôle de ressource annuelle. En 1828, les centimes pour le salaire des gardes champêtres passent à l'ordinaire, où l'on groupe les autres centimes spéciaux, au fur et à mesure de leur création. Après 1838, selon le modèle ministériel, on rejette tous les centimes spéciaux et généraux pour insuffisance de revenus à l'extraordinaire, et ce n'est pas la fin des variations administratives.

En attendant, nous résumerons la théorie que nous venons d'exposer, dans une définition qui n'est que provisoire, je me hâte de le dire, car les modernes nous forceront d'y revenir et de la retoucher, pour

1. Le mot est encore expressément employé dans la circulaire du 13 décembre 1842, qui allait en annihiler la valeur.

l'accommoder à une surprenante nouveauté. Les centimes spéciaux sont des centimes extraordinaires pour insuffisance de revenus, autorisés d'avance par la loi, limités à un nombre préfix ou aux exigences usuelles d'un service déterminé, et affectés à quelques dépenses obligatoires privilégiées.

§ 6

Circulaire du 13 décembre 1842. — Retour à l'ordinaire des centimes extraordinaires pour insuffisance de revenus. — Changement supposé de l'extraordinaire en ordinaire. — Le vice d'un syllogisme. — Maximum supprimé pour les centimes annuels applicables à des dépenses obligatoires. — Circulaire du 7 août 1846. — Commission instituée par décret du 30 août 1850 pour examiner la situation financière des communes et des départements. — Vaine tentative.

L'épisode des centimes spéciaux terminé, je reviens aux centimes extraordinaires. Nous avons vu leur division s'opérer en centimes annuels et en centimes non annuels, et le mode d'emploi de la première sorte, je veux dire les règles de leur comptabilité, subir des fluctuations qui ne sont pas finies. Il faut suivre jusqu'à la formation complète de la théorie moderne cette catégorie, clairement définie par le nom qui lui est demeuré de centimes pour insuffisance de revenus.

Une circulaire datée du 13 décembre 1842, et signée Duchâtel, a commencé d'égarer l'opinion sur sa nature. C'est l'origine du sophisme dont on a été continuellement bercé depuis ; le pays a été lancé ainsi sur la pente qu'il n'a cessé de descendre.

La circulaire dont il s'agit prescrit d'abord le retour aux errements de 1828 : « Ainsi, désormais, les cadres budgétaires imprimés qu'il est d'usage de distribuer aux communes devront comprendre dans le chapitre Ier des recettes (recettes ordinaires) l'imposition pour le salaire des gardes champêtres, les centimes spéciaux pour les dépenses de l'instruction primaire et les chemins vicinaux. Il en sera de même de l'imposition dite pour insuffisance de revenus, c'est-à-dire ayant pour objet de mettre la commune en état de pourvoir à ses dépenses annuelles. A l'égard de cette dernière imposition, il faudra distinguer la portion qui se rapporte à des dépenses obligatoires, et qui peut être autorisée par le préfet, de celle qui doit être approuvée par ordonnance royale, comme affectée à des dépenses facultatives. Chacune de ces portions de l'imposition formera un article à part dans le budget. — De cette manière, les seules impositions qui figureront dans le chapitre II (recettes extraordinaires) seront les impositions temporaires, destinées à des dépenses éventuelles, telles que construction, acquisition d'école, de mairie, etc. »

Le petit tableau que nous connaissons remonte dès lors, en bloc, de l'extraordinaire à l'ordinaire, sauf retranchement du dernier article, qui, se référant à ce qu'on nomme le non annuel ou l'éventuel, reste à l'extraordinaire.

RECETTES ORDINAIRES

Impositions extraordinaires

1° Pour le salaire des gardes champêtres ;
2° Pour l'instruction primaire ;
3° { Pour les chemins vicinaux ;
    { Évaluation en argent des prestations en nature ;
4° Pour dépenses ordinaires obligatoires ;
5° Pour dépenses ordinaires facultatives.

RECETTES EXTRAORDINAIRES

Impositions extraordinaires pour.

Ainsi modifia-t-on l'ancien cadre budgétaire dans le département de Seine-et-Oise, pour se conformer aux nouvelles instructions. Et il a fort peu varié depuis.

Le ministre donnait en ces termes la raison du changement : « Monsieur le préfet, — Quelques modifications ont été reconnues nécessaires dans la forme des budgets communaux. La circulaire du 18 octobre 1838, qui a donné un modèle de budget pour les communes peu importantes, classait au chapitre des recettes extraordinaires le produit de toutes les impositions extraordinaires, quelle que fût leur destination. Cependant la situation financière des communes exige constamment qu'elles aient recours aux centimes additionnels pour subvenir aux dépenses ordinaires... Par là, ces ressources ont contracté un caractère annuel qui marque leur place dans la catégorie des recettes ordinaires. M. le Ministre des finances demande que ce classement soit adopté, comme exprimant d'une manière plus exacte la nature de ces impositions, qui s'appliquent à des dépenses ordinaires... »

J'interromps ma citation ; le passage est capital et vaut qu'on le souligne. Ainsi la destination des centimes devient prépondérante et en efface l'origine. Les centimes extraordinaires qui s'appliquent à des dépenses annuelles ont changé de nom d'abord, puis de milieu, et l'on veut enfin qu'ils changent de nature. Relisez : « Les ressources ont contracté un caractère annuel qui marque *leur place* dans la catégorie des recettes ordinaires... » Et, plus loin, observez « ce classement... exprimant d'une manière plus exacte *la nature* de ces impositions ». Ces phrases, pour entortillées qu'elles soient, laissent transparaître le raisonnement que j'ai mis dans la lumière crue d'un syllogisme, et pour lequel j'ai réclamé quelque gloire : « Ce qui a lieu tous les ans est ordinaire ; or, l'imposition extraordinaire pour insuffisance de revenus se vote tous les ans ; donc l'imposition extraordinaire pour insuffisance de revenus est ordinaire. » Le lecteur a sous les yeux le texte d'où j'ai tiré ce syllogisme ; il m'accordera qu'il n'y a là nul jeu d'esprit, mais la critique sérieuse d'une aberration véritable.

Ce qui a lieu tous les ans est ordinaire !

Je répondrai brièvement ici, car j'y reviendrai : d'après la loi de 1818, qui est le fondement du système et qui en a fixé la terminologie, conforme au bon sens, toute imposition levée pour les besoins de la vie communale, — en dehors de la fiction très étroitement limitée des centimes ordinaires ou centimes-revenus, — est une imposition extraordinaire. L'ordinaire est de vivre avec ses revenus ; l'extraordinaire, de vivre avec l'impôt, ou avec l'argent des autres comme les deux îles bretonnes. Le temps que le régime dure ne fait rien à l'affaire.

Je poursuis. Après la modification d'emploi, la modification de limites.

Peu avant, la circulaire du 27 mars 1842 avait confirmé en ce point la tradition administrative. Nous avons cité cette circulaire à propos des centimes spéciaux. Elle débutait par ces lignes : « Il importe de fixer positivement la quotité des centimes additionnels qui peuvent être imposés pour les besoins extraordinaires des communes. [Remarquez, en passant, que des dépenses quelconques sont considérées encore comme répondant à des « besoins extraordinaires » lorsqu'elles exigent l'appoint des centimes extraordinaires.] Une circulaire ministérielle du 16 avril 1817 avait reconnu en principe que les impositions pour dépenses d'intérêt communal ne devaient pas excéder 20 à 25 centimes du principal des contributions. Une instruction générale du 18 mai 1818 fixe 20 centimes sur chaque nature de contribution.

« sauf des cas très rares et tout à fait exceptionnels ».
Il y a lieu de maintenir cette limite. »

Cinq ans après, la circulaire de M. Duchâtel, dont nous allons poursuivre la citation, apportait à cette règle une première dérogation : « Vous n'ignorez pas, écrivait-il, [M. le préfet], que les impositions pour dépenses *facultatives*, — expression faussée par le préjugé du temps[1], et qui a ici le sens d'*extraordinaires*, comme la suite le prouvera, — doivent toujours être restreintes à la limite de 20 centimes additionnels au principal des quatre contributions directes. Suivant la jurisprudence du comité de l'Intérieur, on devrait faire entrer dans le calcul de ces 20 centimes les impositions pour insuffisance de revenus. Cependant, pour donner un peu plus de latitude aux votes des conseils municipaux, il a paru convenable de comprendre seulement dans ce calcul la portion desdites impositions qui s'applique à des dépenses facultatives, — le mot est très juste cette fois, mais voyez la logomachie ! — et non celle qui concerne des dépenses obligatoires. Tels sont les motifs de la distinction établie ci-dessus au sujet de l'inscription de cette nature de recettes dans les budgets communaux. »

Donc on biffe d'un trait de plume une règle observée depuis trente ans ; les dépenses annuelles obligatoires sont affranchies du maximum. Cette première barrière est renversée, « pour donner un peu plus de latitude aux votes des conseils municipaux ». Quelle pauvreté de motifs à opposer à l'avis du comité de l'Intérieur

---

1. Je rappelle encore que, pendant un certain temps, on s'imagina que les recettes extraordinaires servaient à balancer les dépenses facultatives, et c'est ainsi que, dans un grand nombre de documents administratifs, rendus presque indéchiffrables par cette erreur, on traite *de plano* de dépenses facultatives celles qui devaient être acquittées par des impositions extraordinaires.

du Conseil d'État ! M. Duchâtel pensa, sans doute, que ce qu'un ministre avait fait, un ministre pouvait le défaire. Le parti n'était point illégal, mais singulièrement audacieux. Il ne s'agissait, dira-t-on, que de dépenses obligatoires. Soit ; mais quel paravent commode pour se dérober au contrôle d'une administration ni méfiante, ni curieuse, ni laborieuse ! C'est un tournant de notre histoire.

La circulaire du 7 août 1846, donnée pour servir de complément à l'instruction de 1842 et signée du même ministre, abonda naturellement dans le même sens. « Toutes les ressources, y lit-on, qui, destinées à pourvoir à des dépenses annuelles, reparaissent tous les ans dans les budgets communaux, se classent naturellement dans le chapitre Ier (de l'ordinaire). » Puis l'auteur indique aux préfets comment doit se faire pratiquement, dans un tableau dressé *ad hoc*, le groupement des centimes qui exigent la sanction d'une ordonnance royale. L'imposition pour insuffisance de revenus afférente à des dépenses facultatives est jointe à l'imposition extraordinaire subsistant au chapitre II, imposition destinée à des dépenses éventuelles, comme disait la circulaire de 1842, et en lesquelles l'illusion commune ne voit que des dépenses facultatives. C'était là, répétons-le, une tâche à remplir par l'administration supérieure. Il était enjoint aux communes de ne pas se préoccuper de ce soin et de laisser confondues dans leurs budgets les deux portions de l'imposition pour insuffisance de revenus; il suffisait que l'annuel fût distingué de ce qu'on nommait l'éventuel.

Le cadre budgétaire de Seine-et-Oise refléta toujours exactement ces variations; il ne fit plus alors qu'un seul article de l'imposition pour insuffisance de revenus, et ses usages n'ont pas été modifiés jusqu'à nos jours. Nous avons déjà signalé la résistance de la Loire-Inférieure aux volte-face de la comptabilité administrative ; elle en est restée au groupement de toutes les impositions extraordinaires dans le chapitre du même nom, ce qui est aussi bien le système antérieur à 1828. L'Aude, cas également unique en France, applique à sa façon la circulaire de 1846. Ce département croit devoir réunir dans le chapitre de l'extraordinaire, comme il était recommandé de le faire dans le tableau à dresser par la préfecture, les centimes annuels pour dépenses facultatives et les centimes non annuels, c'est-à-dire tout le groupe alors soumis au maximum, et conserve seuls à l'ordinaire les centimes pour insuffisance de revenus, destinés aux dépenses obligatoires. Et cette combinaison surannée a défié le temps et les événements !

Voyons rapidement la suite de ces mesures. Le contrôle supérieur en éprouva une gêne considérable. On le rendit bientôt illusoire, en ne réclamant plus les dossiers, qui, d'après l'ancien usage, devaient être joints aux demandes d'impositions, sauf les cas où le maximum serait dépassé d'une façon sensible. La raison donnée fut que ces documents formaient des masses considérables, difficiles à transporter, inutiles pour la plus grande partie, car l'examen qu'on en faisait ne pouvait porter que sur un petit nombre de pièces, prises au hasard. Le temps manquait matériellement pour l'approfondir davantage avant la confection des rôles généraux. Le ministre avoua que la tâche était vaine et y renonça, avec une franchise qui n'était pas complète cependant, car il conserva un dernier simulacre : la signature de l'ordonnance.

On ne tarda pas à voir le bel effet des nouveaux usages. Les centimes additionnels, dont se plaignait M. de Rémusat en 1840, avaient doublé quand le gouvernement de la seconde République, à la date du

30 mars 1850, jugea nécessaire d'instituer, par décret, la commission, dont nous avons maintes fois parlé. Composée de membres éminents de l'Assemblée nationale, de l'administration et de la Cour des comptes, elle était présidée par M. Vivien, et eut pour rapporteur M. le marquis d'Audiffret. Elle examina successivement divers partis : fallait-il rendre plus efficace le contrôle administratif, ou plus étroite la tutelle des communes, réduire le nombre des dépenses obligatoires, ou la quotité des centimes de tout genre ?

La commission estima que le vote et l'approbation du budget étaient entourés des garanties les plus sérieuses. M. d'Audiffret discuta la forme des délibérations des conseils, les conditions d'exercice du contrôle préfectoral, l'hypothèse d'une intervention ministérielle. L'adjonction des plus imposés, à son avis, est rassurante. Le préfet jouit des pouvoirs les plus étendus ; nulle dépense ne peut être faite, nul centime perçu sans son aveu. L'intervention du pouvoir central dans l'examen de tous les budgets ne saurait se produire sans aggraver l'encombrement et les retards auxquels la circulaire de 1846 a voulu mettre fin. Puis le ministre est, plus loin, moins informé, exposé à plus d'erreurs que le préfet. Il n'y a pas lieu, d'autre part, de réduire le nombre des dépenses obligatoires ; la liste, tout bien pesé, ne souffre aucun retranchement. Enfin, imposer un maximum aux centimes communaux n'est pas possible, car la variété des conditions économiques est telle, en France, que le maximum élargirait abusivement la dépense de certaines communes et en mettrait d'autres dans l'impossibilité de vivre. J'expose, sans en garantir l'égale qualité, la substance des raisonnements de la commission.

Qu'y a-t-il donc à faire pour empêcher les municipalités de battre monnaie, comme elles s'en arrogent le droit indéfini ? Cette longue consultation se termine par le vœu d'une réforme positive et d'un changement de mœurs. Que le législateur fixe le maximum des dépenses facultatives, entendues comme à Carcassonne, et limitées à 20 centimes jusqu'alors par la seule autorité du ministre. Que, finalement, on rétablisse la puissance de la loi ; le droit de veto n'est pas à inventer ; le gouvernement, pour réduire les centimes communaux, n'a qu'à le vouloir.

Mais il ne le voulut pas. Le mouvement qui inquiétait les sages ne fit que s'accélérer. La licence crût, malgré la disparition de la liberté. Le rapport de la commission instituée par la seconde République n'eut pas de suites ; autant en emporta le vent de Décembre.

§ 7

Décret de décentralisation du 25 mars 1852. — Impositions extraordinaires quinquennales remises à l'approbation du préfet jusqu'à vingt centimes. — Commentaire de la mesure par une circulaire du 5 mai 1852. — Conséquence accessoire : maximum supprimé pour les centimes annuels applicables à des dépenses facultatives. — Coup d'État silencieux, un saut dans les ténèbres.

Le ministre de l'Intérieur de 1842 avait abattu une première barrière, la limite des centimes annuels pour dépenses obligatoires. Le renversement de la seconde, la limite des centimes annuels pour dépenses facultatives, ne se fit pas attendre plus de dix ans. Dès lors, les centimes pour insuffisance de revenus, somme des deux catégories de centimes annuels, n'étant plus gênés par aucun obstacle, se sont donné une carrière indéfinie, sous le contrôle inefficace de l'administration supérieure.

Cette fois encore, c'est l'administration qui prit la

responsabilité de l'aventure, à une époque, il est vrai. où il y eut une singulière confusion de pouvoirs : on était sous la période dictatoriale de 1852. Un décret, dit de décentralisation, rendu le 25 mars de cette année-là, fut l'occasion d'un saut dans les ténèbres, qu'on fit, d'ailleurs, sans avoir l'air d'y attacher de l'importance, ni même de s'en apercevoir.

Ce décret décida que les préfets statueraient désormais sur nombre d'affaires communales et départementales réservées jusque-là à la décision du ministre de l'Intérieur et du chef de l'État. La nomenclature en fut fixée dans un tableau dont le paragraphe 36 énonce celle-ci : « Impositions extraordinaires pour dépenses facultatives pour une durée de cinq années, jusqu'à concurrence de 20 centimes. » Quelles sont au juste les « impositions extraordinaires pour dépenses facultatives » dont parle ce texte ? Il y a lieu, pour le savoir, de recourir à une circulaire du 5 mai 1852 intitulée : « Instructions au sujet du décret du 25 mars 1852 sur la décentralisation administrative. » Les explications qu'elle donne ne laissent aucune ambiguïté : « Il est essentiel, y lisons-nous, d'établir nettement dans l'instruction des affaires, la situation des impositions antérieures autorisées, afin de constater que la quotité de centimes qui va grever le contribuable n'excède pas la limite de 20 centimes. Je vous rappelle que les trois centimes applicables à l'instruction primaire, les cinq centimes destinés aux chemins vicinaux, ceux qui se rapportent au salaire du garde champêtre, aux dépenses obligatoires, et *même aux dépenses annuelles facultatives*, n'entrent pas dans le calcul que vous avez à faire pour reconnaître votre compétence. En un mot, l'examen ne doit porter que sur les impositions inscrites et à inscrire au chapitre II des recettes du budget recettes extraordinaires. »

La réponse à la question posée tient à la rigueur dans ces dernières lignes ; les impositions visées sont simplement celles que nous avons vues désignées sous le nom de centimes non annuels ou éventuels, et qui sont demeurées à l'extraordinaire, après leur séparation d'avec la branche annuelle. Les mots « pour dépenses facultatives », par où le décret croit les distinguer, sont de trop et à supprimer, à moins qu'on n'aime mieux les expliquer, comme le président Bonjean dans son rapport au Sénat sur la loi de 1867, en les faisant précéder du mot « même » : impositions extraordinaires même pour dépenses facultatives. Les dépenses obligatoires s'y trouveraient comprises en vertu d'un à fortiori. La raison historique que j'ai maintes fois alléguée m'incline à l'idée d'une superfétation ; un lambeau d'une vieille erreur traîne encore là. L'auteur n'est pas débarrassé du préjugé tenace qui met en balance l'extraordinaire et le facultatif. Que l'on modifie d'ailleurs notre texte par addition ou par retranchement, le sens auquel il faut qu'il se plie n'est pas douteux ; il est indiqué par la circulaire qui le commente et, avec une netteté semblable, par celle du 27 août 1867, que nous verrons bientôt.

Mais les explications données sur la nature des impositions remises au contrôle préfectoral sont loin d'être l'affaire la plus importante. Qu'est-ce que cela auprès d'une phrase incidente dont le commentaire nous fait la surprise ? En même temps qu'on définit les impositions extraordinaires, on affranchit de la limite qui leur est imposée les centimes qui se rapportent aux dépenses obligatoires et « même aux dépenses annuelles facultatives ». Et cela est glissé sans observations d'aucune sorte, comme une modification accessoire et, je le répète, inaperçue peut-être, des anciens errements ! On voulait laisser toute la latitude possible aux centimes proprement extraordinaires ; on exclut de leur marge de 20 centimes même l'imposition annuelle facultative. Et celle-ci, rejetée hors dès limites traditionnelles, n'en trouva plus d'autres ; elle fut par là même remise à la discrétion des autorités administratives. Ainsi l'imposition pour insuffisance de revenus, somme de l'annuel obligatoire et de l'annuel facultatif, échappe désormais tout entière au maximum. Une seconde barrière est renversée : sorte de coup d'État silencieux, aventure dont les conséquences ne sont pas épuisées.

Les centimes pour insuffisance de revenus ont terminé leur évolution ; passons à l'autre branche d'impositions extraordinaires, demeurée au chapitre II.

§ 8

Centimes restant à l'extraordinaire, distraction faite des centimes pour insuffisance de revenus. — *Extraordinaires :* appellation trop large. — *Temporaires :* caractère formel. — *Pour insuffisance de capitaux :* vraie définition. — Historique de 1837 à 1884. — Système rudimentaire de la loi de 1837. — Distinction ébauchée dans le décret de décentralisation de 1852. — Limitation : lois du 18 juillet 1866 et du 10 avril 1871. — Autorisation : loi du 24 juillet 1867. — Séparation légalement consommée entre les deux sortes de centimes extraordinaires. — Fin de l'étude des origines. — Toutes les formes d'impositions trouvées. — Dernier état antérieur à 1884.

Les centimes extraordinaires pour insuffisance de revenus étant éliminés du budget extraordinaire, quelle est la catégorie d'impositions restante ? On peut demander la réponse à deux textes déjà cités.

Le décret de décentralisation de 1852, visant les impositions dont il s'agit, les appelle « impositions extraordinaires pour dépenses facultatives ». Tout le monde, comme on a vu, étant d'accord pour laisser tomber les trois derniers mots, reste « impositions extra-ordinaires », ce qui n'est pas une définition et ne nous apprend rien ; nous retombons sur le nom du genre, cherchant celui de l'espèce. L'expression est précisément vicieuse en ce qu'elle réserve à la partie ce qui convient au tout ; elle a cependant passé dans les habitudes du langage moderne, au grand détriment de la logique et de la clarté.

L'autre texte, le plus ancien, donnait la réponse exacte que le législateur de 1852 aurait pu lui emprunter ; je veux parler de la circulaire du 13 décembre 1842, où je reprends ces lignes : « Les seules impositions qui figureront au chapitre II [après distraction faite des impositions pour insuffisance de revenus] seront les impositions temporaires destinées à des dépenses éventuelles, telles que construction, acquisition d'école, de mairie, etc. » Imposition temporaire est très justement opposé à la qualification d'imposition annuelle, qu'on donne souvent aux centimes pour insuffisance de revenus ; on peut aisément passer de là à la définition vraie, au caractère plus profond qu'on sait déjà.

Une commune, se trouvant en face d'une entreprise, — travail ou acquisition, — dont la dépense excède ses ressources annuelles, peut recourir, séparément ou concurremment, à trois moyens : le premier, d'un usage rare, est la réalisation d'un capital ; les deux autres, l'épargne et l'impôt, le suppléent ou le complètent. Capital et épargne ont été examinés ailleurs ; nous n'avons plus affaire ici qu'à l'impôt. L'impôt, selon ce que nous avons montré à propos de l'excédent de revenus, peut fournir, soit l'amortissement d'un emprunt contracté en vue d'une dépense indivisible, soit le règlement d'une dépense partageable en échéances successives. Il revêt, en tout cas, pour satisfaire à des engagements à long terme, la forme de l'annuité. Imposition temporaire, s'il s'agit de centimes, peut servir à le caractériser ; mais ce n'est qu'une définition de la forme. Au fond, c'est une recette capitalisée, une imposition pour insuffisance de capitaux.

Quelques mots rapides de son histoire entre 1837 et 1884. La loi de 1837 avait réglé la matière des centimes extraordinaires, comme on a vu, d'une façon rudimentaire : l'article 32 les contenait tous en une mention brève et collective, l'article 40 soumettait à l'approbation des mêmes pouvoirs centimes annuels et centimes temporaires. Le reste était affaire d'administration. L'article 41 impliquait toutefois des dispositions un peu différentes, concernant les centimes extraordinaires temporaires qui seraient affectés à des remboursements d'emprunts.

Il fallut se préoccuper bientôt, dans la pratique, des centimes temporaires, affectés sans emprunt, au moins apparent, aux payements à long terme. D'après la circulaire du 12 août 1840, les communes ne purent, sans remplir les formalités exigées en matière d'emprunt, traiter avec un entrepreneur pour une opération d'utilité communale, avec stipulation que cet entrepreneur ne serait payé qu'en plusieurs années, et en lui tenant compte de l'intérêt de ses avances. La jurisprudence du Conseil d'État considéra comme un emprunt toute convention de ce genre. Le décret dictatorial de 1852, dans un autre sens, se départissant de la rigueur de l'ancienne réglementation, remit au contrôle du préfet les centimes temporaires, quand leur chiffre ne dépassait pas 20, et leur durée 5 ans. Il abaissa également le contrôle en matière d'emprunt, en donnant au préfet le pouvoir d'autoriser les emprunts dont le terme n'excédait pas dix ans, et quand ils devaient être remboursés sur ressources ordinaires ou sur ressources extraordinaires rentrant dans la compétence des préfets.

Avec peu d'ordre et de clarté dans les vues, on avait donc commencé à distinguer légalement les centimes extraordinaires temporaires du groupe intégral compris en l'article 32 de la loi de 1837, et à modifier à leur égard le système à peine ébauché de la législation antérieure. La loi de 1867 poussa plus avant dans la même voie, instituant un régime spécial pour ce qui touche à l'autorisation des centimes temporaires, secondant, sans les sanctionner encore, les pratiques de la comptabilité administrative, qui continuait de partager entre les deux chapitres du budget les deux sortes de centimes extraordinaires. D'autre part, la limitation des centimes temporaires donna lieu à des dispositions nouvelles, théoriquement moins intéressantes, et dont je vais parler tout de suite.

La loi du 18 juillet 1866, retirant ce pouvoir au ministre qui l'exerçait depuis un demi-siècle, chargea les conseils généraux de fixer, « chaque année, le maximum du nombre des centimes extraordinaires que les conseils municipaux sont autorisés à voter, pour en affecter le produit à des dépenses extraordinaires d'utilité communale ». Le maximum ne pouvait dépasser 20 centimes, l'ancienne limite administrative. L'article 42 de la loi du 10 août 1871, disons-le tout de suite, a modifié ce dernier point d'une façon libérale, en décidant que le maximum, au lieu d'être fixé d'une manière immuable à 20 centimes, serait déterminé annuellement par la loi de finances. Les hommes sont parfois bien peu changeants : le législateur n'a pas cessé de borner à 20 les centimes extraordinaires, — comme à 5 les ordinaires, — et il n'est pas un conseil général qui ait eu la velléité d'abaisser ce maximum d'un millime. Un observateur superficiel pourrait admirer ce résultat, et s'imaginer en même temps qu'on a donné satisfaction à un vœu de la Commission Vivien. Mais il faudrait le faire souvenir que les centimes limités en 1866 ne comprennent plus tous ceux auxquels s'appliquait l'observation faite en 1850, et que le dictateur, entre temps, ayant donné toute licence aux centimes annuels pour dépenses facultatives, la sévère restriction des autres est une demi-mesure, un trompe-l'œil. Des 5 centimes ordinaires, des 20 centimes extraordinaires, tout le monde à peu près se contente aujourd'hui, et on laisse le législateur et les conseils généraux dormir sur des positions qu'on a tournées.

J'arrive à la loi du 24 juillet 1867. Cette loi a eu le grave défaut, que nous relèverons plus loin, de mélanger des dispositions relatives à des centimes annuels et à des centimes temporaires ; mais elle est fort intéressante en ce qu'elle a donné, touchant l'autorisation de ceux-ci, une réglementation étudiée et complète. Suivant la voie ouverte par le décret de 1852, elle a compris, que ces impositions, étant fonction, comme on dit scientifiquement d'un nombre de centimes et d'un nombre d'années, devaient se classer en raison combinée de ces deux éléments, qui donnent en somme l'importance des engagements contractés.

L'article 3 dispense de toute autorisation les impositions extraordinaires votées par les conseils municipaux, quand les contributions n'excèdent pas le maximum à fixer chaque année par le conseil général et, dans tous les cas, cinq centimes pendant cinq ans. Aucune approbation, non plus, n'est nécessaire pour les emprunts remboursables sur les centimes ainsi votés, ou sur les ressources ordinaires, quand, dans ce dernier cas, l'amortissement ne dépasse pas douze années. Le conseil municipal jouit en cela d'une complète initiative. Des garanties, que je passe, sont stipulées en faveur des contribuables.

L'article 5 reconnaît aux conseils municipaux le droit de voter, sauf approbation du préfet : 1° les contributions extraordinaires qui dépasseraient cinq centimes sans excéder le maximum fixé par le conseil général, et dont la durée ne serait pas supérieure à douze années ; 2° les emprunts remboursables sur les mêmes contributions extraordinaires, ou sur les revenus ordinaires dans un délai pouvant excéder douze années.

Enfin l'article 7 porte : « Toutes contributions extraordinaires dépassant le maximum fixé par le Conseil général et tout emprunt remboursable sur ressources extraordinaires dans un délai excédant douze années sont autorisés par décret impérial. — Le décret est rendu en Conseil d'État, s'il s'agit d'une commune ayant un revenu supérieur à cent mille francs. Il est statué par une loi, si la somme à emprunter dépasse un million, ou si ladite somme, réunie au chiffre d'autres emprunts non encore remboursés, dépasse un million. »

La circulaire du 27 août 1867 constata que les centimes annuels avaient été implicitement laissés sous l'empire des dispositions de la loi de 1837. « Les contributions extraordinaires, votées pour des dépenses extraordinaires d'utilité publique, » disait-on, étaient seules régies par la loi de 1867. Nous savons qu'il faut entendre par là les contributions temporaires. Ainsi la distinction des deux groupes de centimes extraordinaires se trouvait réalisée dans la loi.

L'étude des origines, qui m'a paru indispensable pour l'intelligence complète du régime moderne, se termine là.

Toutes les variétés d'impositions nécessaires à la

vie communale ont été trouvées, et adaptées à leur emploi par la loi ou l'administration. Centimes ordinaires, centimes extraordinaires, voilà la division primordiale. La première catégorie sert de revenus. La seconde s'est divisée en deux branches : des centimes annuels pour insuffisance de revenus sont attribués à l'ordinaire, et des centimes temporaires pour insuffisance de capitaux, à l'extraordinaire. La première branche a pour annexe des centimes spéciaux pour insuffisance de revenus.

Le dernier état de la législation en ce qui nous touche est alors celui-ci : les centimes ordinaires sont rappelés par l'article 31 de la loi de 1837 et fixés par la loi de finances. L'article 32 groupe dans une mention collective les deux sortes de centimes extraordinaires. L'article 40 règle l'autorisation des centimes extraordinaires annuels ; la loi de 1867, celle des centimes extraordinaires temporaires. Les premiers ont été successivement affranchis de toute limite par la circulaire du 13 décembre 1842 et par le décret de décentralisation de 1852 ; les seconds sont fixés par les lois de finances combinées avec celle du 10 août 1871. Enfin la comptabilité des centimes extraordinaires reste affaire administrative, réglée par la circulaire précitée de 1842, qui joint les annuels à l'ordinaire et les temporaires à l'extraordinaire. Les centimes spéciaux ne virent pas régler leur emploi d'une façon générale.

La loi de 1884 a fait table rase des lois de 1837 et de 1867 ; mais, renouvelant les textes, le législateur en a certainement voulu maintenir les errements. J'oserai dire qu'il n'a pas toujours bien compris le système qu'il entendait consacrer. Cependant, l'essentiel des principes est demeuré sauf, par un heureux hasard ; le reste y peut être raccordé.

CHAPITRE X

RETOUR A LA LOI DE 1884. — CENTIMES ORDINAIRES.
CENTIMES-REVENUS

Plan et énumération de la loi de 1884. — Persistance des
quatre catégories de centimes. — Centimes ordinaires. — Fondement légal : la loi du 15 mai 1818. — Variations du législateur. — Cercle vicieux entre la loi de 1884 et la loi de finances.
— Auteurs et budgets. — Allocation d'office des centimes ordinaires acceptée par toutes les communes françaises, sauf par un
village du Doubs. — Assiette boîteuse. — Quotité mince. —
Rang dans le budget. — Le contre-sens de Belfort. — Le nom
des centimes ordinaires fondé sur une raison historique et
une raison logique. — Centimes-revenus.

La monarchie de Juillet avait mis sept ans à préparer
sa loi municipale ; il en fallut le double à nos contemporains pour reviser simplement l'œuvre de leurs de-
vanciers. L'effort n'aboutit que le 5 avril 1884, et
sur une proposition d'initiative pàrlementaire. Même
un titre ajouté à la loi date du 22 mars 1890. On sait
que, en attendant et d'une façon provisoire, la partie
intéressant la politique fut plusieurs fois réglée et
remaniée, si bien qu'une coupe sombre des textes
anciens, pratiquée par le législateur de 1884, fit tomber
six lois postérieures à 1870. La fonction des plus imposés a pris fin le 5 avril 1882.

Les principales dispositions de la loi de 1837 ont été
conservées. J'ai déjà fait connaître les textes qui nous
intéressent ; je ne reproduis que ceux qu'il nous reste
à étudier. Le législateur de 1884 a indiqué, comme on

sait, non seulement les éléments budgétaires, mais leur répartition entre les deux chapitres ; c'est une originalité de la loi de fixer une comptabilité qui était d'ailleurs de tradition administrative, de grouper non plus les recettes ordinaires et les recettes extraordinaires, mais les recettes du budget ordinaire et du budget extraordinaire. Le changement a été accompli sans grande netteté, inconsciemment peut-être ; mais il existe. Parmi les recettes du budget ordinaire, l'article 133 range : 1° le « produit des centimes ordinaires et spéciaux affectés aux communes par les lois de finances » ; 2° le « produit des contributions, taxes et droits dont la perception est autorisée par les lois dans l'intérêt des communes » ; 3° les centimes pour insuffisance de revenus, désignés seulement dans cette disposition relative à leur autorisation : « L'établissement des centimes pour insuffisance de revenus est autorisé par arrêté du préfet, lorsqu'il s'agit de dépenses obligatoires. Il est approuvé par décret dans les autres cas. » Parmi les recettes du budget extraordinaire, sont mentionnées à l'article 134 « les contributions extraordinaires dûment autorisées ». Je ne fais que rappeler ici les articles 141, 142, 143, qui ont modifié le régime auquel les communes avaient été soumises par la loi de 1867 pour le vote des impositions extraordinaires.

Donc même nomenclature, même division des centimes additionnels en quatre catégories connues. Les premiers ne nous ont offert que peu de difficulté théorique. Reste quelques mots à dire sur leur fondement légal.

Ils ont été donnés aux communes, sous le nom de centimes ordinaires, à titre de revenus, afin de compenser la perte que leur avait fait subir la violente abolition du système fiscal de l'ancien régime. Après quelques vicissitudes, nous savons que l'institution fut réglée par la loi du 15 mai 1818, dont l'article 31 dispose : « Il sera aussi, comme précédemment, imposé en sus cinq centimes au principal de la contribution foncière et de la contribution personnelle et mobilière, pour subvenir aux dépenses des communes, à l'exception de celles qui auront déclaré que cette contribution leur est inutile. » Ce texte n'a jamais été abrogé. Jusqu'en 1839, les lois de finances en ont visé les prescriptions : « Il n'est pas dérogé, y lisons-nous, à l'exécution des articles 31, 39. 41, 42 et 43 de la loi du 15 mai 1818, relatifs aux dépenses ordinaires des communes... »

En 1839 et dans les années qui suivirent, cette mention fut remplacée par un renvoi à la loi de 1837, en ces termes : « Il n'est pas dérogé... aux dispositions de la loi du 18 juillet 1837... » Et la loi de 1837 renvoyait elle-même à la loi de finances, pour sanctionner l'affectation au budget communal des centimes ordinaires de la loi de 1818. Ce quiproquo s'est prolongé jusqu'à nos jours, en s'aggravant. La loi de 1884 s'exprime comme celle de 1837, et range dans les recettes du budget ordinaire « le produit des centimes ordinaires affectés aux communes par les lois de finances ». Et les lois de finances, depuis quelques années, variant leur formule, portent à ce sujet : « Le maximum des centimes que les conseils municipaux peuvent voter en vertu de l'article 133 de la loi du 5 avril 1884, est fixé pour l'année [suivante] à cinq centimes sur la contribution foncière (propriétés bâties et propriétés non bâties) et personnelle mobilière. » Ainsi le législateur estime très faussement aujourd'hui que les conseils municipaux votent les centimes ordinaires, et que son rôle ne consiste qu'à en fixer le maximum. La loi de 1884 renvoie à la loi de finances et celle-ci à la loi de 1884. C'est toujours le même cercle vicieux étonnant, et qui fait que les centimes ordinaires semblent suspendus en l'air. Mais que les esprits soucieux de légalité se rassurent; la loi du 15 mai 1818 en soutient toujours l'institution; il n'y est pas dérogé, comme on prenait soin de le dire de 1819 à 1839.

Les auteurs, sans s'inquiéter de la lacune que je viens de dévoiler, se réfèrent au texte précité, comme à une source permanente. Braff dit, en 1857 : « L'imposition de ces cinq centimes [ordinaires] se fait par la loi de finances elle-même, et sans l'intervention des communes. Il suffit qu'elles n'aient pas déclaré que cette ressource leur était inutile[1] (Loi du 15 mai 1818, article 31). » M. Morgand, énumérant les centimes ordinaires et spéciaux, commence par « les cinq centimes ordinaires, sans affectation spéciale, attribués aux communes par l'article 31 de la loi du 15 mai 1818[2] ». Léon Béquet s'exprime ainsi : « Conformément aux dispositions combinées de l'article 31 de la loi du 15 mai 1818 et de l'article 133 de la loi du 5 avril 1884, il est imposé chaque année dans toutes les communes, à l'exception de celles qui ont déclaré que cette imposition leur est inutile, cinq centimes ordinaires au principal des contributions foncière, personnelle et mobilière, pour être affectés aux dépenses ordinaires. Le vote préalable du conseil municipal n'est pas nécessaire[3]. » Plusieurs cadres budgétaires indiquent les mêmes sources[4].

C'est la vraie théorie. La loi de 1884 ne fait que

---

1. *Administration financière des communes*, t. Ier, p. 13.
2. *La Loi municipale*, t. II, p. 179.
3. *Traité de la Commune*, p. 415, n° 3103.
4. Les Ardennes ont la solution juste, indiquant à la fois : « l'article 31 de la loi du 15 mai 1818 et les lois de finances annuelles. »
Eure-et-Loir cite les « lois du 15 frimaire an VII [celle-ci n'est qu'un précédent historique] et du 15 mai 1818 ».
La Vendée et Ille-et-Vilaine se rencontrent singulièrement dans l'erreur de citer l'article 2, au lieu de l'article 31, de la loi du 15 mai 1818.

mentionner la ressource, qu'elle attend d'ailleurs. Elle doit la recevoir de la loi de 1818, avec la sanction de la loi de finances, que Léon Béquet a le tort de ne pas citer. Tel est le concours et le rôle particulier des trois lois. Contrairement à la disposition de la loi de finances, il n'y a pas de vote particulier de centimes ordinaires par la commune. Elle les inscrit comme une attribution légale, comme un fermage, et elle les vote avec l'ensemble du budget[1]. Ils sont alloués d'office et, loin que le conseil municipal ait à en solliciter le bénéfice, il doit prendre une délibération, s'il veut le décliner. Nous savons qu'une seule commune en France, Chapelle-d'Huin, dans le Doubs, se donne la satisfaction d'établir un budget net de toute imposition. Plusieurs communes dans le même département, et quelques autres ailleurs[2], seraient en état de l'imiter, mais sans doute n'y mettent pas le même point d'honneur.

Les centimes ordinaires n'ont pas changé de quotité, ni d'assiette, ni de mode d'emploi depuis l'an VI. Ils ne portent toujours que sur deux contributions, la foncière et la personnelle-mobilière ; leur profit est mince, dans un pays qui dépense en moyenne cinquante centimes de plus, portant sur les quatre contributions. L'auteur de la circulaire du 27 août 1867 promettait d'examiner s'il ne conviendrait pas d'en augmenter le nombre, « pour répondre à des besoins constatés dans un grand nombre de communes ». Il ne le fit pas.

Leur mode d'emploi, simple et constant, est l'amalgame aux revenus ; ils ne forment qu'une masse et se dépensent indistinctement avec eux ; l'assimilation est complète. Ce sont des revenus légaux, au même titre

1. La Seine-Inférieure, dans son cadre budgétaire, observe justement que les centimes ordinaires « sont compris d'office dans les rôles ».

2. Particulièrement dans le Doubs, le Jura, Indre-et-Loire et les Landes.

absolument que les taxes et les attributions légales.

Le modèle ministériel de 1838 les inscrivait en tête de l'ordinaire. Soixante-quinze départements imitent encore ce défaut de méthode. La première place, en bonne logique, appartient aux revenus véritables, qui doivent être suivis immédiatement des taxes et des parts d'impôts généraux; le tour des centimes additionnels ne vient qu'après. Bien que la loi ne mette aucune condition à leur usage, encore est-il rationnel que l'auteur d'un budget, avant d'y recourir, suppute les autres ressources, — sauf à ne pas tenir compte de leur suffisance, — et laisse un tableau disposé de façon à ce qu'on puisse aisément refaire ses calculs. L'administration du territoire de Belfort, passant d'un extrême à l'autre, pose les centimes ordinaires tout à fait à la fin de l'ordinaire, même après les centimes pour insuffisance de revenus, ce qui est un contre-sens.

Les centimes ordinaires ont toujours conservé le même nom et le méritent exclusivement, par raison historique et par raison logique. L'histoire nous a appris, en effet, qu'ils furent ainsi qualifiés, en 1818, par opposition à de nouveaux centimes, accordés à la demande des communes sous le nom d'extraordinaires, toute autre ressource manquant pour les dépenses urgentes. Cette distinction a duré, parce qu'elle était d'ailleurs fondée en logique. Les anciens centimes concédés aux communautés, pour leur tenir lieu des revenus qui leur étaient enlevés, ont pour trait caractéristique d'advenir aux budgets locaux annuellement, sans demande et sans condition, même sans besoin, de se comporter exactement, en somme, comme des revenus. On pourrait les appeler aussi bien des centimes-revenus; mais la qualification d'ordinaires les associe rationnellement au budget qui est le compte des revenus.

CHAPITRE XI

Une première étude a été faite de ce sujet, et conduite jusqu'au seuil de la loi de 1867 ; on l'a pu résu-

mer dans cette définition : « Les centimes spéciaux sont des centimes extraordinaires pour insuffisance de revenus, autorisés d'avance par la loi, limités à un nombre préfix ou aux exigences d'un service déterminé, et affectés à quelques dépenses obligatoires privilégiées. » Depuis lors, la liste des centimes spéciaux, modifiable, contingente, avais-je remarqué, a varié, en effet, et d'une façon qui nous force à en changer la définition sur un point important. En voici le dernier état, après additions et retranchements, un état sommaire :

1° Centimes pour le salaire des gardes champêtres, autorisés par les lois de finances des 21 avril 1832 et 31 juillet 1867[1] ;

2° Cinq centimes pour l'entretien des chemins vicinaux, autorisés par la loi du 21 mai 1836 ;

3° Trois centimes pour l'entretien des chemins vicinaux ordinaires, autorisés d'abord par la loi du 24 juillet 1867, puis par la loi municipale de 1884 ;

4° Trois centimes pour l'entretien des chemins ruraux, autorisés d'abord par la loi du 20 août 1881, puis par la loi municipale de 1884 ;

5° Trois centimes pour les familles des soldats de la réserve et de l'armée territoriale, autorisés par la loi du 21 décembre 1882 ;

6° Cinq centimes pour la création et l'entretien des syndicats des communes, autorisés par la loi du 22 mars 1890 ;

7° Centimes pour l'assistance médicale gratuite, autorisés par la loi du 5 juillet 1893[2].

---

1. Je ne remonte pas jusqu'à la loi du 20 messidor an III, aujourd'hui abrogée, ni au décret du 23 fructidor an XIII. C'est la loi de 1832 qui, la première, a donné à cet impôt la forme de centimes spéciaux.

2. La loi de finances de 1896 contient cette mention : « Article

Cette nomenclature diffère sensiblement de la précédente. On en a retranché les trois centimes de 1833 et de 1850 pour l'instruction primaire ; elle ne contient plus les quatre centimes ajoutés, dans l'intervalle, par la loi du 10 avril 1867 pour la gratuité de l'enseignement primaire, et dont nous n'avons pas eu l'occasion de parler : ces deux dernières catégories attirées en la puissance de l'État et converties en centimes généraux par la loi du 18 juillet 1889. On a ajouté à l'ancienne liste cinq sortes nouvelles, dont quatre s'appliquent à des dépenses facultatives ; ce qui est un changement grave, et sur lequel il y a lieu d'insister.

À l'origine, — je veux dire jusqu'en 1867, l'année où je m'étais arrêté, — tous les centimes spéciaux furent destinés à des dépenses obligatoires. Le principe de leur création était simple : on forçait les communes à dépenser, il fallait leur en fournir les moyens. La concession était corrélative de l'obligation ; le droit de vote découlait du droit de contrainte.

17, § 3. — Il n'est pas dérogé... aux dispositions des lois... du 21 mai 1836 sur les chemins vicinaux ; des 20 juillet 1837, art. 5, et 14 juillet 1838, art. 4, relatifs aux frais de perception de tous centimes additionnels à recouvrer pour le compte des communes et des bourses et chambres de commerce ; des 21 juillet 1870 et 20 août 1881 sur les chemins ruraux ; du 21 décembre 1882 tendant à accorder des secours aux familles nécessiteuses des soldats de la réserve et de l'armée territoriale, pendant l'absence de leurs chefs ; du 22 mars 1890 sur les syndicats des communes... et du 15 juillet 1893 sur l'assistance médicale gratuite. » On remarquera que les centimes pour le salaire des gardes champêtres et ceux pour les chemins vicinaux ordinaires ne figurent pas dans cette nomenclature. Les premiers ont toujours présenté, comme on verra plus tard, certaines anomalies inexpliquées, inexplicables. Il serait temps de les faire rentrer franchement dans leur groupe. Les seconds ayant leur fondement dans la loi municipale, on n'a pas cru devoir en rappeler l'existence ; ceux-là aussi devraient être traités comme les centimes de leur groupe; on a bien rappelé les centimes pour chemins ruraux, qui leur sont accolés dans l'article 141 de la loi de 1884.

Cette raison s'est obscurcie depuis. Quatre catégories de centimes, sur les cinq d'invention moderne, s'appliquent à des dépenses facultatives. Celle destinée au salaire des gardes champêtres, une ancienne, a changé de caractère, devenue d'obligatoire facultative, par suite de l'abrogation de la loi du 20 messidor an III. Il ne reste de dépenses obligatoires, éventuellement munies de centimes spéciaux, que les dépenses d'entretien des chemins vicinaux, aux termes de la loi de 1836, et celles d'assistance médicale gratuite. La déviation a de quoi surprendre ; le sens de l'institution des centimes spéciaux en est devenu très obscur. Pourquoi des dépenses facultatives privilégiées, quand toutes les dépenses obligatoires ne le sont pas ? On comprendrait un revirement complet de la théorie ; mais le parti mixte auquel on a abouti, — inconsciemment peut-être, — brave toute logique. Autrefois les communes étaient généralement pauvres et pourvues de ressources éventuelles fort courtes : 20 centimes pour parer à toutes les nouveautés ! La fortune publique, depuis, s'est accrue, les mœurs ont changé surtout, et l'on a été conduit à l'affranchissement des centimes pour insuffisance de revenus[1].

Aujourd'hui, si une dépense obligatoire s'impose, il n'y a plus lieu de s'inquiéter de la contre-partie. Nulle

---

1. Le changement de mœurs est visible en tous sujets et aussi bien dans celui qui nous occupe. Jadis, même lorsqu'il s'agissait de dépenses obligatoires, la loi, en ouvrant aux communes un crédit de centimes spéciaux, leur interdisait, parfois en termes exprès, d'en dépasser la limite. Aujourd'hui, la licence de voter des centimes pour insuffisance de revenus en nombre illimité a renversé toutes les barrières et levé tous les scrupules. Lisez, par exemple, dans le cadre budgétaire des Deux-Sèvres, cette observation suggestive, mise au bout de la ligne où sont inscrits les centimes facultatifs pour les chemins vicinaux ordinaires : « Le conseil municipal ne peut inscrire sur cette ligne une somme excédant le produit de 3 centimes,

commune n'hésitera à l'imputer sur les centimes généraux pour insuffisance de revenus, et ne verra son vote contrecarré. Dès lors, l'institution des centimes spéciaux n'a plus d'utilité véritable ; elle limite, à la vérité, les pouvoirs réciproques de l'administration ; mais celle-ci en a-t-elle jamais abusé ? N'est-elle pas, relativement, un modèle de sagesse ? Les limites de l'imposition d'office sont, d'ailleurs, entre ses mains fort étroites.

Au contraire, si l'on tient à tirer de pair et à désigner à la faveur de l'opinion une dépense facultative, sans toutefois la mettre au rang des obligatoires, l'affectation de centimes spéciaux à son acquittement aura un effet très appréciable. Elle donne aux communes une franchise nouvelle ; entre la dépense facultative et la dépense obligatoire, elle crée, dans un degré intermédiaire, la dépense facultative au regard de la commune et obligatoire au regard de l'autorité supérieure, quand la commune l'a votée avec application stricte des ressources concédées. Ainsi mon dire se trouve-t-il justifié ; un revirement complet dans la théorie des centimes spéciaux, c'est-à-dire leur affectation à des dépenses exclusivement facultatives aurait sa raison d'être. Le mélange des vues anciennes et modernes ne peut se comprendre ; on a faussé l'institution. Le meilleur parti serait aujourd'hui d'y renoncer totalement.

Quoi qu'il en soit, la définition des centimes spéciaux proposée pour la série antérieure à 1837 ne saurait convenir à la série actuelle. La retouche est matériel-

maximum fixé par la loi du 5 avril 1884 ; si le conseil votait une somme supérieure au produit des 3 centimes, » vous croyez peut-être qu'on la réduirait ? Non : « la différence serait comprise dans l'imposition pour insuffisance de revenus destinée au payement des dépenses facultatives. » Voilà où nous en sommes !

lement légère, elle ne porte que sur un mot à effacer. Ces centimes sont affectés, non plus à quelques dépenses *obligatoires* privilégiées, mais simplement à quelques dépenses privilégiées. La définition est bonne pour le surplus ; je l'annonce, mais cela est à vérifier.

Je la répète dans son ensemble : « Les centimes spéciaux sont des centimes extraordinaires pour insuffisance de revenus, autorisés d'avance par la loi, limités à un nombre préfix ou aux exigences d'un service déterminé, et affectés à quelques dépenses privilégiées. »

Autorisation, limitation, il est clair qu'il ne peut y avoir matière là, ni à difficulté, ni même à observation nouvelle. Les lois qui ont récemment institué des centimes spéciaux l'ont fait suivant les mêmes formes que les anciennes. L'idée essentielle subsiste, qui est d'autoriser par avance les communes à s'imposer dans de certaines limites, en vue de dépenses déterminées. La limitation a été réglée comme autrefois, soit à un chiffre exact (centimes pour les familles des réservistes), soit à un chiffre variable dans un intervalle déterminé (centimes pour l'assistance médicale).

La question capitale est la condition mise à l'emploi des centimes spéciaux : l'insuffisance de revenus. Capitale, à cause de la discussion qu'elle soulève et des conséquences qu'elle implique. Le caractère et le mode d'emploi des centimes s'en déduisent immédiatement, c'est-à-dire la solution intégrale du problème posé. M. Morgand a écrit, sans s'expliquer davantage : « Quelques centimes spéciaux ne peuvent être imposés qu'en cas d'insuffisance de revenus. » Sa formule, qui a voulu être prudente, le trahit quand même. Tous les centimes spéciaux, non pas seulement quelques-uns, ne sont mis à la disposition des communes que comme complément des recettes ordinaires [1]. Consultez les textes ; la condition d'insuffisance de revenus est inscrite dans toutes les lois créatrices de centimes spéciaux, sauf une seule, mais qui la contient implicitement : la loi de 1884.

La loi municipale n'a fait que confirmer, comme on sait, les centimes spéciaux affectés exclusivement aux chemins vicinaux ordinaires et ceux affectés aux chemins ruraux reconnus ; l'article 141 est un texte de seconde main. L'origine s'en trouve dans les lois du 24 juillet 1867 et du 20 août 1881. Or, pour ce qui concerne les chemins ruraux, l'article 10 de la loi de 1881 n'autorise les centimes qu'il institue que sous la condition, expressément formulée aux premiers mots du texte, d'insuffisance des ressources ordinaires. Et personne ne prétendra que la loi de 1884 ait voulu l'abolir en la passant sous silence ; elle n'a rien abrogé de la loi de 1881. Nous n'avons pas le même argument au sujet des centimes pour les chemins vicinaux ordinaires, la loi de 1867 ne contenant pas plus que la loi de 1881 de condition d'emploi ; mais nous avons une raison qui n'est pas moins forte. Que l'on considère, en effet, que les centimes facultatifs de 1867, — ou de 1884, — dont il s'agit ont été concédés comme complément éventuel des centimes obligatoires de 1836, et que ceux-ci n'entrent en jeu que « en cas d'insuffisance des ressources ordinaires des communes ». Par suite, la condition imposée à la première perception s'impose

---

1. Dalloz, rapportant une décision du Conseil d'État, du 30 mai 1884, aux termes de laquelle les centimes spéciaux pour le salaire des gardes champêtres ne peuvent être établis qu'en cas d'insuffisance de revenus, ajoute : « La jurisprudence est actuellement constante, en ce sens que les contribuables sont recevables à soutenir par la voie contentieuse que les ressources ordinaires des communes permettaient de ne pas recourir aux centimes additionnels spéciaux (D. P., 85, 3, 105). » Voilà un résumé fort net de la théorie.

à la seconde nécessairement, et sans qu'il soit besoin de l'exprimer. N'est-il pas évident, d'ailleurs, que les deux catégories de centimes réunies par l'article 141 de la loi de 1884, et destinées à des besoins semblables, doivent marcher de pair, et que, si les centimes pour les chemins ruraux ne font que suppléer, de condition expresse, à un défaut de revenus, le même régime s'étend aux centimes voisins ?

Il y a cependant une anomalie, à signaler dans l'article 1ᵉʳ de la loi du 21 décembre 1882, ainsi conçu : « En cas d'insuffisance de leurs ressources ordinaires et des centimes extraordinaires créés dans les limites du maximum fixé chaque année par le conseil général, les communes sont autorisées à s'imposer annuellement et extraordinairement jusqu'à concurrence de trois centimes additionnels au principal des quatre contributions directes, dans le but d'accorder des secours aux familles nécessiteuses des soldats de la réserve et de l'armée territoriale. » Personne ne s'est étonné, que je sache, d'une pareille rédaction ; il y a pourtant bien sujet. Elle semble admettre, elle admet littéralement que, faute de revenus, le secours dont il s'agit peut se prélever sur les centimes extraordinaires dont le conseil général règle le maximum, autrement dit sur les centimes temporaires. Ce qui est parfaitement absurde, et d'ailleurs contredit par l'autorisation où l'on aboutit, autorisation donnée aux communes de s'imposer « annuellement » pour le même objet. C'est une règle de bon sens qu'on ne paye pas l'annuel avec des annuités. Il n'y a qu'à laisser tomber cette inexplicable allusion aux centimes pour insuffisance de capitaux et, en effet, la pratique ne s'embarrasse pas, et pour cause, de cette bévue législative[1].

1. Il est étonnant que le rédacteur de la loi n'ait pas été averti, au moins par la transgression flagrante de la règle qui soustrait les cen-

L'argument de texte qui vient d'être développé emporte une preuve complète de la condition d'insuffisance mise à l'usage des centimes spéciaux. Cependant il ne paraîtra pas superflu de la corroborer par les observations suivantes.

La question qui nous occupe fut agitée, en 1875, entre le ministre de l'Intérieur et le ministre de l'Instruction publique, à propos de la demande d'un sieur Fabien, qui prétendait se faire décharger de sa quote-part des centimes spéciaux pour l'instruction primaire que la ville de Paris avait imposés en 1870. Le contribuable arguait de la suffisance des revenus communaux cette année-là. Le ministre de l'Intérieur combattit cette réclamation en disant : « Sans doute la loi du 13 mars 1850 n'a rendu obligatoire pour les communes le vote de centimes spéciaux qu'en cas d'insuffisance de revenus ordinaires ; mais il ne s'ensuit pas que, dans l'hypothèse contraire, le recours à l'imposition autorisée par la loi de finances leur soit interdit, et que le montant des dépenses de l'instruction primaire doive nécessairement être prélevé sur l'excédent des revenus... Il faut considérer les centimes spéciaux comme une ressource ordinaire, que les communes sont toujours libres d'utiliser jusqu'à concurrence des allocations réclamées par le service... » Le ministre de l'Instruction publique répliqua : « Les dépenses de l'instruction primaire ayant un caractère obligatoire, il doit y être pourvu, d'abord au moyen des fonds laissés libres par les autres dépenses obligatoires, et ensuite au moyen des centimes spéciaux. Il est impossible d'admettre que l'administration puisse disposer de ces ressources pour pourvoir à des dépenses facultatives. Ce système contri-

times spéciaux au maximum imposé aux extraordinaires par la loi et les conseils généraux. L'ignorance du sujet est complète.

buerait à accroître considérablement les charges du
département et de l'État... (D. P., 76, 3. 4). »

Le ministre économe eut gain de cause devant le
Conseil d'État. Ses arguments peuvent être étendus à
toutes les dépenses ayant une contre-partie éventuelle
de centimes spéciaux. Celles qui ne sont pas obligatoires obtiennent parmi les facultatives une faveur qui
les met au premier rang et doit leur assurer les ressources disponibles immédiatement après que les obligatoires sont pourvues. Le ministre de l'Intérieur eut
tort de croire que les centimes spéciaux peuvent être
disponibles sans condition.

Deux formules budgétaires peuvent fournir une confirmation intéressante de ces vues, celles de la Seine
et du Jura. La première, reproduite dans le *Traité de la
Commune* de Léon Béquet[1], implique l'approbation de ce
jurisconsulte. Après la liste des revenus formant la première section des recettes ordinaires, on déduit dans
ces cadres tout le groupe des centimes annuels, spéciaux d'abord, puis généraux, sous ce titre commun :
« Ressources destinées à suppléer à l'insuffisance des
revenus ordinaires. » C'est la reconnaissance expresse
par une pratique éclairée du principe que notre définition a posé, et que nous sommes fondé à considérer
désormais comme incontestable : « Les centimes spéciaux sont des centimes pour insuffisance de revenus. »

Tout ce qui nous importe s'en déduit aisément :
caractère et mode d'emploi.

Nous avons dit qu'une seule catégorie de centimes
avait reçu originellement, et mérité dès lors exclusivement le nom d'ordinaires, et que cette qualification
correspondait au fait qu'ils s'offrent spontanément et
sans condition, comme un pur revenu. Ce sont les cinq

1. *Traité de la Commune*, p. 490.

centimes issus de la loi de 1818, — pour ne pas remonter à une date plus lointaine. — Or, les centimes spéciaux ne sont donnés qu'à la demande des communes et sous condition d'insuffisance de revenus, à titre de complément de revenus. Donc ils sont extraordinaires aux termes de la théorie légale. L'auteur de la *Situation financière des communes*, confondant annuel avec ordinaire, a le tort de les joindre aux ordinaires, et le tort plus grave de faire un bloc de tous les centimes versés à l'ordinaire. Voilà pour le caractère de nos centimes.

D'autre part, la même condition d'usage en cas d'insuffisance de revenus annonce clairement leur mode d'emploi : ces centimes complètent les revenus. Les centimes ordinaires s'y mêlent comme revenus eux-mêmes ; ceux-là s'y joignent après la balance posée, s'il y a lieu, et pour solde. J'ai proposé de les comprendre, — ainsi que tous les centimes pour insuffisance de revenus, — sous le nom d'annuel, pour les distinguer des revenus naturels et légaux, qui sont une ressource permanente, et, d'autre part, de les ranger sous la rubrique de revenus sans épithète, lorsqu'on veut désigner, *lato sensu*, toute ressource annuellement votée et consommée.

Ces déductions ont l'assiette la plus certaine. J'ai, pour les confirmer, des arguments de valeur encore. On a vu, dans mon premier chapitre sur les centimes spéciaux, la circulaire du 27 mars 1837 ; elle a été renouvelée et confirmée par celle du 15 mai 1884, en ces termes : « Les centimes votés en vertu des lois des 21 mai 1836 (chemins vicinaux) et 16 juin 1881 (instruction primaire) et de certaines lois spéciales ne se confondent pas avec les centimes extraordinaires que les conseils municipaux peuvent voter dans la limite du maximum fixé par le conseil général. On ne devra pas non plus considérer comme compris dans ce maximum les centimes affectés par le paragraphe 2 du présent article aux dépenses des chemins vicinaux ordinaires et des chemins ruraux reconnus, ni les centimes qui pourraient être imposés d'office sur la commune par application de l'article 48 de la présente loi. » La circulaire de 1837 se terminait mieux par cette déclaration de principes : « En général, les centimes votés en exécution de lois spéciales ne comptent pas dans le nombre des vingt facultatifs [mauvais mot] susceptibles d'être autorisés pour les dépenses d'intérêt communal. » J'ai fait observer, après cela, qu'on ne distingue que ce qui était confondu. Comprenez : les centimes spéciaux sont de la famille des extraordinaires ; on les soumet à une règle particulière sur un point, mais sans changer leur nature[1]. Il y a lieu de remarquer enfin que le modèle ministériel de 1838 a rangé les centimes spéciaux sous la rubrique des impositions extraordinaires ; la coutume s'en est conservée dans nombre de départements.

Malheureusement, dans l'histoire de centimes spéciaux, on ne trouve pas que des traditions correctes. Mainte objection naît de textes douteux, de variations doctrinales, en somme d'une longue méconnaissance des principes. On a pu contester le caractère extraor-

---

1. La circulaire du 27 mars 1837 portait ce titre : « Instructions sur la marche à suivre pour les propositions d'impositions *extraor-dinaires* affectées aux dépenses des communes. » Et elle réglait en même temps tout ce qui a trait aux centimes spéciaux et aux centimes pour insuffisance de revenus. Elle traçait un modèle de délibération où on lit : « Considérant que les dépenses à faire sont indispensables et que la commune ne peut y pourvoir qu'en obtenant l'autorisation de s'imposer *extraordinairement...* Est d'avis... qu'elle soit autorisée à s'imposer jusqu'à concurrence de... pour le salaire du garde champêtre, et jusqu'à concurrence de... pour subvenir à l'insuffisance des revenus, affectés aux autres dépenses *ordinaires* de cet exercice... »

dinaire et le caractère annuel qui sont le fondement de notre définition.

L'obstacle capital à l'établissement d'une bonne doctrine a été, dès longtemps, l'idée qu'il y avait lieu de distinguer parmi les centimes spéciaux; on a cru en reconnaître d'ordinaires et d'extraordinaires, et on a tendu à revenir au mode de partage primitif des centimes entre les budgets : les ordinaires à l'ordinaire, les extraordinaires à l'extraordinaire. Théorie deux fois fausse, si l'on peut appeler théorie des aperçus, des velléités qui n'ont jamais pris corps ; nous savons que les centimes spéciaux sont tous extraordinaires au même titre, et n'ont tous d'emploi qu'au budget ordinaire. Il faut néanmoins repasser une histoire dont certains lambeaux traînent dans les imaginations et dans la pratique moderne, et qui nous donnera l'occasion de fortifier notre thèse par de nouveaux arguments.

Le mal remonte au temps où l'on se figura que les dépenses obligatoires avaient nécessairement pour contre-partie des recettes ordinaires. On fut induit par là à considérer comme ordinaires les centimes spéciaux qu'on venait d'établir au bénéfice de l'instruction primaire et des chemins vicinaux. C'est une vue développée, avec autant d'assurance que d'irréflexion, par l'auteur de la circulaire du 24 juin 1836, dont voici le passage caractéristique : « La loi du 21 mai 1836... a rendu l'entretien et la réparation des chemins vicinaux obligatoires. La dépense est donc devenue obligatoire aussi. Dès lors, les cinq centimes qui peuvent y être annuellement affectés ont réellement perdu le caractère de contribution extraordinaire. » Et l'on confirma ce beau raisonnement par une mesure pour laquelle il avait été certainement imaginé. Croyant avoir effacé au fond la nature extraordinaire des centimes spéciaux, on voulut l'effacer aussi dans la forme, et l'on supprima pour eux le vote avec l'adjonction des plus imposés. Ainsi avait fait la loi du 28 juin 1833, celle-ci sans phrases, au sujet des centimes de l'instruction primaire. Ces considérations nouvelles, cependant, n'eurent pas d'effet rétroactif : les centimes pour le salaire des gardes champêtres, bien que destinés à l'acquittement d'une dépense obligatoire, et prétendûment ordinaires à cause de cela, n'en restèrent pas moins soumis au vote des plus forts contribuables[1], en vertu de la loi de finances du 21 avril 1832.

La loi du 10 avril 1867 autorisa les communes, si elles voulaient établir la gratuité des écoles primaires, à voter, en sus des trois centimes spéciaux de la loi de 1850, — qui avait remplacé celle de 1833, — « une imposition extraordinaire » ne pouvant excéder quatre centimes. La loi du 24 juillet de la même année déclara que les conseils municipaux pourraient, à leur gré, voter « trois centimes extraordinaires », exclusivement affectés aux chemins vicinaux ordinaires. Ces nouveaux centimes sont exactement qualifiés d'extraordinaires. Pourquoi ?

On pourrait s'imaginer que, sous l'influence persistante du préjugé de 1836, de même qu'on avait opposé des centimes spéciaux ordinaires aux dépenses obligatoires, on opposait des centimes spéciaux extraordinaires aux dépenses facultatives. Mais non ; cette logique a fait son temps, et la raison donnée alors fut que des centimes pour des dépenses facultatives, avaient besoin d'un contrôle plus strict, et qu'ils devaient être

---

1. L'article 19 de la loi de finances du 21 avril 1832 porte : « Il ne sera plus fait de rôles spéciaux pour le traitement des gardes champêtres. Ces impositions, votées dans les formes des articles 39 et 40 de la loi du 15 mai 1818 [c'est-à-dire avec adjonction des plus imposés], seront comprises à titre de centimes additionnels dans le rôle de la contribution foncière et porteront, comme ces centimes, sur toutes les natures de propriété. »

soumis au vote du conseil municipal augmenté des plus imposés. Cette forme solennelle, réservée aux centimes extraordinaires, classait dès lors les centimes spéciaux facultatifs au même rang ; elle devenait une pierre de touche. La nouvelle règle pouvait avoir quelque apparence de raison ; mais il était singulièrement illogique d'y soustraire encore les centimes pour le salaire des gardes champêtres, que l'on continua de voter avec les mêmes formes que les facultatifs.

Il y eut alors une telle complication de centimes additionnels que le ministre de l'Intérieur, éprouvant sans doute le besoin de s'y reconnaître lui-même, en fit dresser un tableau, où étaient rapprochés et comparés leurs traits principaux. Je n'y prendrai que ce qui concerne les centimes spéciaux (circulaire du 27 août 1867) :

1° Centimes spéciaux (obligatoires) pour les chemins vicinaux. Votés sans le concours des plus imposés (1836).

2° Centimes extraordinaires (facultatifs) pour les chemins vicinaux ordinaires. Votés avec le concours des plus imposés (1867).

3° Centimes spéciaux (obligatoires) pour l'enseignement primaire. Votés sans le concours des plus imposés (1850).

4° Centimes extraordinaires (facultatifs) pour la gratuité de l'enseignement primaire. Votés avec le concours des plus imposés (1867).

5° Centimes spéciaux (obligatoires) pour le traitement des gardes champêtres. Votés avec le concours des plus imposés (1832).

Ainsi voilà cinq sortes de centimes spéciaux, dont deux sont tirées de pair sous le nom de centimes extraordinaires. Les autres figurent ici sous le nom commun à tous : spéciaux, tout simplement. Cependant une circulaire (datée du 3 août), antérieure de quelques jours à la précédente, les avait franchement opposés aux extraordinaires, en les qualifiant d'ordinaires. Elle commentait en ces termes l'article 2 de la loi du 24 juillet, recherchant à quelles recettes ordinaires devait se borner un budget pour être intangible : « Il est bien entendu que, pour profiter du bénéfice de cet article, les communes ne devront faire figurer en recettes ordinaires que celles qui sont énoncées dans la loi de 1837. Toutefois, elles pourront y comprendre également le produit des centimes spéciaux votés en exécution des lois des 21 mai 1836 et 15 mars 1850 pour les chemins vicinaux et l'instruction primaire, et ceux qui sont destinés au salaire des gardes champêtres. Ce sont là, en effet, des ressources *ordinaires* annuelles. On ne saurait, au contraire, considérer comme faisant partie des ressources communales ordinaires les centimes *extraordinaires* spéciaux créés par la loi du 10 avril 1867 pour l'instruction primaire, et par l'article 3 de la présente loi pour les chemins vicinaux ordinaires... » Cette théorie est assurément fausse, comme nous le ferons voir dans le chapitre prochain.

Une scission parut, cependant, devoir être consacrée entre centimes spéciaux ordinaires et centimes spéciaux extraordinaires ; ces derniers furent ainsi nommés parce qu'ils étaient facultatifs et soumis à la formalité caractéristique du vote avec adjonction des plus imposés, sauf l'exception inexpliquée des centimes pour les gardes champêtres, centimes obligatoires, rangés par suite dans les spéciaux ordinaires, et néanmoins votés avec les formes de la loi de 1818. On aperçoit à ce moment une apparence de théorie ; théorie boiteuse, et qui bientôt même ne tient plus debout. En 1881, création de centimes spéciaux, appelés extraordinaires, pour l'entretien facultatif des chemins ruraux reconnus ; rien à dire. Mais, en décembre 1882, autres centimes spéciaux pour secours facultatifs aux familles des réservistes, et qualifiés d'extraordinaires encore, bien que le rôle des plus imposés ait pris fin dès le mois d'avril. Pourquoi extraordinaires ? Toute raison de distinguer est, semble-t-il, abolie.

En 1884, le législateur n'a pas compris la difficulté, et son irréflexion l'a compliquée. Il a touché deux fois aux centimes spéciaux, d'une main incertaine, les rapprochant tantôt des ordinaires, tantôt des temporaires, n'ayant pas le sentiment du rôle que leur assigne la condition d'insuffisance de revenus mise à leur emploi. Je m'explique. Dans l'article 133, il les joint aux ordinaires étroitement, comme s'ils étaient de même nature. Le paragraphe 3 de l'article 31 de la loi de 1837, qui énonce parmi les recettes ordinaires le « produit des centimes ordinaires affectés aux communes par les lois de finances », est devenu le paragraphe de même rang de l'article 133 de la loi de 1884, qui compte dans les recettes du budget ordinaire le « produit des centimes ordinaires *et spéciaux* affectés aux communes par les lois de finances ». Rapprochement imprévu et inexact, car les centimes spéciaux ne sont pas des revenus, comme les ordinaires.

Plus loin, la loi de 1884 désigne nommément deux catégories de centimes spéciaux ; nous retrouvons dans l'article 141 un texte imité, — presque une reproduction, — de l'article 3 de la loi du 24 juillet 1867. Le paragraphe 2 énonce de même les trois centimes « extraordinaires exclusivement affectés aux chemins vicinaux ordinaires » ; puis il y joint, ce qui est une nouveauté, un rappel des centimes pour les chemins ruraux de la loi de 1881. La mention des premiers s'explique fort bien ; puisqu'on allait abolir, avec la loi de 1867, le texte qui les instituait, il était nécessaire de transporter et de rétablir ailleurs cette pierre de l'ancien édifice. Mais pourquoi rappeler les centimes pour chemins ruraux, là plutôt qu'ailleurs, eux plutôt que d'autres ? Surtout, pourquoi colloquer ces deux catégories de centimes annuels parmi les centimes temporaires ? La loi de 1867 l'avait fait pour une catégorie, sans doute ; raison insuffisante. Elle touchait, sans ordre possible, à beaucoup de sujets ; son rapporteur devant le Sénat en classait les dispositions sous seize chefs ; tandis que la loi de 1884 était une loi de principes, maîtresse de son plan et responsable de sa méthode. Quoi qu'il en soit, elle justifie amplement le reproche que je lui adressais d'avoir ballotté les centimes spéciaux d'un extrême à l'autre, sans prendre la peine de réfléchir à leur caractère ni à leur mode d'emploi.

Ensuite, vinrent l'article 177 de la portion complémentaire de la loi de 1884, concernant les syndicats de communes, qui autorisa des centimes facultatifs qualifiés simplement de spéciaux, et finalement l'article 27 de la loi du 15 juillet 1893, qui concéda pour l'assistance médicale gratuite des centimes obligatoires, sous la qualification tout à fait banale d'additionnels. On ne se hasarde plus à trancher sur l'ordinaire ni sur l'extraordinaire ; on ne sait plus. Tel est, en vérité, l'aveu tacite du législateur.

Il ne faut pas s'attendre au secours des théoriciens ni des praticiens. Citons, en effet, pour compléter la preuve de ce désarroi, M. Morgand et Léon Béquet, et rappelons M. Alapetite ; après quoi, nous jetterons un coup d'œil sur quelques cadres budgétaires départementaux.

M. Morgand, commentant le paragraphe 2 de l'ar-

ticle 145 de la loi de 1884, — copie de l'article 2 de la loi
de 1867, — sans lier formellement le caractère extraordinaire des centimes spéciaux au caractère facultatif des
dépenses correspondantes, arrive cependant, en fait, à
mettre hors des recettes ordinaires les quatre espèces
de centimes affectées aux dépenses facultatives : impositions pour les gardes champêtres, pour les chemins
vicinaux ordinaires, pour les chemins ruraux, pour les
familles des réservistes. « Car, dit-il, elles sont désignées par les lois qui les ont créées sous le nom de centimes extraordinaires, et, si on peut, pour l'ordre de la
comptabilité, les classer parmi les recettes ordinaires,
lorsqu'elles sont destinées au payement de dépenses
annuelles, elles ne doivent pas moins, à d'autres points
de vue, et particulièrement à celui qui nous occupe,
être considérées comme dépenses extraordinaires. » Ce
passage finit en forme d'oracle ; l'auteur n'explique plus
rien. Il y a fort à parier qu'il ne s'est pas compris lui-
même[1]. Nous verrons bientôt, d'ailleurs, l'erreur fondamentale de ce morceau.

La surprise n'est pas moindre à consulter Léon Béquet.

---

1. *La Loi municipale*, t. II, p. 362. Comment, en effet, imaginer
une conciliation de ce que nous venons de lire avec le passage de la
page 178 ? « La loi de 1837 ne mentionnait expressément dans son
texte [article 31] que les centimes ordinaires. Mais, dans la pratique,
les centimes spéciaux étaient aussi classés au nombre des recettes ordinaires... La loi nouvelle, en ajoutant les centimes spéciaux aux
recettes ordinaires, ne fait donc que consacrer l'état de choses antérieur. » La loi nouvelle a ajouté les centimes spéciaux aux recettes
ordinaires, c'est vrai, mais sans en faire pour cela une recette ordinaire. Elle n'a pas pu changer la nature des choses. Elle a élargi
le cadre de la loi de 1837 et admis dans le cadre nouveau les recettes
du budget ordinaire, c'est-à-dire, avec les ordinaires, les recettes
extraordinaires qui y suppléent. Le modèle de délibération proposé
par le ministre dans la circulaire du 17 mars 1837 indiquait, en
termes exprès, qu'il fallait demander l'autorisation de s'imposer *extraordinairement* pour subvenir à des dépenses *ordinaires*, pour le
salaire des gardes champêtres, entre autres.

Il ne sait assurément pas comment nommer les trois centimes pour les chemins vicinaux ordinaires. Dans un premier passage, concernant les ressources applicables à la vicinalité, il dit[1] : « La loi du 21 mai 1836 fixe à cinq le maximum des centimes spéciaux ordinaires que les conseils municipaux peuvent, en cas d'insuffisance de revenus ordinaires, être obligés d'affecter au service de la vicinalité... Afin de permettre aux conseils municipaux d'augmenter les ressources de la vicinalité, qui sont, en grande partie, absorbées par les chemins de grande communication et d'intérêt commun, l'article 141 de la loi du 5 avril 1884 donne aux conseils municipaux le pouvoir de voter, par addition au principal des quatre contributions directes, trois centimes extraordinaires exclusivement affectés aux chemins vicinaux ordinaires. » On voit l'opposition marquée entre les deux sortes de centimes spéciaux issus des lois de 1836 et de 1884, ceux-là qualifiés d'ordinaires, ceux-ci d'extraordinaires, ressouvenir de l'essai de système qui liait la première épithète à une contre-partie obligatoire, la seconde à une contre-partie facultative.

Dans un second passage, qui suit presque immédiatement les lignes précitées, le même auteur change ses appellations, sans paraître y prendre garde : « En cas d'insuffisance constatée de revenus ordinaires, des cinq centimes spéciaux ordinaires et des trois premières journées de prestations, mais en ce cas seulement, les conseils municipaux peuvent voter, outre les trois centimes spéciaux *ordinaires* qui sont exclusivement affectés aux chemins vicinaux ordinaires, des impositions extraordinaires par addition au principal des quatre contributions directes, lesquelles impositions ex-

---

1. *Traité de la Commune*, p. 434.

traordinaires peuvent servir aux dépenses non seulement des chemins vicinaux ordinaires, mais encore des chemins vicinaux de grande communication et d'intérêt commun. » L'opposition établie tout à l'heure entre les centimes de 1836 et de 1884 disparaît, et les deux groupes sont juxtaposés sous le nom commun de spéciaux ordinaires. La qualification d'extraordinaires est réservée aux temporaires, dont on fixe aussitôt les conditions d'établissement, comme il est juste, en raison combinée de leur quotité et de leur durée.

Dans un troisième passage[1], Léon Béquet rapproche ce qu'il vient de séparer et même d'opposer. Son excuse est qu'il copie une « Instruction générale du ministère de l'Intérieur », en date du 6 décembre 1870, exposant les ressources de la voirie vicinale (article 63). Cependant, il en fait la théorie sienne, en ne citant pas ce document. Il énonce : *Ressources ordinaires.* — 1° Revenus ordinaires ; 2° Centimes spéciaux ordinaires ; 3° Prestations. — *Ressources extraordinaires.* — 1° Centimes spéciaux extraordinaires ; 2° Quatrième journée de prestations ; 3° Impositions extraordinaires ; 4° Allocation sur le produit de la vente de biens, etc. Voilà les centimes facultatifs spéciaux de 1867 accolés aux temporaires, comme a fait la loi de 1884. On ne saurait, en somme, trouver un exemple plus complet de la plus parfaite incohérence.

M. Alapetite est le dernier théoricien qui ait touché à ce sujet. Le lecteur se souviendra peut-être qu'il trouve choquant de voir certaines formules de budget « donner la qualification d'extraordinaires à des centimes votés pour des dépenses annuelles et ordinaires », et qu'il propose le changement suivant : il fait un départ entre les centimes spéciaux, désignant les centimes

___

[1]. *Traité de la Commune*, p. 485.

pour les gardes champêtres par leur objet, traitant les centimes pour les familles des réservistes; pour les chemins vicinaux ordinaires et pour les chemins ruraux d'impositions spéciales facultatives. M. Alapêtite a l'air, en vérité, de ne poser le problème que pour indiquer le moyen de l'esquiver; j'ai appelé cela, comme il convient, une échappatoire.

Il résulte fort évidemment des citations faites de la loi et de la doctrine que le caractère des centimes spéciaux est ignoré, et que même la détermination de ce caractère est un problème inexistant pour beaucoup. Rien d'étonnant, dès lors, que la pratique, désorientée par ce défaut de principes, ait erré en tous sens, et ne sache, ni comment qualifier ces centimes, ni en régler normalement l'emploi.

Tout d'abord, si nous avons déjà loué le Jura et la Seine d'avoir compris et mis en juste relief la condition sous laquelle les centimes spéciaux entrent en jeu : l'insuffisance de revenus, — condition qui fixe, comme on sait, leur caractère et leur emploi, — nous devons, au contraire, dénoncer l'inintelligence absolue de ce principe dans l'Aude, la Creuse, le Finistère et le Var. Les deux premiers départements mettent les cinq centimes ordinaires en tête des recettes ordinaires et, immédiatement après, tous les autres centimes annuels ; le Finistère rejette à la fin du chapitre les seuls centimes dits pour insuffisance de revenus ; le Var, conservant toute la série au commencement, y entremêle l'octroi, l'attribution sur les patentes et sur les amendes. Entre l'observance exacte et la complète méconnaissance de la règle, entre le type de la Seine et celui de l'Aude, il y a place pour beaucoup d'incorrections et d'à peu près. Passons.

La qualification des centimes spéciaux que nous avons déduite de l'usage sous condition d'insuffisance de revenus, n'inspire pas de moindres perplexités. On trouve en cherchant bien, toutes les solutions. Ces centimes sont exactement qualifiés d'extraordinaires par la Charente-Inférieure, Eure-et-Loir, Maine-et-Loire, l'Oise, le Puy-de-Dôme, la Sarthe, Seine-et-Oise et la Vienne. Ils sont traités d'impositions spéciales simplement par la Côte-d'Or et Lot-et-Garonne; d'impositions sans épithète par la Haute-Loire, la Mayenne, la Savoie et le Tarn; enfin d'impositions ordinaires par le Gers. On voit que M. Alapetite, se plaignant que « le cadre préparé par la préfecture » embarrassât les municipalités, en donnant « la qualification d'extraordinaires à des centimes votés pour des dépenses annuelles et ordinaires », était muni de renseignements trop sommaires ; il ne connaissait pas tous les cadres préparés par les préfectures. La Côte-d'Or lui aurait agréé ; le Gers, inspiré des scrupules.

On sait que nous faisons également dériver le mode d'emploi des centimes spéciaux de la condition d'insuffisance de revenus sous laquelle leur perception est autorisée. Ils s'ajoutent aux revenus, soit aux recettes ordinaires, et complètent les ressources du chapitre 1er. C'est assez généralement la pratique administrative. Même un bon nombre de départements, en les plaçant en queue du budget ordinaire, comme la Seine et le Jura, — mais sans la rubrique lumineuse qui en fait expressément une catégorie de centimes pour insuffisance de revenus, — ont le juste sentiment de leur caractère et de leur emploi. Citons l'Ain, l'Allier, les Basses-Alpes, les Hautes-Alpes, le Cantal, la Charente-Inférieure, la Haute-Garonne, Ille-et-Vilaine, l'Indre, Indre-et-Loire, Loir-et-Cher, Lot-et-Garonne, la Manche, le Nord, le Pas-de-Calais, la Savoie, la Haute-Savoie, la Seine-Inférieure. La Seine-Inférieure est presque un modèle ; il ne lui faudrait que donner au groupe que je vais citer la désignation collective qui est une clarté théorique si utile dans les budgets de la Seine et du Jura. Voici les sept sortes de centimes spéciaux déduites comme les derniers articles de son budget communal ordinaire. Il s'y mêle les prestations, qui sont aussi bien, comme on verra, des taxes pour insuffisance de revenus :

— 5 centimes pour l'entretien de chemins vicinaux (art. 2 de la loi du 21 mai 1836);

— 3 centimes pour l'entretien des chemins vicinaux [ordinaires] (art. 141 de la loi du 5 avril 1884);

— Évaluation en argent des prestations en nature;

— 3 centimes pour l'entretien des chemins ruraux (art. 10 de la loi du 20 août 1881);

— Évaluation en argent d'une journée de prestation pour les chemins ruraux (*idem*);

— 3 centimes[1] pour secours aux familles nécessiteuses des soldats de la réserve et de l'armée territoriale retenus sous les drapeaux (Loi du 21 décembre 1882);

— Centimes pour dépenses d'assistance médicale gratuite (Loi du 25 juillet 1893);

— 5 centimes pour la création et l'entretien d'un syndicat de communes (Lois du 5 avril 1884 et du 22 mars 1890, art. 177);

— Imposition pour le salaire du garde champêtre;

—Imposition locale pour insuffisance de revenus (Loi du 5 avril 1884, article 133)[2]. Dépense obligatoire à autoriser par arrêté préfectoral. Dépense facultative à autoriser par décret.

La généralité des centimes spéciaux est maintenue

1. Le chiffre manque.

2. Le chapitre de l'ordinaire se termine par les frais de perception des centimes communaux, que, suivant le modèle ministériel de 1838 et la circulaire du 27 août 1867, on sait que je ne compte pas parmi les centimes spéciaux.

dans le cadre de l'ordinaire, à titre de complément de revenus ou d'annuel. Mais cette règle elle-même, plutôt sentie que comprise, souffre des exceptions : l'une rare et l'autre commune. L'exception rare nous est offerte par l'Isère, qui a l'idée de placer les centimes pour les familles des réservistes à l'extraordinaire ; ce département est abusé, sans doute, par l'erreur saugrenue que nous avons relevée dans la loi du 21 décembre 1882. L'exception commune concerne les centimes pour chemins vicinaux ordinaires et ceux pour les chemins ruraux, qu'on trouve fréquemment inscrits à l'extraordinaire, tant à cause de leur qualification, j'imagine, qu'à cause du mélange que l'article 141 de la loi de 1884 en fait avec les centimes temporaires.

Bornons-nous à étudier le cas, le plus intéressant et le plus usuel, des centimes pour chemins vicinaux.

Une opposition a paru naturelle entre les centimes de la loi de 1836 et ceux de la loi de 1884, pour les raisons que je viens de dire. On l'a voulu établir par une différence de mots et par une différence d'emploi. Dans les mots, on a mis en contraste ces épithètes, appliqués aux premiers centimes : ordinaires, spéciaux, spéciaux-ordinaires, additionnels, avec ces autres épithètes, appliquées aux seconds : extraordinaires, facultatifs, spéciaux-extraordinaires, extraordinaires-spéciaux. D'autre part, on s'est résolu à cette différence de traitement plus radicale, qui consiste à séparer les deux sortes de centimes et à attribuer, en tout état de cause, les ordinaires et les extraordinaires prétendus, respectivement aux budgets de même nom. Ainsi procède-t-on dans l'Aisne, l'Allier, les Hautes-Alpes, la Dordogne, la Drôme, la Haute-Garonne, l'Hérault, l'Isère, la Haute-Marne, la Mayenne, la Meuse, le Pas-de-Calais, les Pyrénées-Orientales, la Haute-Saône, la Haute-Savoie, Seine-et-Oise et la Vienne.

Ce faisant, les départements dont il s'agit ne font rien ; cette séparation des centimes est une pure apparence et ne prévaut pas contre la force des principes. Le budget ordinaire de la vicinalité se construit de même partout, c'est-à-dire suivant les instructions du service compétent, qui aligne les ressources annuelles comme l'indique Léon Béquet, dans le troisième des passages cités plus haut. Ces ressources comprennent finalement les trois centimes de 1884, et même des centimes pour insuffisance de revenus (sous le titre fallacieux de revenus ordinaires); après quoi, l'on distrait les trois centimes de la balance pour les inscrire isolément au chapitre II, en face d'un chiffre égal distrait de la somme des dépenses annuelles. Cette complication inutile se pratique en Seine-et-Oise notamment; absurde tyrannie d'un mot[1].

Cependant une doctrine assez spécieuse a imaginé une distinction, afin d'accommoder plus réellement l'emploi des centimes de la loi de 1884 aux cas extraordinaires auxquels leur qualification légale lui paraît les destiner. Ces centimes, fait observer M. Morgand, « ne doivent figurer au budget ordinaire que lorsqu'ils sont imposés pour faire face aux dépenses ordinaires des chemins. Lorsqu'ils ne sont imposés qu'accidentel-

---

1. A Marseille, en 1894, on eut une idée particulière, malheureuse, sur l'emploi de ces centimes. Cette année-là, le chapitre ordinaire se soldait par un excédent de trois millions versés à l'extraordinaire. Le conseil municipal s'ingéra d'y inscrire, après cela, les trois centimes spéciaux de la loi de 1884, qualifiés d'extraordinaires, pour parer à des travaux de vicinalité, pareillement qualifiés eux-mêmes, bien que payables dans l'exercice. Le préfet les biffa et eut deux fois raison, les centimes spéciaux n'étant disponibles qu'en cas d'insuffisance de revenus, et ceux-là, en particulier, n'étant disponibles qu'en cas d'insuffisance des centimes de la loi de 1836. La municipalité de Marseille avait un excédent de revenus, et, d'autre part, la ressource inemployée des premiers centimes de la vicinalité. Exemple à méditer par le préfet du Finistère !

lement, en vue de pourvoir à des dépenses extraordinaires de construction, de redressement ou de grosses réparations, la recette en doit être inscrite au budget extraordinaire, comme les dépenses qui y ont donné lieu ». Le même auteur ajoute en note cette observation que les centimes dont il s'agit (pour les chemins vicinaux ou ruraux) « sont qualifiés d'extraordinaires par la loi, mais que, le plus souvent, ils ont le caractère d'une recette ordinaire[1] ». L'Indre, Indre-et-Loire, Loiret-Cher, la Seine et Vaucluse mettent expressément en pratique cette doctrine. Leurs cadres budgétaires mentionnent les centimes de la loi de 1884 comme recette de l'ordinaire et comme recette de l'extraordinaire, et dans Indre-et-Loire on explique en marge le jeu de cette double prévision : « Ces impositions, dit la note, ne peuvent être inscrites à la fois aux recettes ordinaires et aux recettes extraordinaires ; elles peuvent être portées soit au chapitre Ier, soit au chapitre II, suivant qu'elles sont destinées à pourvoir à des dépenses annuelles d'entretien ou à des dépenses extraordinaires. »

Je m'inscris en faux contre cette théorie des centimes à double face et à double fin, annuels ou temporaires selon les cas, tantôt pour insuffisance de revenus, tantôt pour insuffisance de capitaux. C'est une conception qui n'a de fondement ni dans le passé ni dans le présent, bizarre et inutile. Elle n'a été imaginée qu'assez récemment, pour opposer, selon le vœu prétendu de la loi, centimes spéciaux extraordinaires à centimes spéciaux ordinaires ; on l'a crue motivée par la qualification des premiers et la place où ils figurent dans la loi. Mais on sait déjà que tous les centimes spéciaux méritent le nom d'extraordinaires, qui est par-

____

1. *La Loi municipale*, t. II, p. 180.

faitement compatible avec leur caractère annuel, et,
d'autre part, que l'introduction des centimes pour chemins vicinaux ordinaires parmi les centimes extraordinaires temporaires s'explique historiquement; qu'elle
vient d'une transcription maladroite d'un texte de la
loi de 1867. Il n'y avait donc nul effort à faire pour plier
l'usage de ces centimes à des indications d'un caractère
aussi incertain.

La théorie que je repousse n'a aucun fondement
dans le passé. La circulaire du 27 août 1867, commentant la loi du 24 juillet, s'exprimait ainsi : « *Centimes
extraordinaires pour les chemins vicinaux ordinaires*
(3 centimes additionnels au principal des quatre contributions directes autorisés par la loi du 24 juillet 1867,
art. 3). — Ils doivent être votés avec le concours des
plus imposés (loi du 24 juillet 1867, art. 6). Ces centimes ne sont pas compris dans le maximum à fixer
par les conseils généraux, et sont votés directement
par le conseil municipal, avec l'adjonction des plus
imposés, dans la limite du maximum fixé par la loi. »
Ce dernier paragraphe est identiquement reproduit
quelques lignes plus loin (sauf l'indication des sources),
à propos de centimes spéciaux pour les gardes champêtres. C'est dire qu'il ne s'agit, ici et là, que de centimes annuels; pas un mot n'en autorise l'application
à un emploi temporaire.

La loi de 1884 n'y donne pas prétexte davantage. On
connaît sa division des centimes; elle comprend : centimes ordinaires, centimes spéciaux, centimes pour
insuffisance de revenus, centimes extraordinaires. On
sait la liaison étroite, — trop étroite, — qu'elle établit
entre les ordinaires et les spéciaux; impossible de
loger dans le même compartiment que ces deux groupes
des centimes éventuellement temporaires. Le Conseil
d'État a décidé dans une affaire Borelly, le 9 août 1889,

que, dans le cas où, pour une cause quelconque, le budget d'une commune n'a pas été définitivement réglé avant le commencement de l'exercice, les recettes ordinaires doivent continuer jusqu'à l'approbation de ce budget, selon l'article 150 de la loi de 1884, à être perçues conformément à celui de l'année précédente, et comprendre le produit des centimes ordinaires et spéciaux affectés aux communes par les lois de finances, selon l'article 133 de la même loi. Tous les centimes spéciaux sont groupés là et introduits en bloc à l'ordinaire. Solution fausse au point de vue de l'assimilation qu'elle établit entre les centimes spéciaux et les ordinaires, mais sans grand inconvénient pratique, et, — c'est là ce qui nous importe en la circonstance, — fort judicieuse asurément, dans l'unification qu'elle établit de tous les centimes spéciaux.

D'autre part, la même égalité de traitement ressort d'un passage de la circulaire du 15 mai 1884, renouvelant en ce point les instructions de celle du 27 mars 1837, que nous avons rapportées précédemment. Tous les centimes spéciaux y sont mis encore une fois sur le même pied, et, séparés également en un point de la famille des extraordinaires, à laquelle ils appartiennent y restent liés par la communauté de leur condition fondamentale.

L'invention de catégories de centimes spéciaux à double face pour chemins vicinaux et ruraux est enfin bizarre et inutile. Pourquoi vouloir réunir dans les mêmes centimes des fonctions aussi disparates: emploi annuel et emploi temporaire, complément de revenus et complément de capitaux? C'est chercher, comme on dit, à tirer deux moutures du même sac. Il est besoin de centimes spéciaux à l'ordinaire, a-t-on pensé jadis, et il les faut distinguer de ceux qui s'ajoutent aux revenus à titre d'annuel pur et simple, pour en assurer l'usage conforme au vœu de la loi ; mais, à l'extraordinaire, tout groupe de centimes est affecté et voté dans un but qui le spécialise jusqu'à la fin de son rôle[1].

Un passage de Braff a pu inspirer l'erreur moderne. Il exposait à propos des cinq centimes de 1836, tout juste ce que l'on dit aujourd'hui à propos des centimes de 1884, et sans les traiter aucunement, d'ailleurs, de centimes extraordinaires, en raison de ce motif : « Le produit des centimes spéciaux pour les chemins vicinaux, lisons-nous, doit figurer parmi les recettes ordinaires, lorsque la commune est obligée d'y avoir recours habituellement ; mais, si une commune ne faisait usage qu'accidentellement de tout ou partie de ces centimes, par exemple si elle ne s'imposait que temporairement pour l'exécution d'une ligne vicinale, dont les travaux ne devraient pas être de longue durée, cette ressource prendrait place parmi les recettes extraordinaires. » Braff, chose singulière, donnait lui-même des armes contre sa théorie, à quelques lignes de distance : « Les cinq centimes, ajoute-t-il, étant destinés à la dépense annuelle de l'entretien des chemins vicinaux, doivent être votés tous les ans, suivant les besoins. Ils ne pourraient, dès lors, être affectés au remboursement d'un emprunt, quand même cet emprunt aurait pour objet des travaux de vicinalité (Avis de la section de l'Intérieur[2]). » Cet avis contredit à la fois l'opinion de Braff lui-même et celle des par-

---

1. Une double adaptation aurait pu, à la rigueur, sortir d'un texte comme celui de la loi du 21 décembre 1882 : « En cas d'insuffisance de leurs ressources ordinaires et des centimes extraordinaires créés dans la limite du maximum fixé chaque année par le Conseil général, les communes, sont autorisées, etc... » Pour les centimes destinés aux familles des réservistes, cette disposition est absurde ; appliquée aux centimes des chemins vicinaux ou ruraux, elle aurait pu recevoir un sens. Mais cela n'est pas et n'a nul besoin d'être.

2. *Administration financière des communes,* p. 118 et 120.

tisans actuels de la double fonction des centimes de 1884. Les annuités votées pour l'exécution d'une entreprise ou pour le remboursement d'un emprunt ont le même caractère et la même gravité, et doivent avoir le même traitement légal.

Bref, les centimes spéciaux votés pour plusieurs années se fondent dans une autre catégorie. Ils ne sont plus spéciaux, quoique appliqués en même nombre aux mêmes besoins ; ils sont passés extraordinaires en devenant temporaires. L'exception qu'on a imaginée à propos des centimes pour les chemins vicinaux ordinaires et ruraux n'a ni fondement légal ni raison d'être. Tous les centimes spéciaux sont des extraordinaires de la même sorte, c'est-à-dire extraordinaires annuels, et ils ont, par conséquent, leur emploi dans le chapitre Ier, d'où ils ne doivent pas sortir.

Deux observations sur la pratique administrative avant de conclure.

Les trois centimes de 1884 doivent venir après ceux de 1836 et pour suppléer à leur insuffisance. Outre le groupe de départements que j'ai cités, tirant de pair la Seine-Inférieure, on peut alléguer encore le Calvados, le Doubs, l'Isère et Saône-et-Loire, comme ralliés à cette solution. Il y a un excès à signaler dans ce genre : certaines administrations dépassent la mesure, en ce que, non seulement elles rapprochent ces centimes, mais elles les fondent en un seul article. Vous trouverez cet amalgame sous la rubrique générale : «Centimes pour chemins vicinaux, » dans les Alpes-Maritimes, les Bouches-du-Rhône, le Lot, la Lozère, le Morbihan, les Basses-Pyrénées, le Tarn et Tarn-et-Garonne. Il est essentiel pourtant de conserver une séparation entre les deux sortes de centimes ; leur objet n'est pas identique, et il n'est pas douteux que l'emploi s'en doit faire successivement et dans l'ordre de date de leur création.

Il faut les juxtaposer et non les confondre. C'est ce que fait le Finistère, mais avec une interversion incroyable. Quelle faute lourde de présenter aux populations les trois centimes de 1884 comme une disponibilité antérieure aux cinq centimes de 1836 !

Ma dernière observation porte sur ce fait que certaines administrations semblent dépasser l'énumération légale des centimes spéciaux, accroître une liste que nous avons présentée comme strictement limitée. La Côte-d'Or, par exemple, tire à part une imposition pour les frais du culte ; l'Aveyron, le Cantal, le Gers, Tarn-et-Garonne en inscrivent une pour le traitement des vicaires à côté de celle qui est destinée au salaire des gardes champêtres. On ajoute çà et là le supplément de traitement du desservant, des frais de binage, le loyer des églises et presbytères[1]. La Lozère prévoit aux recettes le salaire du sonneur ; le Finistère, le Gers, celui du cantonnier ; l'Aveyron, la Manche, celui du secrétaire de la mairie ; enfin l'Isère, — et cela dépasse tout, — les frais de vidange des bâtiments communaux. Qu'est-ce que de pareilles écritures ? Sûrement, ce ne sont pas là des objets de centimes spéciaux ; on les accole aux objets légaux, mais sans leur communiquer la même nature, sans faire des impositions qui y correspondent les impositions privilégiées que nous connaissons. Ce sont simplement des portions spécialisées des centimes généraux pour insuffisance de revenus, des écritures d'ordre, d'un ordre peu recommandable.

Ma conclusion est connue : je l'ai tirée tout à l'heure de cette seule circonstance que les centimes spéciaux

---

1. Par opposition à ces coutumes cléricales, je citerai la formule budgétaire d'Eure-et-Loir ; il n'en est pas de moins catholique en France. A l'ombre de la cathédrale de Chartres, la seule dépense relative au culte, prévue par l'administration, est celle-ci : « Indemnité de logement au pasteur protestant. »

sont des centimes pour insuffisance de revenus. Mais on doit se souvenir que je ne l'avais pas tenue pour suffisamment éprouvée et sûre, avant que nous ne nous fussions débarrassés du fatras des précédents historiques, des théories ébauchées et abandonnées, des embarras accumulés par une longue méconnaissance des principes. Cette besogne est achevée, et notre définition est sauve : les centimes spéciaux sont des centimes pour insuffisance de revenus, autorisés d'avance par la loi, limités à un nombre préfix ou aux exigences d'un service déterminé, et affectés à quelques dépenses privilégiées.

Corollaires : les centimes spéciaux sont extraordinaires et annuels. Ils complètent les revenus d'une commune et se joignent au budget à titre d'annuel; ce sont des revenus *lato sensu*. Ils laissent subsister notre maxime fondamentale : budget ordinaire, compte de revenus.

        # CHAPITRE XII

CENTIMES POUR INSUFFISANCE DE REVENUS. — DÉNOMINATION COMPLÈTE : CENTIMES EXTRAORDINAIRES GÉNÉRAUX POUR INSUFFISANCE DE REVENUS. — ANNUEL AJOUTÉ AUX REVENUS APRÈS LES CENTIMES SPÉCIAUX. — COMPLÉMENT DE L'ORDINAIRE.

Groupe dès longtemps mis en œuvre, isolé théoriquement par la loi de 1867, reconnu par la loi de 1884. — Autorisation, limitation. — Emploi sous condition d'insuffisance des revenus et des centimes spéciaux. — Corollaires : centimes extraordinaires et annuels. — Erreurs de la *Situation financière des communes* et de Léon Béquet. — Examen de la loi, de la doctrine et de la pratique administrative. — La loi douteuse, mal comprise du ministre qui l'interprète. — La vérité dans un mot de Braff. — La doctrine à propos de l'interprétation de l'article 2 de la loi de 1867, devenu l'article 145 de la loi de 1884. — La commune maîtresse de ses revenus, ses dépenses obligatoires payées. — Circulaire du 3 août 1867. — Imbroglio causé par la substitution des recettes du budget ordinaire aux recettes ordinaires. — Examen de la question si les centimes spéciaux et les centimes pour insuffisance de revenus sont des recettes ordinaires. — Opinion de M. Morgand. — Recette « anormale ». — Un oracle. — M. Trigant-Geneste. — Souvenir de Galilée. — Le bon sens et la loi. — Pratique incohérente. — Omission totale ou partielle. — Problème de la qualification et de la collocation. — Tous les noms. — Toutes les places. — Singularité de Belfort. — La palme au Jura. — Conclusion.

La loi de 1884 est la première qui ait mentionné les centimes pour insuffisance de revenus sous ce nom traditionnel, et reconnu expressément la catégorie distincte qu'ils avaient dès longtemps formée.

La circulaire du 27 août 1867 avait expliqué, comme on a vu, que la loi de 1837 continuait à régir les contributions autres que « les contributions extraordinaires votées pour des dépenses extraordinaires d'utilité publique », désignant ainsi, sans les nommer, les centimes pour insuffisance de revenus. La loi de 1867 les avait, en effet, isolés par prétérition. Je répète le texte de l'article 133 de la loi de 1884 qui les touche : « L'établissement des centimes pour insuffisance de revenus est autorisé par arrêté du préfet, lorsqu'il s'agit de dépenses obligatoires. — Il est approuvé par décret dans les autres cas. »

Autorisation, limitation, occupons-nous d'abord de ces deux points, comme nous avons fait pour les centimes spéciaux. La seule nouveauté est celle-ci : le contrôle a été abaissé d'un degré pour les communes dont les revenus dépassent cent mille francs. Au lieu d'un décret simple ou d'un décret rendu en Conseil d'État, un arrêté préfectoral ou un décret suffit, comme pour les communes de moindres revenus, selon qu'il s'agit de dépenses obligatoires ou facultatives. D'après la circulaire du 15 mai 1884, les propositions d'impositions pour les communes qui ont un revenu inférieur à cent mille francs, — c'est la dernière trace subsistante de l'ancienne distinction, — devront être transmises par le préfet sous forme d'état collectif; bloc à estampiller d'un trait de plume. Pour les autres communes, des propositions individuelles sont nécessaires, et devront être accompagnées de pièces qui en permettent l'étude et le contrôle. Les centimes pour insuffisance de revenus restent en possession de l'affranchissement qui leur a été concédé, partie en 1842, partie en 1852. Le pouvoir qui les autorise peut les limiter à son gré, et nous avons vu en quel oubli il laisse son devoir à cet égard. La formule budgétaire de la Haute-Vienne avertit simplement qu'ils « doivent être en nombre suffisant pour équilibrer le budget ». La formule du Cantal les définit avec le même laisser-aller : « une imposition destinée à couvrir l'excédent des dépenses sur les recettes. » Nous avons eu lieu d'admirer la trouvaille d'expression du Lot, qui les qualifie de « recette facultative ». Ces administrateurs veulent aussi bien dire : Prenez et puisez. Bouclez tous vos comptes sans souci et sans gêne.

La question capitale encore est la condition mise à l'emploi de ces centimes : l'insuffisance de revenus ; mais, ici, elle ne peut susciter par elle-même aucune difficulté. Elle apparaît le plus clairement qu'il soit possible ; elle fait partie du nom de cette imposition. Le mode d'emploi et le caractère des centimes s'en déduisent par un raisonnement très simple.

Je n'ai, d'ailleurs, qu'à répéter ce que j'ai dit quelques pages plus haut touchant le mode d'emploi des centimes spéciaux. Les centimes pour insuffisance de revenus ont un objet manifeste : ils complètent les revenus. Les centimes ordinaires, revenus eux-mêmes, s'y mêlent ; ceux-là ne naissent qu'après les colonnes additionnées, pour les balancer au besoin ; c'est le solde du budget. J'ai proposé de les distinguer des revenus naturels ou légaux sous le nom d'annuel, mais en même temps de les comprendre avec eux sous le nom de revenus sans épithète, embrassant *lato sensu* toute ressource annuellement votée et consommée. Le budget ordinaire, bien qu'usant des centimes pour insuffisance de revenus spéciaux ou généraux, ne cesse pas ainsi d'être un compte de revenus.

Une observation est utile encore sur le même point. L'emploi de nos centimes est soumis à cette condition : insuffisance de revenus. Comprenez par là : insuffisance de revenus et de centimes spéciaux. Léon Béquet dit à ce propos : « Ce moyen [de couvrir les dépenses ordinaires] ne peut être employé qu'après que le conseil municipal a inscrit tous les centimes spéciaux autorisés par la loi pour le service de l'instruction primaire, le salaire du garde champêtre, l'entretien des chemins vicinaux et particulièrement les centimes pour les chemins ruraux[1]. » Pourquoi ce « particulièrement », et pourquoi omettre les autres centimes spéciaux ? Braff s'est exprimé avec plus de justesse dans ce passage : « Les communes, ne peuvent, en général, être autorisées à s'imposer pour faire face à l'insuffisance de leurs revenus qu'après avoir fait usage des centimes spéciaux que la loi met à leur disposition pour le service de l'instruction primaire, l'entretien des chemins vicinaux et le salaire des gardes champêtres[2]. » L'énumération des centimes spéciaux est complète au temps de l'auteur. La réserve est faite, sans doute, par les mots « en général », du cas où les revenus satisfaisant à toutes les dépenses éventuellement pourvues de centimes spéciaux, les centimes pour insuffisance de revenus entrent en jeu sans qu'il y ait eu lieu de recourir aux premiers.

Voilà donc l'ordre d'emploi des ressources du budget ordinaire définitivement fixé : revenus naturels, revenus légaux, comprenant les impôts qu'on sait et, parmi les centimes, les seuls ordinaires ; après cela, les centimes spéciaux viennent en aide à certains services privilégiés et s'emploient, dans leurs compartiments respectifs, à combler des insuffisances particulières ; cette ressource épuisée, les centimes généraux pour insuffisance de revenus s'appliquent au déficit et soldent toute dépense qui peut raisonnablement s'acquitter dans une année.

1. *Traité de la Commune*, p. 416.
2. *Administration financière des Communes*, t. II, p. 144.

La condition d'insuffisance de revenus fixe aussi bien le caractère des centimes dont il s'agit, et permettrait à la rigueur de négliger dans la question tout recours à l'histoire. Sans rappeler que les centimes pour insuffisance de revenus sont un dédoublement du groupe primitif des centimes extraordinaires, j'observe que les cinq centimes ordinaires ont seuls reçu cette qualification de la loi, et qu'elle correspond au fait qu'ils s'offrent aux communes spontanément et sans condition, comme des revenus. Les centimes accordés au vote exprès des communes, sous condition d'insuffisance des revenus, ajoutés pour solde et non mêlés à ces revenus, sont par conséquent extraordinaires[1]. La *Situation financière des communes* se trompe, encore une fois, quand elle confond sous le nom d'ordinaires des centimes qui n'ont que ce trait commun d'être annuels et de s'employer à l'ordinaire. C'est un point où les erreurs se sont accumulées et qui va me forcer à poursuivre une discussion sur laquelle, à la rigueur, j'avais tout dit.

La loi énonce expressément, et comme catégorie divise les centimes pour insuffisance de revenus ; mais elle le fait incidemment, de biais en quelque sorte, à propos d'autorisation et de contrôle. Elle n'a pas donné de place à ces centimes dans ses énumérations. A leur naissance même, elle les a livrés à la controverse. Le premier commentateur de la loi municipale, le ministre auteur de la circulaire du 15 mai 1884, déclare cette imposition comprise dans le paragraphe 14 de l'article

---

1. La loi de 1867 les qualifie encore ainsi, et la loi de 1884 elle-même n'a rien changé aux fondements posés par la loi de 1818. Je n'ai pas besoin de renouveler une observation faite à propos des centimes spéciaux et de la circulaire du 15 mai 1884, qui soustrait aussi les centimes pour insuffisance de revenus au maximum fixé pour les extraordinaires temporaires par les Conseils généraux.

133. Elle serait ainsi une recette ordinaire, confondue parmi « les contributions, taxes et droits dont la perception est autorisée par les lois dans l'intérêt des communes », avec la taxe sur les chiens, la taxe de pavage, les prestations, etc. Cette opinion, toute bizarre et invraisemblable qu'elle soit, a l'adhésion de la majorité des auteurs, mais non point celle de M. Morgand, qui déclare que, « si la loi nouvelle ne comprend pas l'imposition pour dépenses annuelles dans l'énumération des recettes extraordinaires de l'article 134, elle ne la comprend pas davantage parmi les recettes ordinaires dans l'article 133 ». Le même auteur, bien que dans le droit chemin, n'aboutit pas ; il laisse cette espèce flotter indécise en dehors de toute classification, comme une anomalie irréductible ; sorte d'énigme, pense-t-il, pour le législateur même qui l'a créée. Le lecteur en a le mot ; il sait qu'il faut distinguer entre le caractère et l'emploi, et qu'il a affaire à une imposition extraordinaire, versée au chapitre ordinaire. Pourquoi nos auteurs modernes ne relisent-ils pas la préface de Braff ? Ils y trouveraient, aux premières lignes, cette phrase, qui les replacerait dans la tradition et dans la vérité : « Sur 36,826 communes (1857), il y en a plus de 32,000 qui sont obligées de s'imposer *extraordinairement, tous les ans,* pour couvrir leurs dépenses *ordinaires* les plus urgentes. » Cette imposition extraordinaire annuelle, qu'est-ce, sinon l'imposition pour insuffisance de revenus ?

Le législateur de 1884, cependant, aussi perplexe que M. Morgand, l'a inscrite hors rang, après les quatorze paragraphes numérotés de l'article 133. Grâce à sa circonspection, rien cette fois n'a été compromis, et l'on a pu raisonnablement lui prêter l'intention d'ajouter aux recettes ordinaires de l'article 31 de la loi de 1837 les recettes qui les complètent, le cas échéant, — les impositions pour insuffisance de revenus — et qui forment avec elles les recettes du budget ordinaire. Plan nouveau, par lequel est fixé un trait essentiel de la comptabilité budgétaire.

La doctrine, faute de l'avoir compris, a étrangement erré. Le spectacle de ses embarras n'est nulle part plus curieux qu'à propos de l'interprétation du paragraphe 2 de l'article 145 de la loi de 1884.

Ce texte reproduit, sauf un changement de forme insignifiant, l'article 2 de la loi du 24 juillet 1867. Prenons-le à sa source. L'éminent rapporteur de la loi de 1867 devant le Sénat, le président Bonjean, commentait l'article 2 en termes fort simples, et tels qu'il ne prévoyait sûrement aucune difficulté : « D'après l'article 2 du projet, disait-il, les allocations portées au budget par le conseil municipal pour dépenses facultatives ne pourront plus être, à l'avenir, ni changées ni modifiées par l'arrêté du préfet ou par le décret impérial qui règle le budget, lorsque le budget communal pourvoira à toutes les dépenses obligatoires, et qu'il n'appliquera aucune recette extraordinaire aux dépenses, soit obligatoires, soit facultatives. — Cela revient à dire que les conseils municipaux, dans le cas prévu par l'article, disposent souverainement des excédents de leurs recettes ordinaires sur leurs dépenses obligatoires... — Les dépenses obligatoires sont énumérées dans l'article 30 de la loi de 1837 ; les recettes ordinaires, dans l'article 31 et les recettes extraordinaires, dans l'article 32 ; l'article 2 du projet se réfère nécessairement à ces articles. » Et le rapporteur passe outre, après ces explications si brèves, qu'on a réduites en une sorte de maxime : « Une commune, ses dépenses obligatoires payées, est maîtresse de ses revenus. » Nous ferons remarquer encore une fois que les revenus d'une commune et ses recettes ordinaires, telles que les énumérait l'article 31 de la loi de 1837, étaient choses identiques, et que les cinq centimes ordinaires étaient à juste titre comptés comme revenus légaux. L'article 33 le reconnaissait expressément.

Tout cela était fort net. Cependant, aussitôt après la promulgation de la loi du 24 juillet 1867, la circulaire du 3 août, destinée à en éclairer l'application, commença de divaguer sur ce point, se demandant si les centimes spéciaux devaient être compris dans les recettes ordinaires, et si leur emploi exclusif comme impôt laissait au budget le caractère intangible que lui conférait l'article 2. Je reproduis ce passage plus complètement que je ne l'ai fait tout à l'heure : « Il est bien entendu que, pour profiter du bénéfice de l'article 2, les communes ne devront faire figurer en recettes ordinaires que celles qui sont énoncées dans la loi de 1837. Toutefois, elles pourront y comprendre également le produit des centimes spéciaux votés en exécution des lois du 21 mai 1836 et du 15 mars 1850 pour les chemins vicinaux et pour l'instruction primaire et ceux qui sont destinés aux salaires des gardes champêtres. Ce sont là, en effet, des ressources ordinaires [erreur!] annuelles [d'accord!]. On ne saurait, au contraire, considérer comme faisant partie des ressources communales ordinaires les centimes extraordinaires spéciaux [annuels cependant comme les autres] créés par la loi du 10 avril 1867 pour la gratuité de l'enseignement primaire, et par l'article 3 de la présente loi pour les chemins vicinaux ordinaires. »

Cette circulaire visait, en vérité, un cas fort rare, celui où le budget se boucle exactement avec les recettes ordinaires ou revenus, et les centimes spéciaux. Il n'y a plus ici d'excédent de revenus à employer, puisqu'on a eu recours à des impositions qui n'entrent en jeu qu'en cas d'insuffisance de revenus, et dans la mesure de cette insuffisance. La question posée comme faisait le président Bonjean n'existe plus ; on n'a à examiner que celle-ci : un budget qui n'emploie comme recettes que des revenus et des centimes spéciaux est-il intangible ?

Je réponds en principe : Non ! ces centimes spéciaux sont donnés en cas d'insuffisance de revenus et non à titre de revenus ; ils sont extraordinaires. Leur nature, leur qualification les mettent hors de la catégorie des revenus ou recettes ordinaires, auxquels doit se borner une commune pour rester maîtresse de son budget. En fait, la critique d'un tel budget sera difficile et rare, car on remarquera qu'il ne contient que des dépenses obligatoires : celles auxquelles satisfont d'abord les revenus, puis les centimes spéciaux pour dépenses obligatoires, enfin les centimes spéciaux pour dépenses facultatives, dont on doit admettre la transformation en dépenses obligatoires par le fait de l'inscription d'une ressource autorisée d'avance.

Il n'est venu alors à l'idée de personne de tenter l'assimilation de l'imposition pour insuffisance de revenus à une recette ordinaire, à un revenu, et de discuter son admissibilité dans le budget intangible ; l'article 40 de la loi de 1837 la comprenait trop évidemment parmi les contributions et les recettes extraordinaires. Il a fallu arriver au régime de la loi de 1884 pour que la question se posât. Les idées se sont brouillées étonnamment en présence du remplacement de l'article 31 de la loi de 1837, — auquel renvoyait le président Bonjean pour l'énumération des recettes ordinaires, — par l'article 133 de la loi de 1884, qui donne les recettes du budget ordinaire. Tous les centimes, spéciaux et généraux, pour insuffisance de revenus figurent dans cette dernière liste. M. Morgand a été induit à se lancer à son tour dans la discussion où l'avait précédé la circulaire de 1867, touchant les centimes spéciaux.

Mais il va plus loin, et il examine la possibilité de compter les centimes pour insuffisance de revenus parmi les recettes ordinaires dont l'emploi exclusif mettrait le budget hors de contrôle. Le passage, qu'il est intéressant de citer ici, fait suite à celui que nous avons transcrit au précédent chapitre et où l'auteur affirmait, après réflexion, que les centimes spéciaux pour le salaire des gardes champêtres, pour les chemins vicinaux ordinaires, pour les chemins ruraux et les familles des réservistes, étaient à considérer en certains cas, et particulièrement au point de vue de l'application de l'article 145, comme des ressources extraordinaires. M. Morgand ajoute qu'il a modifié l'avis ministériel, en ce qui concerne les centimes pour les gardes champêtres, et qu'il est d'avis de mettre également hors des recettes ordinaires tous les centimes spéciaux qui, établis par des lois postérieures à 1867, n'ont pu être prévus par la circulaire de la même année. Il a l'air d'admettre que les ministres font les centimes ordinaires ou extraordinaires à leur gré, à défaut d'un texte qui les classe.

Venant enfin aux centimes pour insuffisance de revenus : « Nous ajouterons, dit-il, que, pour pouvoir invoquer la disposition exceptionnelle qui ne permet pas de réduire ou de rejeter les crédits portés au budget, le conseil municipal ne devrait pas faire usage de l'imposition pour dépenses annuelles obligatoires ou facultatives (centimes pour insuffisance de revenus, art. 133, § 15). Cette imposition est, il est vrai, classée parmi les recettes ordinaires des communes (circ. du 13 décembre 1842) ; mais c'est uniquement au point de vue de l'ordre de la comptabilité. Si la loi nouvelle ne comprend pas l'imposition pour dépenses annuelles dans l'énumération des recettes extraordinaires de l'article 134, elle ne la comprend pas davantage parmi les recettes ordinaires dans l'article 133 [1], où elle se borne à déterminer d'après quelles règles elle sera établie, suivant qu'elle aura pour objet des dépenses obligatoires ou facultatives. Elle considère donc que les centimes additionnels pour insuffisance de revenus ne constituent pas une recette normale, et qu'à certains égards ils doivent être assimilés à une recette extraordinaire. » Une seconde fois dans le même morceau, M. Morgand prie qu'on l'en croie sur parole, et procède à la façon des oracles.

Et c'est bien là qu'en est réduite la doctrine sur ce point. Je veux alléguer encore, pour le prouver, le commentaire que l'auteur des *Entretiens familiers sur le budget communal* offre sur la même question à l'auditoire ingénu qu'il se suppose chargé d'instruire. Il transcrit le texte que nous connaissons; puis il ajoute :

« J'ai cité cet article (art. 145, § 2) parce qu'il est essentiel, mais non parce qu'il est clair. Il s'en faut de beaucoup, en effet, qu'il soit clair, et la preuve c'est que nous allons être obligés de l'étudier de près pour le comprendre.

» Vous vous étiez habitués à considérer comme des recettes ordinaires toutes les recettes portées dans le chapitre Ier du budget ; et vous aviez raison, d'autant plus raison que l'article 133 de la loi municipale classe toutes ces recettes dans le budget ordinaire, c'est-à-dire parmi les recettes ordinaires [l'erreur est lourde et franche].

» Mais pour l'étude et l'intelligence de l'article 145,

1. Ai-je besoin de faire remarquer encore que tel n'est pas l'objet des articles 133 et 134, qui contiennent les recettes du budget ordinaire et du budget extraordinaire, et non plus les recettes ordinaires et extraordinaires, catégories aujourd'hui sans existence légale ?

il faut que vous cessiez de considérer comme ordinaires plusieurs recettes du chapitre Ier, savoir :

» 1° Les impositions pour insuffisance de revenus pour dépenses, soit obligatoires, soit facultatives ;

» 2° Les produits des centimes facultatifs pour les chemins vicinaux ;

» 3° Les produits des centimes pour chemins ruraux et des prestations pour ces mêmes chemins.

» Il faut donc traduire ainsi l'article 145 : les allocations portées au budget ne peuvent être modifiées par l'autorité supérieure, lorsqu'il pourvoit à toutes les dépenses obligatoires, et qu'il n'applique aucune recette extraordinaire ni aucune recette ordinaire, provenant d'imposition pour insuffisance de revenus ou de centimes facultatifs pour chemins vicinaux ou ruraux, ou de prestations pour chemins ruraux, aux dépenses, soit facultatives, soit obligatoires. »

Les fautes de M. Morgand s'exagèrent dans cette page. D'abord celle-ci, que j'ai signalée au passage : « La loi municipale classe toutes ces recettes dans le budget ordinaire, c'est-à-dire parmi les recettes ordinaires. » Les règles de comptabilité dont M. Morgand soupçonne l'effet sont lettre close pour M. Trigant-Geneste. Puis, là où le premier dit que certaines impositions classées parmi les ordinaires ne doivent pas moins, à quelques points de vue, « et notamment à celui qui nous occupe, être considérées comme des ressources extraordinaires », l'auteur des *Entretiens familiers* s'exprime comme on a vu : « Pour l'étude et l'intelligence de l'article 145, il faut que vous cessiez de considérer comme ordinaires plusieurs recettes du chapitre Ier... » Langage plus sibyllin encore ! Les centimes pour insuffisance de revenus et certains centimes spéciaux, — non plus les mêmes que ceux désignés par M. Morgand ! — sont des recettes ordinaires jusqu'à l'article 145, extraordinaires au delà. M. Trigant-Geneste paraît fort sérieux en disant cela. Dissimule-t-il son ironie, comme Galilée répondant aux fontainiers de Florence que la nature n'avait horreur du vide que jusqu'à trente-deux pieds ? Son auditoire l'interpelle souvent pour des vétilles ; ici il se tait, pour cause.

M. Morgand est finalement sauvé de l'absurde par un argument auquel M. Trigant-Geneste ne fait aucune allusion : les centimes pour insuffisance de revenus sont essentiellement sujets à contrôle, selon les dispositions finales de l'article 133, quelle que soit la composition du budget qui les emploie. Il y avait mieux à dire. Le bon sens crie que les centimes pour insuffisance de revenus ne sont pas des revenus ; qu'avec le chiffre illimité de cette imposition, on peut boucler tous les budgets du monde, et qu'à vouloir affranchir de contrôle ceux qui en font usage, on rendrait tous les budgets du monde intangibles. La commune serait maîtresse, non plus seulement de ses revenus, mais de l'impôt ! Non, la loi n'en est pas tombée là. Extraordinaires étaient les centimes pour insuffisance de revenus sous la loi de 1837, extraordinaires sont-ils sous la loi de 1884, et hors des termes de l'article 145, comme ils étaient hors des termes de l'article 2 de la loi du 24 juillet 1867.

Je viens à l'administration, dont les errements, inspirés par une telle loi et une telle doctrine, ne pouvaient pas ne pas aboutir à l'incohérence. La qualification des centimes pour insuffisance de revenus, leur place dans le budget varient prodigieusement suivant les préfectures ; il y a dans les cadres qu'elles préparent des traces de tous les temps et de toutes les fantaisies ; on peut s'attendre à toutes les surprises, même à quelques solutions très proches de la vérité.

Un département omet toute prévision de centimes pour insuffisance de revenus : c'est la Manche. Cette réticence est-elle salutaire ? Le fait est que, avec sa moyenne de 22 centimes, ce pays est l'un des moins imposés de France. Les Alpes-Maritimes, la Lozère, le Morbihan ne mentionnent cette ressource que comme applicable à des dépenses obligatoires; en supprimant la destination éventuelle aux dépenses facultatives, a-t-on voulu encore la faire considérer comme exceptionnelle ? La prudence aurait réussi dans quelque mesure; on dépense dans ces départements peu de centimes relativement; il est vrai que les Alpes-Maritimes se rattrapent sur l'octroi. Partout ailleurs, l'imposition pour insuffisance de revenus est inscrite, soit en bloc, soit avec son application prévue aux deux ordres de dépenses.

Une soixantaine de départements ne la distinguent par aucune qualification en dehors de son appellation légale : imposition pour insuffisance de revenus. C'est la recommandation de M. Alapetite, plus suivie qu'il ne croit. Une dizaine, dans le nombre, écrivent même plus sobrement encore : « Imposition pour dépenses obligatoires, — facultatives ». Voici, après cela, des épithètes variées, et sans valeur théorique au point de vue qui nous touche surtout ; on trouve : impositions « annuelles » dans les Basses-Alpes et dans la Meuse; « locales » dans le Morbihan, la Seine-Inférieure et les Vosges; « spéciales » (c'est une maladresse de détourner ce mot de l'application définie qu'il a d'autre part) dans les Alpes-Maritimes et la Côte-d'Or; et, tout au contraire, « sans affectation spéciale » dans l'Hérault, les Landes et les Basses-Pyrénées. Le Lot appelle « recette facultative » la portion applicable à des dépenses facultatives. L'Aube la traite de « recette ordinaire éventuelle », Meurthe-et-Moselle qualifie de

« revenus » la portion applicable à des dépenses obligatoires, ce qui est prodigieux aussi.

Je tire à part quelques départements qui se sont lancés dans l'appréciation du caractère essentiel des mêmes centimes. L'Aisne, l'Aube, le Gers les traitent d'imposition ordinaire, au rebours de la vérité. Le Doubs en fait — pourquoi? — une recette accidentelle. Enfin quatorze départements se sont arrêtés à l'idée juste, à l'expression exacte d'imposition extraordinaire : ce sont les Ardennes, l'Aude, le Cantal, la Charente-Inférieure, la Corrèze, Eure-et-Loir, le Gard, Maine-et-Loire, l'Oise, l'Orne, le Puy-de-Dôme, la Sarthe, Seine-et-Oise, la Vienne.

Pour la place assignée à cette imposition dans le budget, tout ce qu'on peut imaginer se rencontre.

J'ai déjà signalé le cas unique de la Loire-Inférieure, qui, ne démordant pas d'une pratique antérieure à 1828, — renouvelée, il est vrai, de 1838 à 1842, — relègue les centimes pour insuffisance de revenus à l'extraordinaire. Dans l'Aude, on a conservé un groupement adapté au régime en vigueur de 1842 à 1852, et qui est également sans exemple en France ; les centimes pour dépenses obligatoires figurent à l'ordinaire et ceux pour dépenses facultatives à l'extraordinaire.

Partout ailleurs, les centimes pour insuffisance de revenus figurent au chapitre Ier ; mais on peut les y voir à toutes les places possibles. Tout au commencement, dans la Creuse, la Loire et le Var. En plein milieu, dans la Lozère, le Morbihan, l'Orne, les Vosges. Tandis qu'ils ne doivent évidemment venir qu'après les centimes spéciaux, qui parent aux premières insuffisances, on les inscrit carrément avant, dans l'Aube, la Gironde, l'Hérault, les Landes, Seine-et-Oise, la Somme et la Haute-Vienne. Et confusément, au hasard, parmi les centimes spéciaux, dans trente départements.

Mais la plus parfaite inintelligence du rôle de nos centimes se révèle à Belfort, qui les inscrit, — le croirait-
on ? — avant les cinq centimes ordinaires.

Dix-huit départements les mettent à la bonne place,
à la dernière du budget ordinaire, qu'ils sont destinés
à boucler. Citons : l'Ain, l'Allier, les Basses-Alpes, le
Cantal, l'Eure, l'Indre, Indre-et-Loire, Loir-et-Cher,
la Haute-Loire, le Loiret, Lot-et-Garonne, le Pas-de-
Calais, le Puy-de-Dôme, les Pyrénées-Orientales, le
Rhône, la Haute-Savoie, la Seine-Inférieure, la Vendée[1]. Il y a mieux encore ; certains départements
rejettent ces impositions en dehors de la liste des
revenus, les placent en quelque sorte hors rang, par
une imitation louable des dispositions de l'article 133.
Un total est posé après les revenus; ce chiffre, comparé
au total des dépenses, fait ressortir la nécessité d'une
ressource complémentaire, — le mot est dit dans la
Haute-Marne, — d'un solde, que donne l'imposition
pour insuffisance de revenus. Ce mode est adopté
dans douze départements : l'Ariège, la Corse, Eure-et-
Loir, l'Isère, le Jura, le Nord, la Haute-Saône, la Savoie,
la Seine, les Deux-Sèvres, Vaucluse et l'Yonne.

Enfin, parmi ces départements, l'un mérite la palme,
pour avoir tiré ainsi hors des revenus qui composent le
budget ordinaire tous les centimes pour insuffisance
de revenus, les spéciaux et les généraux : c'est le Jura.
Il ne lui manque, pour être dans la correction parfaite,
que d'avoir expressément qualifié ces centimes d'extraordinaires. Eure-et-Loir l'a fait, mais en ne mettant
à part des revenus que les centimes généraux pour

---

1. J'avoue que, parmi ces départements, quelques-uns laissent des
lignes blanches après l'imposition pour insuffisance de revenus, et
n'ont pas la solidité de principes que je semble leur attribuer.
Un dernier cadre que je reçois de l'Allier porte « vélocipèdes » imprimé au composteur en dernière ligne.

insuffisance de revenus. Ainsi, deux fois, l'administration départementale a été tout près de découvrir la solution vraie. Mais quelle confusion ailleurs et quelle insouciance d'un désordre patent !

Je rappelle, pour finir, les principes, dans les mêmes termes que je l'ai fait pour les centimes spéciaux. Les centimes pour insuffisance de revenus sont extraordinaires et annuels. Ils complètent les revenus communaux, à titre d'annuel strictement, à titre de revenus *lato sensu*. Leur emploi laisse intacte notre formule : budget ordinaire, compte de revenus.

Et c'est la fin de l'épreuve pour ce budget, car nous avons compté la dernière ressource et examiné le dernier texte.

CHAPITRE XIII

Contributions extraordinaires, équivalent ici de contributions temporaires. — La loi. — Différence entre les lois municipales ancienne et nouvelle. — Règles concernant l'autorisation. — Thème habituel des commissions de décentralisation. — La doctrine. — Difficulté de définir les centimes extraordinaires. — Dalloz ancien et moderne et Braff. — Confusion de deux régimes. — M. Morgand. — Caractère tiré de l'adjonction des plus imposés. — La loi de finances. — Définition des recettes par les dépenses, cercle vicieux. — La solution. — Centimes temporaires dans la forme, pour insuffisance de capitaux au fond. — Erreurs commises dans la rédaction de la loi du 21 décembre 1882 et dans la préparation de la loi du 5 avril 1884. — Chambre et Sénat impuissants à découvrir une énorme bévue. — Intervention d'un commissaire du Gouvernement dans la deuxième délibération du Sénat. — Pratique administrative, cadres budgétaires. — Ordre d'emploi des ressources extraordinaires. — Impositions au dernier rang. — Erreur du modèle de 1838. — La bonne théorie exposée dans le Lot. — Contradictions et bizarreries. — Le budget extraordinaire pris exclusivement pour le budget des emprunts. — Cas singuliers dans l'Aude, la Côte-d'Or, l'Yonne et les Pyrénées-Orientales. — Conclusions.

Voici le dernier chapitre concernant les impositions. Les centimes temporaires en sont réellement le sujet, et non pas les extraordinaires au sens large, dont on sait que ceux-là ne forment qu'une branche. Je me suis, dans mon titre, et pour me faire mieux comprendre, conformé à une terminologie que je condamne.

L'article 134 de la loi de 1884 a reproduit l'article 32 de la loi de 1837, sauf l'addition des surtaxes d'octroi et le changement de cadre dont nous avons parlé, et qui exige la jonction au texte précité de l'excédent des recettes ordinaires, énoncé en l'article 135 ; je veux parler de la substitution des recettes du budget extraordinaire aux recettes extraordinaires.

Le premier objet de l'énumération, aujourd'hui de même qu'autrefois, est : « contributions extraordinaires dûment autorisées. » Mais, tandis que, dans la loi municipale antérieure, « contributions extraordinaires » avait son sens plein et signifiait toutes contributions autres que les centimes ordinaires, les mêmes mots, dans l'article 134, distraction faite des centimes pour insuffisance de revenus, spéciaux et généraux, — reportés au cadre de l'ordinaire par l'article 133, — ne représentent plus que les impositions temporaires, que j'ai quelquefois nommées centimes pour insuffisance de capitaux. Le terme « extraordinaire » est ainsi vidé de la moitié de son sens. L'article 134 ne mentionne plus, en vérité, les contributions extraordinaires, mais seulement les contributions de l'extraordinaire, comme, en général, il donne les recettes de l'extraordinaire.

Leur régime est établi, au point de vue de l'autorisation, par les articles 141, 142 et 143 de la loi de 1884, modifiant les règles spéciales posées pour la première fois en 1852 et developpées surtout en 1867. Ce régime est assez compliqué. Il exige, selon les cas, l'intervention de presque toutes les autorités : préfet, Conseil général, Conseil d'État, chef de l'État, législateur. Voici les échelons :

1° Impositions extraordinaires n'excédant pas cinq centimes pendant cinq ans, et emprunt remboursable sur ces centimes ou sur les ressources ordinaires, quand l'amortissement, dans ce dernier cas, ne dépasse pas trente ans. — Délibération réglementaire, art. 141.

2° Impositions extraordinaires excédant cinq centimes, sans excéder le maximum fixé par le conseil général, et dont la durée, dépassant cinq années, n'est pas supérieure à trente ans; emprunts remboursables sur les mêmes contributions ou sur les revenus ordinaires, même si, dans ce dernier cas, le délai excède trente ans. — Approbation par le préfet, art. 142.

3° Impositions extraordinaires excédant le maximum fixé par le conseil général et emprunts remboursables sur les mêmes impositions. — Approbation par décret, art. 143, § 1er.

4° Impositions extraordinaires pour une durée de plus de trente ans et emprunts remboursables au moyen de ressources extraordinaires excédant également cette durée. — Approbation par décret rendu en Conseil d'État, art. 143, § 2.

5° Emprunt d'une somme dépassant un million, ou qui, réunie aux chiffres d'autres emprunts non encore remboursés, dépasserait un million. — Autorisation par une loi, art. 143, § 3.

En somme, le gouvernement ou le Corps législatif n'a à connaître que des opérations exceptionnelles à raison de la durée ou de la quotité des charges qu'elles doivent imposer aux communes.

On comprend que ces dernières dispositions n'ont rien d'essentiel ; c'est une partie contingente de la loi, et qui varie suivant les idées du jour. Les commissions de décentralisation ne manquent jamais de s'y attaquer. L'œuvre de 1884 ne plaît déjà plus en ce point ; le projet de loi Barthou s'occupe de la remanier.

L'examen de la doctrine va nous fournir l'occasion

de consolider les principes, en ayant à les défendre contre des interprétations erronées. La plus grosse difficulté gît, au seuil du sujet, dans la définition des centimes extraordinaires ; nous l'avons, pour nous, dès longtemps écartée, et nous n'aurons pas de peine à nous maintenir dans les positions prises.

A l'origine, le législateur lui-même a donné le nom d'extraordinaires aux « centimes destinés à des dépenses urgentes ». Ce sont les termes de la loi de 1814, reproduits dans celle de 1818, qui, depuis, a passé pour la créatrice de ces centimes, à cause de la forme nouvelle donnée à leur vote par l'adjonction des plus imposés. Définition imprécise, si l'on veut, mais suffisamment exacte à son heure ; faussée bientôt par l'augmentation du champ des dépenses payables au moyen des nouveaux centimes.

Quand Dalloz crut pouvoir la reprendre dans son commentaire de la loi de 1837, il commit une faute qui n'était guère pardonnable. Il s'exprimait ainsi : « Contributions extraordinaires dûment autorisées. — Centimes que les communes ont le droit de s'imposer extraordinairement pour faire face à des dépenses spéciales et urgentes. Le paragraphe ci-dessus ne fait que confirmer le droit déjà établi par les lois des 15 mai 1818 et 28 juillet 1826 [sur les chemins vicinaux]. » L'erreur serait compréhensible si l'auteur écrivait dans les années antérieures à 1837, parce qu'il fallait alors avoir suivi de près la pratique des affaires administratives pour savoir que, peu à peu, l'application des centimes extraordinaires avait été étendue à des dépenses de toute nature. Mais quoi ! il suffisait, après cela, de lire la loi municipale, celle-là même que Dalloz commentait, pour reconnaître qu'il ne s'agissait plus seulement de faire face à des dépenses urgentes avec les ressources en question, et que l'article 40 de la loi de 1837 accommodait le vote des mêmes centimes à des dépenses obligatoires et à des dépenses facultatives.

Braff, l'auteur le plus consulté, dans les années qui suivirent, sur l'administration financière des communes, qu'il exposa à titre quasi officiel, ne s'est point hasardé à donner une définition des contributions extraordinaires. Cette réticence n'a pas suffi pour le mettre à l'abri de la critique. Il n'a pas échappé à la contradiction que nous avons relevée dans Dalloz, répétant les prescriptions de 1818 concurremment avec celles de 1837, qui les avaient remplacées. « Le montant de l'impôt [pour insuffisance de revenus], nous dit-il, est égal au déficit que présentent les recettes ordinaires sur les dépenses de même nature, après que toutes les dépenses dont l'utilité et l'*urgence* ne sont pas suffisamment démontrées ont été ajournées[1]. » Puis, au bas de la même page, il parle nécessairement de la portion à autoriser par le préfet, comme obligatoire, et de la portion à autoriser par décret, comme *facultative*. Encore une fois, urgent et facultatif hurlent de se trouver ensemble. Il y avait beau jour que la rigueur des textes de 1818 avait été effacée.

Le Dalloz de 1884 a recueilli, avec un respect inopportun, l'erreur de son aïeul, et il y a ajouté une erreur personnelle : « Contributions extraordinaires dûment autorisées. — On y comprenait sous la législation antérieure tous les centimes que les communes ont le droit de s'imposer extraordinairement pour faire face à certaines dépenses spéciales et urgentes. Aujourd'hui ce sont les impositions pour faire face à des dépenses extraordinaires. » Je critiquerai cette phrase creuse, lorsque nous la retrouverons dans la définition de M. Morgand, auquel j'arrive.

---

1. *Administration financière des communes,* p. 142.

Cet auteur s'exprime ainsi [1] : « Les mots « contributions extraordinaires », dans la loi du 18 juillet 1837 et dans les lois postérieures, étaient employés dans deux sens différents. Tantôt ils signifiaient les impositions qui ne pouvaient être votées par le conseil municipal qu'avec le concours des plus forts contribuables, et comprenaient les impositions destinées aux dépenses ordinaires, comme à celles votées en vue de dépenses extraordinaires. Tantôt ils s'entendaient spécialement des impositions affectées à ces dernières dépenses. C'est ce dernier sens qu'ils avaient dans l'article 32 de la loi de 1837, correspondant à notre article 134. — L'adjonction des plus imposés ayant été supprimée par la loi du 5 avril 1882, la première acception de ces mots a nécessairement disparu. Lorsque la nouvelle loi municipale parle de contributions extraordinaires, il ne peut donc plus s'agir que des impositions établies pour pourvoir à des dépenses extraordinaires. Tel est le sens de cette expression, non seulement dans l'article 134, relatif au classement des recettes, mais encore dans les articles 141 et 143, relatifs au vote et à l'approbation de cette nature de ressources. »

A peu près tout est faux dans cet exposé. Le passé est aussi mal compris que le présent. Au résumé, l'histoire serait divisée en deux périodes : l'une commençant fort tard, en 1837, et finissant en 1882, l'autre s'étendant de cette date à nos jours. Dans la première, « impositions extraordinaires » aurait eu un sens large et un sens restreint : au sens large, c'était toute imposition destinée aux dépenses ordinaires ou extraordinaires, — il faut entendre sans doute annuelle ou temporaire, — votée avec le concours des plus forts contribuables ; au sens étroit, — voyez, nous dit-

---

on, l'article 32 de la loi de 1837, singulier exemple !
— c'était l'imposition temporaire. Je m'arrête là, pour
prouver d'abord que le concours des plus imposés n'a
jamais été la caractéristique de l'imposition extraordinaire, et d'autre part que, si cette imposition s'est fort
rationnellement dédoublée comme on sait, jamais une
terminologie baroque n'a désigné du même nom le tout
et la partie. Ce sont deux points à examiner.

Et voici le premier. Les impositions extraordinaires
furent, au début, — en 1814 et en 1818, — définies
par la loi : celles qui sont destinées à des dépenses
urgentes. Mais leur rôle ne tarda pas à se préciser,
sortant de cette donnée vague, et leur juste définition, si
quelqu'un eût alors songé à la formuler, eût été celle-
ci : impositions accordées à la demande des communes,
pour suppléer à toute insuffisance de ressources. Et
c'est là le vrai, aujourd'hui comme autrefois. Pendant
un certain temps à partir de 1818, la demande dut être
faite par le conseil municipal augmenté des plus forts
contribuables. Mais cette formalité n'avait rien d'essentiel ; une preuve, entre autres, est qu'on ne la con-
nut pas de 1814 à 1818, alors que la catégorie des
impositions extraordinaires avait déjà pris naissance.
Toutefois, elle fut constamment exigée de 1818 à 1833,
appliquée en particulier aux centimes pour les chemins vicinaux de 1824, aux centimes pour les gardes
champêtres de 1832. Puis on la supprima pour les
centimes de l'instruction primaire en 1833, et pour les
centimes des chemins vicinaux en 1836. A partir de
1833, toute corrélation, même apparente, fut rompue
entre le caractère des centimes et l'adjonction des
plus imposés ; nous avons vu cette période incohérente dans l'histoire des centimes spéciaux. La demande
des communes fut moins solennelle ; mais elle continua
d'être nécessaire, aussi bien que la condition d'insuffi-

sance de ressources, et c'en fut assez pour que les impositions autorisées dans ces circonstances continuassent d'être traitées d'extraordinaires, par opposition aux ordinaires, accordées sans vote et sans nécessité particulière, à titre de purs revenus.

Second point. Les centimes extraordinaires se dédoublèrent logiquement et d'eux-mêmes dans la pratique administrative, — nous savons cette histoire, — centimes annuels allant à l'ordinaire se joindre aux revenus, centimes temporaires ou en forme d'annuités demeurant à l'extraordinaire, joints aux capitaux. Où M. Morgand a-t-il vu d'autres catégories que celles-là? Aucun texte, quoi qu'il en dise, ne permet d'opposer le sens large et le sens restreint qu'il a imaginés. L'article 32 de la loi de 1837, qu'il allègue comme exemple du sens restreint, comprenait, au contraire et sans le moindre doute, tous les centimes extraordinaires, soumis après cela, par l'article 40, à des règles d'autorisation uniformes. Plus tard, la scission s'opéra, mais dans ce dernier texte seulement; le décret de décentralisation de 1852 et surtout la loi de 1867 enlevèrent à la réglementation de l'article 40, non à la mention collective de l'article 32, les centimes temporaires.

La loi du 5 avril 1882 intervint en cet état des choses, et n'y changea quoi que ce fût. Elle supprima une formalité, — l'appareil extérieur d'un vote, — déjà abolie pour ce qui regardait certaines catégories de centimes, sans que leur nature en fût changée. Nous avons prouvé que les centimes de 1836 pour les chemins vicinaux, votés sans le concours des plus imposés, étaient de même ordre que les centimes de 1867 pour le même objet, votés par le conseil communal complet.

Nous arrivons au présent. M. Morgand, avec raison cette fois, observe que l'article 134 de la loi de

1884 ne contient plus, comme impositions, que celles
qui sont affectées à des dépenses extraordinaires,
— il veut dire des impositions temporaires. — C'est
là le vice précis de la phraséologie moderne, d'appliquer à la partie le nom qui convient au tout, de retenir
la qualification d'extraordinaire pour une seule branche
des impositions de cette nature.

Notre commentateur erre de nouveau quand il croit
que cette branche est la seule subsistante, et que
ce qu'il appelle le sens large, si mal défini par lui
d'ailleurs, a disparu. Le sens que j'appellerai complet peut être mal discerné, à demi effacé dans le langage moderne ; il est maintenu, malgré tout, par la
logique du sujet. Inutile de revenir sur une discussion
déjà amplement traitée. A côté des centimes extraordinaires temporaires, les centimes extraordinaires
annuels subsistent sous la forme des centimes spéciaux
et généraux pour insuffisance de revenus. Leur qualification même perce par endroits, incomprise, mais
significative cependant pour un esprit averti. L'article
141 a maintenu, par inadvertance peut-être, fort exactement en somme, le nom d'extraordinaires aux centimes pour les chemins vicinaux et ruraux.

Je viens à la définition par laquelle M. Morgand termine sa dissertation, d'accord avec Dalloz et toute la
doctrine et les lois de finances mêmes : centimes extraordinaires, centimes affectés à des dépenses extraordinaires d'utilité communale. Ce n'est pas une
définition ; c'est un cercle vicieux. M. Morgand lui-
même a fait la juste remarque que ces mots ont un sens
tout relatif, qu'une même dépense peut être ordinaire
ici, extraordinaire là, selon l'importance de la commune. Avec plus de précision dans l'observation et
dans l'expression des choses, je suis arrivé à prouver
que toute dépense, — sauf pour ce qui regarde l'annuel

de chiffre fixe, — emprunte le caractère de la recette qui y pourvoit : ordinaire, si les revenus ou l'annuel, les revenus *lato sensu* en somme, y suffisent, extraordinaire, si des capitaux ou des annuités, des capitaux en somme, sont nécessaires pour y parer. D'où il suit que les dépenses se définissent par les recettes, et que tenter l'inverse, définir les recettes par les dépenses, c'est bel et bien tomber dans un cercle vicieux.

J'ai indiqué une issue à cette impasse : les centimes extraordinaires de l'article 134, c'est-à-dire les centimes du budget extraordinaire sont des centimes pour insuffisance de capitaux. Un nom très simple et très exact en caractérise la forme : c'est imposition temporaire ou annuité. Il s'oppose clairement à annuel, comme insuffisance de capitaux à insuffisance de revenus.

Avant d'aborder, selon l'ordre que j'ai précédemment suivi, la critique des errements administratifs, un point intéressant veut encore être éclairci.

J'ai cru devoir indiquer dans ma préface, promettant d'y revenir, la confusion d'idées qui règne dans la sphère du législateur, et emprunter deux traits, l'un à la loi du 21 décembre 1882, l'autre à la rédaction primitive de l'article 133 *in fine* de la loi de 1884 ; et c'est ici le lieu d'y insister. A la vérité, ce que j'ai dit, dans le chapitre des centimes spéciaux, de la loi du 21 décembre 1882, me laissera peu de chose à ajouter sur ce premier sujet. C'est cette loi qui, instituant des centimes pour les familles des réservistes, permet de les imputer d'abord sur les centimes extraordinaires temporaires ; la condition mise à leur usage est en effet exprimée de la sorte : « En cas d'insuffisance des ressources ordinaires et des centimes extraordinaires créés dans les limites du maximum fixé par le conseil général...» Il y a là une inintelligence profonde du système de la

loi, et poussée, on peut le dire, jusqu'à l'absurde. C'est
à tel point, qu'on a laissé tomber sans discussion la
seconde partie de la condition rapportée ci-dessus : en
cas d'insuffisance « des centimes extraordinaires (temporaires) créés dans les limites du maximum fixé par
le conseil général ». On traite cette incidente comme
si elle n'existait pas. Qui songerait à créer des annuités pour un service annuel?

On a failli commettre dans la loi de 1884 une erreur
presque aussi étonnante. La rédaction primitive du paragraphe final de l'article 133 portait : « L'établissement des centimes pour insuffisance de revenus est
autorisé par arrêté du préfet, lorsqu'il s'agit de dépenses
obligatoires ou de dépenses facultatives votées dans
la limite des centimes autorisés par le conseil général. — Il est approuvé par décret dans les autres
cas. » A ceux qui connaissent, comme nous maintenant,
l'histoire et la théorie des impositions communales, la
bévue commise en ces lignes apparaît aussitôt dans
toute sa grossièreté. Un recul bizarre, un changement
énorme et impraticable allait s'opérer, que nul n'avait
aperçu dans deux délibérations à la Chambre des députés et dans une première délibération au Sénat.

Au cours de la deuxième délibération de la haute assemblée, le commissaire du gouvernement eut un
vague scrupule tardif au sujet de certaine « obscurité »
de l'article 133 : « Le maximum des centimes autorisés
par le conseil général, dit-il, est de vingt, et il ne
s'applique qu'à des dépenses extraordinaires [com-
prenez temporaires]. Nous ne nous trouvons pas du
tout ici dans le cas de dépenses extraordinaires ; mais
nous raisonnons dans l'hypothèse où les revenus sont
insuffisants pour faire face à des dépenses ordinaires,
qu'elles soient obligatoires ou facultatives. Si ces dépenses sont obligatoires, vous comprenez très bien

qu'il ne peut y avoir de limite. C'est ce qui explique pourquoi, dans un certain nombre de communes, ces dépenses atteignent une proportion qui a effrayé un de nos collègues, M. Lizot, lorsque, dans un langage élevé, auquel nous avons applaudi d'ailleurs, mais un peu pessimiste, il signalait la progression constante de ces centimes. Nous demandons en conséquence une modification qui porterait sur les points suivants.

» Lorsqu'il s'agira de centimes pour insuffisance de revenus pour faire face aux dépenses obligatoires, l'arrêté du préfet suffirait, quel que soit le nombre des centimes. Il s'agit, en effet, de régler des dépenses auxquelles on ne peut pas se soustraire. S'il est question de dépenses facultatives, nous réservons l'autorisation de voter ces centimes à un décret.

» Dans ces conditions, vous devez accepter cette innovation, qu'il me paraît d'ailleurs impossible de rejeter, car le rejet aurait pour conséquence d'obliger l'administration à soumettre tous les ans à la signature du Président de la République, 24,000 décrets, puisqu'il y a malheureusement 24,000 communes dans cette situation. Il importe donc de faire la distinction que je viens d'établir devant vous, et qui se rencontre d'ailleurs dans toutes les lois sur les matières municipales.»

Le commissaire du gouvernement plaida la bonne cause, mais avec de pauvres arguments, et comme si l'autre était un instant défendable. Il emporta l'adhésion du parlement en arguant de la difficulté pour le chef de l'État de signer annuellement un nombre excessif de décrets, comme s'il ne connaissait pas les états collectifs. Pas un mot au sujet d'un retour incroyable à des errements abandonnés depuis si longtemps, et dans des conditions qui les rendaient deux fois impossibles.

Il devait dire : « Messieurs, tout le monde s'est

trompé, les uns en rédigeant, les autres en acceptant le texte de l'article 133, tel que je viens de vous le relire. On a brouillé inconsidérément les centimes annuels avec les centimes temporaires. Il y a beau temps que les annuels ne sont plus soumis à la limite qui subsiste pour les temporaires, et qui est réglée aujourd'hui par le conseil général et la loi de finances. Les annuels destinés à des dépenses obligatoires sont affranchis depuis 1842; ceux destinés à des dépenses facultatives, depuis 1852. Faire tout rentrer aujourd'hui sous la commune limite de 1818 serait une entreprise deux fois impraticable. Le maximum de 1818 est dépassé de plus du double en moyenne. D'autre part, le contrôle des annuels et des temporaires est remis depuis 1867, et par la loi en préparation elle-même, à des autorités différentes. Assigner à ces impositions une provision commune serait une cause de malentendus et de conflits. Ce n'est pas là sûrement ce qu'on a voulu faire, car, en ces matières, notre loi ne tâche qu'à se conformer à la tradition. Il faut biffer de l'article 133 l'intervention du conseil général, qui est une méprise, et distinguer, comme jadis, les dépenses pour insuffisance de revenus en deux catégories dont le contrôle sera remis au préfet ou au chef de l'État. » C'était là le discours que la circonstance réclamait; on s'en tira sans savoir comment.

Je passe enfin au dernier point à examiner dans ce chapitre : la pratique administrative, telle qu'elle nous apparaît dans les cadres budgétaires départementaux.

Une question d'ordre se présente d'abord : à quelle place doivent venir les contributions extraordinaires, en leur chapitre ? J'ai touché cette question à propos des recettes du patrimoine, et j'ai dû la différer, pour la traiter complètement, jusqu'après l'étude de tous les éléments budgétaires. L'ordre rationnel se déduit très aisément des considérations suivantes : si les revenus et leur complément, je veux dire l'annuel, sont trop faibles pour acquitter une dépense, elle passe à l'extraordinaire, où elle peut trouver un capital et, concurremment parfois ou exclusivement en d'autres cas, soit une annuité fournie par l'épargne, c'est-à-dire par un excédent de revenus, soit des impositions et des taxes[1] suppléant à l'insuffisance de toute autre ressource. Partant, de même que les centimes pour insuffisance de revenus s'inscrivent à la dernière ligne de l'ordinaire, qu'ils soldent, les centimes pour insuffisance de capitaux ont nécessairement leur place à la fin de l'extraordinaire, dont ils sont la ressource extrême. Cette logique si simple, nos deux lois l'ont successivement méconnue ; l'une et l'autre ont placé les contributions extraordinaires en tête du budget de même nom, et la moderne a augmenté la confusion en inscrivant presque à la fin de sa liste les surtaxes d'octroi, une recette de pareil emploi.

Le ministre auteur du modèle de 1838, ayant mieux reconnu les nécessités pratiques, n'avait pas cru pouvoir y accommoder l'ordre légal, et l'avait carrément abandonné, sans proposer toutefois une solution irréprochable. Vingt-trois départements suivent avec plus ou moins de précision, mais en s'inspirant visiblement des mêmes principes, ces anciennes instructions. Citons : les Hautes-Alpes, les Ardennes, l'Aube, l'Aveyron, les Bouches-du-Rhône, le Cantal, la Charente, le Cher, les Côtes-du-Nord, la Dordogne, le Doubs, le Finistère, le Gard, la Haute-Garonne, le Gers, la Haute-Loire, le Lot, Maine-et-Loire, la Meuse, l'Oise, les

---

1. J'inscris ici les taxes pour ordre. C'est un sujet à étudier dans un prochain chapitre.

Basses-Pyrénées, la Seine-Inférieure et les Vosges. La formule budgétaire du Lot est à tirer de pair ; elle joint au tableau des articles quelques mots de théorie, sous forme d'*Instructions pour la formation d'un budget primitif*.

Voici comment elle ordonne son chapitre II :

Aliénation d'immeubles.
— de rentes ou capitaux.
Coupes extraordinaires de bois.
Emprunts contractés pour...
Legs et donations.
Souscriptions volontaires pour...
Impositions destinées à gager les emprunts contractés pour...
Impositions temporaires destinées à des dépenses éventuelles.

Sauf l'ambiguïté du dernier article, qui vise tout engagement à long terme autre qu'un emprunt, le tableau du Lot est bon. Il y ajoute, — sur la couverture du budget, — un commentaire où je relève ce passage : « S'il s'agit de dépenses éventuelles ou temporaires [lisez : trop fortes pour être acquittées dans l'année], la commune doit recourir soit à une aliénation de terrain [lisez : réalisation de capital], soit à des contributions extraordinaires, soit à un emprunt remboursable avec le produit de ces centimes. » L'ordre de ces deux dernières propositions est à intervertir, comme il l'est, en effet, dans l'énumération précédente[1], car il est relativement assez rare que les centimes extraordinaires entrent en jeu pour une autre cause que pour l'amortissement d'un emprunt. Le département du Nord prévoit ce cas sous une rubrique très

---

1. L'exemple du Gers est très frappant aussi. Il porte dans le budget extraordinaire :
— Emprunt.
— Impositions pour remboursement dudit emprunt.

explicite : « Impositions pour constructions et travaux neufs n'ayant pas donné lieu à emprunt. »

J'ajouterai quelques mots sur les cadres budgétaires du reste de la France, non plus pour les proposer en exemple, mais pour tirer la leçon habituelle des contradictions et des bizarreries où conduit l'absence de principes. Beaucoup de préfectures se sont laissé influencer, comme on devait s'y attendre, par le dénombrement de l'article 134, et mettent en tête de leur liste les impositions extraordinaires. L'Aisne ne prévoit, après cela, que ventes d'arbres et subventions; l'Allier, que subventions. Seine-et-Marne et le Tarn inscrivent seulement coupes extraordinaires de bois et impositions; la Drôme, impositions extraordinaires pour remboursements d'emprunt et pour travaux. Un assez bon nombre de départements réduisent leurs prévisions à des centimes d'amortissement; pour eux, le budget extraordinaire est essentiellement le budget de l'emprunt. Ainsi procèdent l'Ardèche, l'Indre, Loir-et-Cher, la Lozère, le Morbihan, le Pas-de-Calais, la Savoie, la Haute-Savoie, les Deux-Sèvres. Dans la Haute-Marne, la première ressource du chapitre II est la surtaxe d'affouage ; dans Meurthe-et-Moselle et la Somme, les coupes de bois et les ventes d'arbres ; la Somme inscrit encore les tourbages extraordinaires.

Voici un certain nombre de cas tout à fait singuliers. Dans l'Aude, je relève: « Coupe extraordinaire de bois.— Imposition extraordinaire pour insuffisance de revenus ordinaires affectés aux dépenses annuelles facultatives. — Imposition de 3 centimes pour frais de perception. » La Côte-d'Or n'a que cet article : « Salaire arriéré des gardes champêtres. » Quel est ce mystère de mœurs locales? L'Yonne défie la critique ; elle laisse tout le chapitre II en blanc. L'extraordinaire lui semble impossible à prévoir. Enfin les Pyrénées-Orientales ont ces deux articles d'une distinction subtile au point d'en être incompréhensible : « Imposition extraordinaire de centimes pour... — Imposition de centimes extraordinaires pour... »

Je ne pousse pas plus loin. Le lecteur doit comprendre avec une entière évidence que les centimes additionnels de l'article 134, auxquels la terminologie moderne entend réserver le nom d'extraordinaires, ne sont précisément que des centimes extraordinaires temporaires. La circulaire du 13 décembre 1842 a eu là-dessus un mot qui n'a pas cessé d'être vrai : « Les seules impositions qui figurent au chapitre II sont les impositions temporaires. » Impositions en forme d'annuités, recettes capitalisées, capitaux en formation, capitaux en somme. Nouvelle vérification du principe posé : budget extraordinaire, compte de capitaux.

CHAPITRE XIV

Coercition munie de plusieurs ressources. — Inscription, imposition d'office. — L'article 149 et les lois de finances. — Classement de l'imposition d'office selon qu'elle pourvoit à une insuffisance de revenus ou de capitaux. — Réalisation d'un capital en deux cas exceptionnels, déjà étudiés. — Précaution ancienne au sujet des centimes temporaires. — Limitation annuelle. — Provision des impositions d'office indépendante de celle des centimes spéciaux et des centimes dits extraordinaires. — Exemple de lois récentes. — Observations critiques. — Limites observées par la routine depuis 1838. — Le système de la loi de 1837 rudimentaire encore en ce point. — Aggravation progressive de la coercition. — Résultat bizarre au sujet des dépenses de la vicinalité. — Faculté d'emprunter d'office, aggravation apparente.

J'ai déjà touché à ce sujet, à propos des dépenses obligatoires et facultatives. Il me reste à en préciser certains traits, et à l'accorder d'une façon exacte avec la théorie que j'ai exposée.

On connaît les circonstances où interviennent les impositions d'office. Il y a deux degrés dans l'exécution des mesures propres à sanctionner l'obligation de certaines dépenses ; l'inscription d'office est le premier. Si elle met le budget en déficit, et que le conseil municipal se refuse à voter les ressources nécessaires, une imposition est établie d'office ; c'est le second degré de la coercition. Deux cas exceptionnels peuvent aboutir, l'un à un emprunt d'office, l'autre à une aliénation forcée.

Le paragraphe 5 de l'article 149 de la loi de 1884 est ainsi conçu : « Si les ressources de la commune sont insuffisantes pour subvenir aux dépenses obligatoires inscrites d'office, en vertu du présent article, il y est pourvu par le conseil municipal, ou, en cas de refus de sa part, au moyen d'une contribution extraordinaire établie d'office, par un décret, si la contribution extraordinaire n'excède pas le maximum à fixer annuellement par la loi de finances, et par une loi spéciale, si la contribution doit excéder le maximum. » C'est la copie littérale du paragraphe 4 de l'article 39 de la loi de 1837.

Les lois de finances, aussi attachées à la routine, en cette matière, que les conseils généraux, pour ce qui regarde la limitation des centimes temporaires, ont conservé invariablement le même maximum depuis l'origine. L'article 14 de la loi de finances de 1896 reproduit encore l'article 8 de la loi du 18 juillet 1838, qui régla ce point pour la première fois : « Lorsque, en exécution du paragraphe 5 de l'article 149 de la loi du 5 avril 1884, il y aura lieu, par le gouvernement, d'imposer d'office sur les communes des centimes additionnels, pour le payement de dépenses obligatoires, le montant de ces centimes ne pourra excéder le maximum de dix centimes, à moins qu'il ne s'agisse de l'acquit de dettes résultant de condamnations judiciaires, auquel cas il pourra être élevé jusqu'à vingt centimes. »

Comment les impositions d'office se classent-elles parmi les autres impositions ?

La circulaire du 27 août 1867, destinée au commentaire de la loi du 24 juillet de la même année, les avait placées au quatrième rang d'une division qui distin-

guait successivement : 1° les centimes sans affectation
spéciale destinés aux dépenses annuelles; 2° les centimes spéciaux; 3° les centimes sans affectation spéciale destinés à pourvoir aux dépenses non annuelles;
4° les impositions d'office. Et, après avoir rapporté
celles-ci à leur origine, — l'article 39 de la loi de 1837,
— le ministre ajoutait que les centimes « imposés
d'office, en cas de refus des conseils municipaux,
doivent être votés avec le concours des plus imposés ».
On en faisait donc une série à part, sans rien ajouter
qu'une condition d'établissement absurde.

Voici plus de lumière. On sait que les besoins des
communes, pour divers qu'ils soient, quant à leur
objet, se traduisent dans les comptes sous deux
formes : insuffisance de revenus et insuffisance de
capitaux. L'insuffisance de revenus, non satisfaite par
un vote du conseil municipal, sera comblée par une
imposition d'office annuelle. Pour ce rôle, l'imposition
d'office s'inscrit au budget ordinaire, et n'est autre que
l'imposition pour insuffisance de revenus, remise aux
mains de l'autorité. L'insuffisance de capitaux, quand
la commune n'y pourvoit pas volontairement, peut
trouver une compensation directe en deux cas que
nous avons étudiés ; c'est lorsqu'il s'agit du payement de dettes exigibles ou de frais d'installation scolaire. En cas de dettes, les biens non affectés à un
usage public sont, selon l'article 110 de la loi de 1884,
réalisables sur la poursuite d'un créancier ; pour une
installation scolaire, il est loisible à l'administration,
aux termes de la loi du 20 mars 1883, de contracter un
emprunt au nom de la commune. Le capital qui faisait défaut est réalisé par un procédé ou par l'autre.
Mais ces circonstances sont exceptionnelles; en dehors
d'elles, il ne peut être suppléé à l'insuffisance de capitaux que par un jeu d'annuités, obtenues, soit au

moyen d'un excédent de revenus, soit au moyen de l'imposition d'office. Pour ce rôle, l'imposition s'inscrit au budget extraordinaire, et n'est autre que l'imposition temporaire, laissée au pouvoir de l'autorité.

Ce dernier point a besoin de quelque confirmation. M. Morgand ne s'en explique pas ; mais Braff admettait sans hésitation que l'imposition d'office pouvait être répartie sur plusieurs années. Il s'autorisait d'un avis de la section de l'Intérieur du Conseil d'État, en date du 30 août 1854, d'après lequel on devait, dans les décrets qui établissent l'imposition d'office, prendre en considération le chiffre variable du maximum autorisé tous les ans par les lois de finances, et laisser à l'autorité administrative le soin de fixer elle-même le nombre des centimes à imposer annuellement d'office sur les communes, à la charge par cette dernière de se renfermer dans les limites dudit maximum. Braff indiquait, après cela, la formule légale adoptée, s'appuyant ainsi sur la pratique : « Il sera imposé d'office, à partir de..., sur la commune de..., par addition au principal de ses quatre contributions directes, et suivant le départ qui en sera fait par l'autorité administrative, dans les limites du maximum fixé annuellement par les lois de finances, la somme de..... pour, etc. » Il y avait là une nuance que les modernes n'observent plus. L'imposition d'office, répartie sur plusieurs années, ne recevait pas de fixation de chiffre à l'avance ; l'administration y procédait annuellement, de façon que le maximum de la loi de finances ne fût jamais dépassé. Les centimes, temporaires par leur répartition, restaient annuels quant à la détermination de leur quotité. Ce caractère mixte a disparu. La précaution devint parfaitement superflue, quand il fut reconnu que la loi de finances, au lieu de marquer, chaque année, une limite raisonnée, avait, une fois pour toutes, planté la borne.

Le rôle de l'imposition d'office est ainsi défini, ou tout au moins accordé avec la pratique. Nous avions pu prévoir qu'elle ne constituait pas, au fond, une nouveauté. Les communes n'ont à recevoir que l'allègement d'une insuffisance de revenus ou de capitaux. L'imposition d'office sert aux deux usages ; elle est à double face. On l'appelle extraordinaire au double sens où la loi de 1837, qui l'a instituée, entendait le mot ; tantôt annuelle, elle se dépense avec les recettes de l'ordinaire, tantôt temporaire, elle s'emploie parmi les recettes de l'extraordinaire.

La loi de finances lui alloue une provision, indépendante à la fois de celle des centimes spéciaux et de celle des centimes temporaires.

Avant la loi de 1837, qui a permis à l'autorité d'ouvrir le crédit de l'imposition d'office à toute dépense obligatoire, les lois qui avaient institué les centimes spéciaux pour les gardes champêtres, pour l'instruction primaire et les chemins vicinaux, avaient eu soin de réserver à l'autorité le droit de frapper elle-même le budget des impositions dont on accordait le vote aux communes, et dont elles n'auraient pas voulu faire usage. Nous connaissons cette réciprocité de pouvoirs, à l'endroit des dépenses obligatoires munies de centimes spéciaux. Or, ainsi que l'a reconnu le Conseil d'État à propos du salaire des gardes champêtres, cette catégorie a continué d'être régie par les dispositions des lois qui l'ont primitivement réglée ; il n'y a pas été dérogé par la loi de 1837, ni, peut-on ajouter, par celle de 1884. « Introduire dans ce système la limitation de l'article 39 de la loi de 1837 [ou celle de l'article 149 de la loi de 1884], ce serait en détruire l'efficacité. » Toutes ces raisons s'appliquent aussi bien au régime moderne, et il ne faut pas hésiter à dire que les centimes autorisés par la loi de 1893 pour l'assistance médicale gratuite sont, le cas échéant, l'objet d'une coercition indépendante, et ne comptent pas dans le maximum établi par la loi de finances pour l'exécution de l'article 149.

Voyons quelques applications des principes que nous venons de poser :

« *Loi du 9 mars 1897...* Article unique. — Il sera établi d'office, en 1897, sur la commune de Saint-Hilaire-Lastours (Haute-Vienne), une imposition extraordinaire de 16 c. 30 additionnels au principal des quatre contributions directes, dont le produit, prévu pour 660 francs environ, servira à couvrir le déficit des budgets de 1896 et 1897... » Tel est le cas le plus ordinaire : imposition annuelle, qui serait une pure imposition pour insuffisance de revenus, si elle avait été consentie par la commune.

Exemples d'impositions temporaires :

« *Loi du 6 décembre 1895...* Article unique. — Il sera établi d'office, pendant quatre ans, à partir de 1896, sur la commune de Chasteuil (Basses-Alpes), une imposition extraordinaire de 51 centimes additionnels au principal des quatre contributions directes, dont le produit, évalué à 980 fr. environ, servira à acquitter, en principal, intérêts et frais, le montant des condamnations prononcées contre ladite commune par un jugement du tribunal civil de Castellane du 31 juillet 1885...»

« *Loi du 3 juillet 1895...* Article unique. — Il sera établi d'office sur la commune de Laruscade (Gironde), pendant six ans, à partir de 1895, une imposition extraordinaire de 25 c. 13 additionnels au principal des quatre contributions directes, dont le produit, évalué à 14,556 fr. environ, servira, concurremment avec d'autres ressources, aux frais de translation du cimetière... »

Exemple d'impositions temporaires destinées à un emprunt pour construction d'école :

« *Loi du 16 février 1897...* Article unique. — Il sera

établi d'office, sur la commune de Verneuil (Cher), pendant vingt-cinq ans, à partir de 1897, une imposition extraordinaire de 14 c. 50 additionnels au principal des quatre contributions directes, dont le produit, évalué à 6,950 fr. environ, servira à rembourser, en principal et intérêts, l'emprunt de 4,470 fr. que ladite commune est tenue de contracter en vertu d'un arrêté préfectoral du 13 octobre 1896, pour la construction d'une maison d'école... »

Quelques observations encore avant de clore ce sujet. Un auteur avait pensé, en 1837, qu'il serait « fort difficile de fixer le maximum des impositions d'office ». Mais la routine simplifie tout et, si l'on éprouva quelque difficulté au moment de la détermination initiale, en 1838, on s'en repose depuis soixante ans. Aussi quel désaccord des chiffres avec les habitudes du temps présent! Dix ou vingt centimes, quelle misère est-ce, au regard des impositions pour insuffisance de revenus auxquelles les communes recourent pour établir leur budget! Aussi la compétence du chef de l'État est-elle constamment dépassée; il faut invoquer la puissance législative pour des vétilles : le transfert du cimetière de Laruscade, le payement de 660 francs, dont le budget d'une pauvre commune limousine de 1,200 âmes a besoin pour solder son budget. Il est singulier que la dernière commission de décentralisation n'ait pas trouvé là matière où s'exercer. Le ministre de l'Intérieur, M. Barthou, dans les motifs du projet élaboré à la suite de ses délibérations, ne s'y est pas arrêté davantage, bien qu'il fût naturel, en élargissant les pouvoirs de la commune, de conclure à l'augmentation dans une mesure semblable des pouvoirs réciproques de sa tutelle. Les premières nécessités administratives doivent être aisément et promptement satisfaites, de quelque part que vienne l'initiative.

Autre critique. Le système des impositions d'office, copié par la loi de 1884 dans la loi de 1837, en est resté à l'état rudimentaire où celle-ci avait laissé tout ce qui concernait les impositions extraordinaires. On sait qu'elle en avait fait un groupe unique, en plaçant à part sous quelques rapports les centimes destinés à l'amortissement d'un emprunt. Plus tard, en 1852, en 1867 surtout, on institua pour les centimes temporaires un régime en raison combinée de leur quotité et de leur durée, et c'est, de nos jours, l'économie de toute disposition qui les touche. Pourquoi n'avoir pas traité de même l'imposition d'office ? Une occasion a été mal à propos négligée, d'appliquer un progrès de la science juridique et de lever en même temps les doutes qui naissent d'une législation sommaire.

Il subsiste, d'autre part, une trace singulière du passé. Les mesures de coercition ont subi avec le temps une aggravation progressive. On n'a d'abord concédé à l'autorité que la faculté d'imposer des centimes annuels, témoin ses pouvoirs en matière de dépenses éventuellement munies de centimes spéciaux : salaire des gardes champêtres (1832), instruction primaire (1833), chemins vicinaux (1836). Les impositions d'office qui sont, en ces sujets, l'exacte contre-partie des facultés accordées aux communes, restent réglées par les lois qu'on sait, et qui n'ont pas été abrogées par la loi de 1837, ainsi qu'il a été reconnu par le Conseil d'État, à propos du salaire des gardes champêtres. Par suite, en matière de vicinalité, l'imposition d'office est restée ce que la loi de 1836 l'a faite, essentiellement annuelle, limitée à cinq centimes et laissée aux mains du préfet. Le chapitre de l'extraordinaire est fermé à l'autorité en pareille matière ; de sorte qu'un service qui a été autrefois l'objet de la vigilance la plus stricte est aujourd'hui le seul qui échappe aux mesures de contrainte les plus efficaces ; on ne peut imposer en sa faveur que des sacrifices annuels et les plus étroitement mesurés. Résultat bizarre, à coup sûr.

En 1837, le pouvoir de l'autorité, à ce que l'on nous assure[1], a été étendu du chapitre ordinaire à l'extraordinaire ; les impositions d'office sont devenues d'annuelles temporaires, s'il le faut. C'est, tout au moins, la théorie officielle, que j'ai acceptée. On examina, dès lors, la possibilité de faire servir l'imposition à l'amortissement d'un emprunt d'office. Une décision ministérielle que Braff analyse en ces termes fut contraire à cette application : « L'imposition d'office est le seul moyen coercitif que le législateur ait mis à la disposition du gouvernement pour vaincre la résistance des corps municipaux. C'est là une exception à la règle générale, qui, en matière d'impositions, confère au conseil municipal le droit d'initiative. Or, comme toute exception doit être appliquée dans le sens le plus étroit, on ne saurait, sous aucun prétexte d'analogie ou de convenance, étendre cette mesure de contrainte à l'égard d'une opération d'emprunt, même lorsque cet emprunt doit être remboursé avec le produit de la contribution à établir d'office. »

Je comprends ces scrupules sous une législation qui faisait réellement des centimes d'emprunt une catégorie à part. Mais, de nos jours, les centimes pour

---

1. J'avoue que j'en doute fort, malgré mon adhésion au système qui a prévalu. L'expression de « contribution extraordinaire » a fait illusion, surtout en ces temps, où elle semble l'équivalent exact de « contribution temporaire ». L'exemple de ce qui se passa en matière de centimes spéciaux me semble topique. Songez, — j'insiste, — que, de nos jours encore, dans une matière où l'on voulut renforcer la contrainte, pour les besoins de la vicinalité, l'administration est tenue de mettre la commune en demeure de voter les ressources nécessaires *tous les ans*. Elle excéderait ses pouvoirs en l'imposant *pour plusieurs années*. L'imposition d'office est ici essentiellement annuelle ; cela est incontestable. Pourquoi temporaire ailleurs ?

payement ou pour amortissement sont assimilés et soumis à un régime identique. Les emprunts et les impositions dites extraordinaires sont réglés par les articles 142 et 143 de la loi de 1884 comme matières connexes, comme opérations de même ordre. Et même l'emprunt amortissable au moyen d'annuités à fournir par un excédent de revenus est traité plus favorablement qu'une entreprise défrayée au moyen d'impositions temporaires d'égale durée. Dans ces conditions, pourquoi limiterait-on aux dépenses de l'installation scolaire la possibilité de l'emprunt d'office?

Je me l'explique d'autant moins que, si l'opération à régler au moyen d'impositions d'office comporte un achat, — comme une translation de cimetière implique l'acquisition d'un terrain, — il faudra, pour un règlement par annuités, ajouter tacitement des intérêts au prix de la vente, en définitive souder au contrat un emprunt déguisé. Cette dissimulation était illicite jadis; on y avait paré. Elle est sans inconvénient aujourd'hui, au point de vue légal, comme à tout autre. On devrait avouer l'emprunt et l'admettre; le procédé serait plus juridique et plus franc. Et finalement les moyens d'exécution sont les mêmes; l'article 10 de la loi de 1889 dispose en matière scolaire : « Il sera alors pourvu au service de l'emprunt au moyen d'une imposition spéciale, établie conformément au paragraphe 4 de l'article 39 de la loi de 1837. »

Lisez aujourd'hui : « conformément au paragraphe 5 de l'article 149 de la loi de 1884. » Avec ou sans appel au crédit, on aboutit au même texte; les engagements sont pareils, la situation identique. L'emprunt d'office, au fond, n'est pas une aggravation de la contrainte administrative.

CHAPITRE XV

ADAPTATION DES TAXES AU SYSTÈME BUDGÉTAIRE. — RÔLE GÉNÉRAL
DE REVENUS. — UTILITÉS PARTICULIÈRES. — ASSIMILATION COM-
PLÈTE DU RÔLE DES TAXES D'OCTROI A CELUI DES IMPOSITIONS.

Octroi, la plus féconde des taxes, instrument fiscal complet.
— Utilités particulières des autres taxes. — Rôle général de
revenus. — Cotisations, taxes et surtaxes d'affouage. — Bénéfice
épuisé parfois par la commune. — Taxes spéciales pour insuffisance de revenus : prestations, taxes de pavage, de trottoirs. —
Taxes employées pour insuffisance de capitaux : tourbage, abatage, péage. — Loi du 30 janvier 1893 sur la marine marchande.
— L'octroi adapté comme les centimes à tous les rôles. —
Rôles de revenus et de taxes pour insuffisance de capitaux facilement reconnus. — Difficultés entre la Chambre et le Sénat, à
propos du rôle de taxe générale pour insuffisance de revenus.
— Circulaire du 15 mai 1884. — M. Morgand et le Conseil
d'État. — Opinions différentes du gouvernement en Seine-et-
Oise et dans le Finistère. — Montmorency et Lambézellec. —
Centimes spéciaux et taxes d'octroi spéciales unis dans la loi du
15 juillet 1895. — Emprunt de Chambéry. — Pratique administrative. — Les cadres budgétaires encore régis par la loi de 1837.
— Influence de la circulaire du 15 mai 1884. — Contradictions
dans le Finistère. — Bonne solution dans divers départements.
— Classement : taxes-revenus et taxes pour insuffisance de revenus, spéciales et générales, à l'ordinaire; taxes pour insuffisance de capitaux à l'extraordinaire. — La même thèse triom-
phant partout par sa vertu logique. — Budget ordinaire, compte
de revenus; budget extraordinaire, compte de capitaux.

La matière des contributions directes étant épuisée,
reste le classement des taxes, dont nous n'avons fait

qu'examiner le cas le plus général. Il a été dit que la question serait reprise après celle des centimes, et que, alors, les voies seraient préparées de façon à ne présenter plus aucun obstacle.

Plusieurs provinces répugnent à l'impôt direct et lui préfèrent l'usage des taxes, ou pour mieux dire d'une taxe, l'octroi. Il a fallu l'adapter à toutes les nécessités auxquelles nous avons vu les centimes satisfaire ailleurs. Les besoins étaient les mêmes ; la même logique aidant, on a fini par reconstituer aux mains de la fiscalité locale un instrument aussi souple et aussi complet que celui dont nous avons fait connaître le jeu. L'octroi s'est plié à toutes les exigences du budget communal ; il lui a donné la même variété de ressources que les impositions : revenus, complément de revenus spécial ou général, complément de capitaux. Mais l'octroi, seul parmi les taxes, est arrivé à cet intéressant développement théorique et à une grande fécondité de résultats. Nous le trouverons à la fin, et comme le couronnement d'une série, qui comprend des termes nombreux de fonctions diverses et restreintes.

Nous avons dit, et démontré par des textes, que les taxes inscrites à l'ordinaire y constituaient, en thèse générale, des revenus. Cette formule contient une réserve qui appelle une étude précise et détaillée.

Comme exemple du cas le plus vulgaire, il n'y a que l'embarras du choix : taxe sur les chiens, droits de place dans les halles, foires et marchés, droits de stationnement, de place ou de location sur la voie publique, droits de pesage, de mesurage et de jaugeage, droits de voirie, etc. Ces taxes sont purement, en effet, des revenus. Parfois elles n'en offrent que l'apparence, et ne font que payer à la commune le prix coûtant d'un service rendu. Les municipalités, en tout cas, ne les doivent pas exagérer ; il y a contrôle préfectoral. A la même catégorie appartiennent certaines taxes auxquelles j'ai cru, cependant, devoir donner une place à part. Elles correspondent au cas où, des biens communaux n'étant pas mis en ferme ni donnés à loyer, les habitants reçoivent leurs produits en nature ; on impose alors aux participants l'obligation de payer des cotisations, suivant un tarif fixé par le conseil municipal ; les plus usuelles sont les taxes de pâturage et d'affouage. On y joint parfois la taxe de tourbage ; mais celle-ci peut recevoir une forme d'annuités qui la rattache à un autre groupe.

J'insisterai sur l'affouage. Cette cotisation ne devrait être, d'après le principe de son établissement, que la compensation des frais faits pour l'entretien et la coupe des bois. Cependant cette règle est de moins en moins observée. Le Conseil d'État y a dès longtemps prêté les mains ; il a émis l'avis « que les taxes assises sur les affouages provenant des bois communaux doivent autant que possible n'être que la représentation des frais inhérents à la jouissance, mais que l'autorité municipale peut, pour des causes graves, dans l'intérêt général de la communauté et sauf l'approbation de l'autorité compétente, élever ces taxes à une somme supérieure à cette représentation ». Cet avis est du 8 avril 1838 ; peu de jours après, le 29 mai, le Conseil d'État, avec une souplesse de dialectique qui ne laisse pas d'étonner, conclut dans un sens tout opposé, en ce qui concerne les taxes d'affouage imposées aux usagers des forêts domaniales. Pour le motif que les domiciliés dans la commune y sont seuls assujettis, et sans proportionnalité à leurs facultés ; par argument de l'article 83 du Code forestier, qui défend que les bois affectés par l'usage soient l'objet d'aucun trafic, le second avis fut que « les taxes ne doivent être destinées qu'au remboursement de l'avance faite par la caisse municipale des frais inhérents à l'exercice du droit d'usage, et qu'elles ne doivent pas dépasser la somme strictement nécessaire à l'acquittement de ces frais ».

Le premier avis l'a emporté et ses restrictions sont aujourd'hui lettre morte. Sans aucune justification, — loin d'invoquer des causes graves, — les municipalités portent les taxes affouagères à un taux bien supérieur aux frais d'entretien et de coupe des bois. La Haute-Marne les y provoque, par l'inscription dans son cadre budgétaire de cet article : « Le montant des taxes d'affouage sera porté au chapitre II (Recettes extraordinaires), si elles ont pour objet de pourvoir à des dépenses extraordinaires. » D'après les informations que j'ai obtenues, ce genre de surtaxe resterait, d'ailleurs, sans affectation et ne servirait qu'à grossir les recettes ordinaires, soit qu'il s'agit d'acquitter des dépenses annuelles, soit qu'il y eût lieu d'affecter à des dépenses temporaires un excédent d'importance suffisante. Et il n'y a pas là, qu'on le comprenne bien, de taxe pour insuffisance de revenus à proprement parler, l'établissement de la taxe ou de la surtaxe n'étant soumis, légalement ni administrativement, à aucune condition de ce genre[1]. Au surplus, ce mode de jouissance des forêts communales devient rare, et il a perdu sa physionomie patriarcale. Le maire d'un chef-lieu de canton de la Haute-Saône m'a écrit à ce sujet : « Dans ce département, on laisse les communes libres, au fond, de disposer de leurs forêts; on souscrit à toutes leurs

1. Les budgets de Meurthe-et-Moselle offrent un chapitre particulier de recettes pour les coupes affouagères. Ils balancent la taxe, ou le prix de vente qui y correspond, si la coupe affouagère est vendue, avec les charges d'exploitation, et posent en recette le solde, sous cette rubrique : « Taxes pour insuffisance de revenus ou excédent des prix de vente sur le montant des charges. » L'opinion que j'ai exprimée ci-dessus n'en est pas modifiée.

décisions. Exemple : en 1894, nous avons vendu une portion de notre coupe aux marchands de bois, une autre, après façonnage, aux habitants. — En 1895, nous avons vendu le tout aux marchands. — En 1896, nous avons traité pour les trois cinquièmes avec le commerce, et délivré les deux cinquièmes comme affouage aux habitants, mais en fixant une redevance égale au moins à la valeur du bois. » Et la commune dont il s'agit est riche ! Partout les administrations prennent ou retiennent ; l'âge d'or est passé.

Je viens à des taxes qui remplissent d'autres rôles que celui de revenu, à des cas isolés, incomplets, semblables à des ébauches du système qui trouvera tout son développement avec les taxes d'octroi.

Les prestations sont autorisées, soit pour les chemins vicinaux, soit pour les chemins ruraux, par les lois de 1836 et 1881, concurremment avec les centimes que l'on sait, et ce, « en cas d'insuffisance des revenus ordinaires des communes », selon les termes identiques des deux textes que nous venons de rappeler. Taxes spéciales, accolées à des centimes spéciaux, elles entrent en jeu sous la même condition ; elles ne sont pas, dès l'établissement du budget, jointes aux revenus, comme la taxe sur les chiens, par exemple ; elles viennent après les revenus, et pour solde, s'il est nécessaire. Les taxes de pavage et de trottoirs peuvent offrir le même caractère. Les frais de pavage sont à la charge des riverains, lorsqu'il existe, à cet égard, un usage remontant à une date antérieure à la loi du 11 frimaire an VII. Cette condition remplie, l'avis du Conseil d'État du 25 mars 1807, suivi par l'administration, conclut à exiger encore, pour l'établissement d'une taxe, la justification de l'insuffisance de revenus. Pour la taxe de trottoirs, il y a une alternative à observer ; les communes peuvent, selon les dispositions générales de la loi du 7 juin 1845, en tout état de leurs finances, porter au compte des riverains une partie des frais de premier établissement ; mais si, conformément à l'article 4 de la même loi, elles invoquent d'anciens usages qui mettent à la charge des propriétaires les frais de construction des trottoirs pour la moitié ou pour une proportion plus forte que la moitié, elles doivent faire la preuve de leur défaut de revenus.

Après les taxes pour insuffisance de revenus, en voici d'autres pour insuffisance de capitaux, et adaptées à cet usage, soit par la coutume soit par la loi : taxes de tourbage, d'abatage et de péage.

La taxe de tourbage a été nommée parmi les cotisations communales, et souvent elle conserve ce caractère, avec un tarif restreint au remboursement des frais d'extraction. Parfois, il arrive que la commune se réserve un boni sur ses avances, et qu'elle l'applique à la majoration de ses ressources ordinaires, soit pour payer ses dépenses annuelles, soit pour augmenter l'excédent destiné à des dépenses temporaires, vulgairement dénommées extraordinaires. C'est la répétition d'une remarque faite sur l'affouage. Enfin, le cadre budgétaire de la Haute-Marne nous montre que la taxe de tourbage, enflée jusqu'à mériter le nom de surtaxe, peut prendre place au chapitre II, et y recevoir une affectation spéciale ou, comme on dit, un emploi extraordinaire, sous forme d'annuités. Ce terme d'annuité même est imprimé dans les budgets de la Haute-Marne, et caractérise la taxe pour insuffisance de capitaux.

Aux termes du décret du 1er août 1864, les taxes d'abatage ne doivent pas dépasser les sommes nécessaires pour couvrir les frais annuels d'entretien et de gestion des abattoirs, et pour tenir compte à la commune de l'amortissement du capital employé à leur construction. Il peut arriver, de cette façon, que les taxes d'abatage prennent, au moins pour partie, un caractère extraordinaire ou temporaire, et figurent comme annuités au chapitre II. Le *Journal officiel* du 8 décembre 1896 nous en fournit un exemple, dans « la loi autorisant la ville de Biarritz (Basses-Pyrénées) à contracter un emprunt de 160,800 fr. pour l'établissement d'un abattoir public ». Nous y lisons que cette ville est autorisée à emprunter ladite somme « remboursable en trente ans à l'aide du produit des taxes d'abatage, et destinée à pourvoir aux frais d'établissement d'un abattoir public » ... Ainsi les taxes d'abatage seront de deux sortes, l'une perpétuelle, inscrite à l'ordinaire, servant à rembourser à la ville de Biarritz les frais d'entretien et d'exploitation de l'abattoir communal ; l'autre temporaire, inscrite à l'extraordinaire pendant les trente années nécessaires à l'amortissement de l'emprunt contracté.

Les droits de péage appartiennent en principe à l'État ; il lui arrive de les déléguer aux communes. Celles-ci peuvent être autorisées à percevoir des péages à l'occasion des bacs et passages d'eau qu'elles auraient établis sur les fleuves et rivières, pour la traverse des chemins ruraux et des chemins vicinaux ordinaires. Elles se voient de la sorte mises en possession de ressources d'un caractère annuel. Mais il est une autre application des péages qui permet de subvenir à une insuffisance de capitaux; on la trouve notamment dans l'article 11 de la loi du 30 janvier 1893 sur la marine marchande : « Des décrets rendus en la forme des règlements d'administration publique, sur le rapport du ministre du Commerce, de l'Industrie et des Colonies, après enquête et avis des ministres des Travaux publics et des Finances, peuvent établir dans un port maritime des péages locaux temporaires, pour assurer le

service des emprunts contractés par un département,
une commune, une chambre de commerce ou tout
autre établissement public, en vue de subvenir à l'établissement, à l'amélioration ou au renouvellement des
ouvrages ou de l'outillage public d'exploitation de ce
port et de ses accès, ou au maintien des profondeurs de
de ses rades, passes, chenaux et bassins. » Par application de cette loi, un décret du 14 mai 1895 autorisait
la ville d'Arzew à emprunter la somme de 150,000 fr.
et à continuer de percevoir les péages maxima établis
dans son port par le décret du 23 mai 1889, « pendant
tout le temps nécessaire pour permettre à ladite ville
de satisfaire à ses obligations actuelles, ainsi qu'à
celles qu'elle contracte en vertu du présent décret
(*Journal officiel* du 17 mai 1895) ». Les péages sont,
en ce cas, une ressource temporaire, suppléant au capital qu'elle constitue avec le temps.

L'octroi, enfin, va nous présenter à lui seul le cu-
mul de tous les emplois des taxes que nous avons
nommées, et plus encore, car, en outre des taxes-
revenus, des taxes spéciales pour insuffisance de
revenus, et des taxes pour insuffisance de capitaux, l'octroi peut fournir la taxe générale pour insuffisance
de revenus. Ce fut le cas le plus difficile à entendre et à
régler; il reste peu compris, aujourd'hui même.

Les difficultés ont commencé au cours de la préparation de la loi de 1884. La loi de 1837 n'avait sur ce
point que la brève mention du paragraphe 5 de son
article 30, comptant comme recette ordinaire le « produit des octrois municipaux ». Mais, certaines villes ré-
pugnant aux impositions, et ne pouvant pas s'accommoder
à la rigidité du système d'une taxe unique, il se fit, à
l'abri de ce texte laconique, un travail semblable à celui qu'on a vu s'accomplir sous le couvert de l'article 39
de la loi de 1818, concernant les centimes extraordinaires.

Malgré la simplicité de la mention susénoncée, la pratique fit une part double de l'octroi, l'une pour l'ordinaire, l'autre pour l'extraordinaire. Les tarifs admirent deux taxes : d'abord la taxe principale, conservant son ancienne destination, jouant un rôle semblable à celui des centimes ordinaires, comptée comme revenu en somme ; puis des surtaxes, excédant le maximum fixé par des lois spéciales pour certains objets imposés au profit du Trésor et, concurremment avec elles, des taxes nouvelles ou additionnelles, portant sur des objets non encore imposés. Les dernières catégories, taxes additionnelles et surtaxes furent établies d'abord à titre extraordinaire, c'est-à-dire, suivant notre terminologie, à titre temporaire, sous forme d'annuités. Elles eurent ainsi une fonction semblable à celle des impositions temporaires, et prirent leur place ou une place voisine dans le chapitre de l'extraordinaire. Ce furent des taxes pour insuffisance de capitaux, affectées à certaines entreprises ou à l'amortissement d'emprunts. Enfin exceptionnellement, comme le déclarait M. Antonin Dubost à la Chambre (séance du 21 mars 1884), au lieu d'augmenter les taxes principales pour des dépenses ordinaires, on en vint à établir des surtaxes et même des taxes additionnelles à ce destinées, et on les ajouta au budget ordinaire, comme on avait fait les centimes généraux pour insuffisance de revenus.

Le parlement, en 1884, eut grand'peine à s'accorder sur cette dernière pratique. La Chambre en proposa nettement la sanction, dans un texte qui, finalement, est devenu partie intégrante de la loi, classant parmi les recettes du budget ordinaire, à titre de revenus ou pour insuffisance de revenus, le « produit des octrois municipaux affectés aux dépenses ordinaires », et parmi les recettes du budget extraordinaire, pour insuffisance de capitaux, le « produit des taxes ou des surtaxes d'octroi spécialement affectées à des dépenses extraordinaires et à des remboursements d'emprunts ». Le Sénat, en première délibération, exprima la volonté de revenir au texte de 1837, portant à l'ordinaire le produit total de l'octroi; traduction par trop concise, et infidèle même, de coutumes que personne n'entendait abolir. En seconde délibération, cette assemblée accorda la division des recettes de l'octroi entre les deux budgets, mais une division semblable à celle que la loi de 1837 avait établie entre les centimes : taxes principales à l'ordinaire, taxes additionnelles et surtaxes à l'extraordinaire. Les taxes pour insuffisance de revenus, comme autrefois les centimes, étaient la pierre d'achoppement. Nouvelle résistance de la Chambre, qui, par l'organe de M. Antonin Dubost, plaida pour le maintien d'un système qui fonctionnait dans nombre de communes, sans plus d'abus que celui des impositions directes. La haute assemblée se rendit enfin, et accepta le texte qui est devenu le paragraphe 5 de l'article 133 de la loi de 1884.

La discussion dont je viens de mettre en lumière les points principaux lève assurément toute espèce de doute sur l'intention du législateur. Cependant, c'est une grande surprise de voir que le ministre de l'Intérieur, à cette époque, n'en fut pas éclairé, et que la doctrine éprouve, de nos jours, les mêmes perplexités.

La circulaire du 15 mai 1884, destinée à commenter la loi municipale, se mit avec elle, sur le sujet qui nous occupe, dans un désaccord invraisemblable. Le ministre signale l'omission existant dans la loi de 1837, omission apparente, pense-t-il, et il ajoute : « Elle provenait de ce que le législateur ne s'est occupé que des taxes qui constituent le fond même du produit de l'octroi. Suivant la jurisprudence constante du Conseil d'État, du ministère des Finances et du ministère de l'Intérieur, le produit des surtaxes, ainsi que celui des taxes additionnelles et extraordinaires avait toujours été inscrit au chapitre II du budget. La nouvelle loi ne fait donc que consacrer d'une façon expresse et formelle cette jurisprudence. » Il y avait donc une omission réelle, et non pas seulement apparente, dans l'ancienne loi. La jurisprudence l'avait réparée, et même avait ajouté au système un perfectionnement que le ministre oublie ; il omet à son tour les taxes additionnelles et les surtaxes qui s'étaient classées à l'ordinaire, comme autrefois les centimes extraordinaires pour insuffisance de revenus. Il semble moins informé des errements administratifs que M. Antonin Dubost ; il s'est arrêté au second amendement du Sénat. Il ne comprend pas la portée du succès final de la Chambre, ni tout ce qu'elle a voulu qui fût compris sous la rubrique : « le produit des octrois municipaux affectés aux dépenses ordinaires ; » rubrique élargie et substituée à celle-ci : « le produit des taxes principales des octrois. »

Des auteurs, après cela, demeurent embarrassés[1]. Quelques-uns ont institué une discussion sur la place à assigner aux taxes additionnelles et aux surtaxes non affectées spécialement. Combien d'esprits réfractaires à une notion admise depuis 1842, en ce qui concerne les centimes ! M. Morgand avait imaginé de faire de cette catégorie une ressource flottante, à classer à

---

1. Léon Béquet, dans le modèle de budget qu'il indique en note à la page 490 de son *Traité de la Commune*, — modèle emprunté à la formule du département de la Seine ou copié par elle, — porte au budget ordinaire ce seul article consacré à l'octroi : « Produit des taxes principales d'octroi. » Et, en effet, cet auteur, d'habitude exact et renseigné, discutant sous le n° 3220 le rôle et l'emploi des taxes d'octroi, semble n'admettre, comme l'auteur de la circulaire précitée, que des taxes principales, inscrites à l'ordinaire, et des taxes additionnelles ou des surtaxes, dont « le conseil détermine l'affectation et le produit est porté au budget extraordinaire ».

l'ordinaire ou à l'extraordinaire suivant le caractère de la dépense corrélative. Nous retrouvons ici la discussion vaine, le cercle vicieux où l'on tombe en prétendant déterminer le caractère de la recette d'après celui de la dépense, et le caractère de la dépense d'après celui de son objet. M. Morgand, repassant par les voies de Dalloz, nous parle de dépenses extraordinaires qui se présentent annuellement et qui s'acquittent à l'ordinaire, puis, tout de suite après, de dépenses extraordinaires, qui, sans ressources préparées, sans taxes ni surtaxes affectées, s'acquittent à l'extraordinaire. Comprenne qui pourra !

L'auteur avoue que le Conseil d'État n'a pas admis sa doctrine. En effet, voici un avis du 15 décembre 1886, donné à propos de l'octroi de Roanne, et qui indique la bonne solution, avec trop de sobriété de principes : « Il est un autre point sur lequel la section [des Finances] croit devoir appeler l'attention du gouvernement d'une manière toute particulière. C'est la division en taxes principales et en taxes qualifiées spéciales du tarif d'octroi de la ville de Roanne, alors que cette distinction n'est pas justifiée par l'affectation à des dépenses extraordinaires déterminées des ressources à provenir desdites taxes spéciales. L'inscription au budget extraordinaire de ressources ayant en réalité le caractère [non ! le rôle] de ressources ordinaires, irrégulière en elle-même, a un autre inconvénient, c'est d'exposer l'État à des contestations sur son droit d'affecter aux dépenses de l'instruction primaire le cinquième du produit net des taxes d'octroi dans les communes où la valeur du centime dépasse vingt francs[1]. » Voilà les choses remises à leur place,

---

1. Cet avis du Conseil d'État ne faisait que renouveler celui qu'il avait donné, le 9 décembre 1884, à propos de l'octroi de Digne.

non sans gaucherie, et plutôt par un sentiment ins-
tinctif que par une claire intelligence des principes.

Cet avis, soit dit en passant, nous montre une forme
de budget, combinée avec des taxes extraordinaires
d'octroi, comme on faisait avec des centimes avant
1828. Toutes les taxes additionnelles et les surtaxes
sont portées au budget extraordinaire, et les dépenses
annuelles excédant les revenus y passent pour trouver
une provision. Le Conseil d'État blâme cette distribution, et indique un peu en gros son vice logique, au
point de vue de la conception moderne du budget, qui
veut renfermer à l'ordinaire les revenus et l'annuel.
L'administration visait surtout un inconvénient d'ordre
fiscal, mais qui n'existe plus depuis la suppression
du prélèvement sur les revenus en faveur de l'instruction primaire. Aussi, la *Situation financière des communes* de 1891 nous apprend-elle sans s'émouvoir que
l'usage condamné se perpétue dans le Finistère, par
exemple, où certaines surtaxes d'octroi, portées au
chapitre de l'extraordinaire, « affectent en réalité le
caractère d'un impôt pour insuffisance de revenus[1] ».

Quoi qu'il en soit, le double rôle des recettes d'octroi à l'ordinaire, leur complète assimilation aux centimes ordinaires et aux centimes pour insuffisance de
revenus ne doit plus faire de doute. La législation
courante, si l'on peut dire, en a adopté le principe.
Le *Journal officiel* est rempli d'exemples de surtaxes
de tous les genres : surtaxes non affectées, et surtaxes
affectées à des entreprises et à des emprunts divers.
Parfois, une surtaxe n'est que partiellement affectée ; le
cas est rare et intéressant à examiner.

Voyons le premier genre à propos d'un projet de
loi portant prorogation de surtaxes à l'octroi de Mont-

---

1. *Introduction*, p. xiv.

morency, et présenté le 20 janvier 1896. L'exposé des motifs est ainsi conçu, dans ses points principaux : « La ville de Montmorency (Seine-et-Oise) sollicite l'autorisation de continuer à percevoir pendant deux ans trois surtaxes, l'une de 1 fr. 12 par hectolitre de vin, l'autre de 0 fr. 44 par hectolitre de cidre, et la troisième de 6 francs par hectolitre d'alcool, établies à son octroi en vertu de la loi du 30 mars 1894, dont les effets ont pris fin le 31 décembre 1895, mais ont été prorogés jusqu'au 31 mars 1896... — Le produit de ces surtaxes (14,400 francs par an environ) servirait, comme précédemment, à pourvoir à l'insuffisance des ressources normales. — D'après les trois derniers comptes administratifs, les recettes ordinaires, *dans lesquelles le produit des surtaxes figure à tort*, s'élèvent en moyenne à 192,740 francs et ne l'emportent que de 14,180 francs sur les dépenses corrélatives. Mais cet excédent n'est obtenu qu'au moyen d'une imposition pour insuffisance de revenus qui figure au budget de l'exercice courant pour une somme de 37,480 francs, représentant environ 38 centimes additionnels. Si le produit des surtaxes venait à faire défaut, l'excédent dont il s'agit se transformerait en un déficit de près de 300 francs et la municipalité serait obligée de recourir à de nouveaux centimes additionnels. Or, les contribuables supportent déjà, indépendamment des centimes pour insuffisance de revenus, 26 centimes extraordinaires affectés à l'amortissement de la dette et cette charge ne saurait être accrue sans inconvénient.—Par ces motifs...

» *Projet de loi* — Article unique. — Est autorisée la prorogation, jusqu'au 31 décembre 1897 inclusivement, des surtaxes ci-après, actuellement perçues à l'octroi de Montmorency (Seine-et-Oise), savoir :

» Un franc douze centimes (1 fr. 12) par hectolitre de vin, tant en cercles qu'en bouteilles... »

Le projet de loi ci-dessus est faiblement motivé ; mais je n'ai à y relever, en ce qui me concerne, que l'observation que j'ai soulignée, et qui, contrairement à l'avis du Conseil d'État et à la logique du budget institué de nos jours, conteste à des surtaxes pour insuffisance de revenus leur place au budget ordinaire. Elle a été présentée en termes identiques par les deux rapporteurs devant la Chambre des députés et devant le Sénat. Faut-il répéter encore une fois que le budget ordinaire, d'après la loi même, reçoit « le produit des octrois municipaux affectés aux dépenses ordinaires », comme l'a voulu la Chambre en 1884, et non pas seulement les « taxes principales », comme le voulait le Sénat ? Mais, tout à l'heure, dans une autre circonstance, le législateur en tombera d'accord.

Voici une loi concernant le rétablissement d'une surtaxe affectée à l'octroi d'Ax-les-Thermes (Ariège) et portant la date du 22 décembre 1896 :

« Article 1ᵉʳ. — Est autorisée jusqu'au 31 décembre 1897 inclusivement, la perception à l'octroi d'Ax-les-Thermes (Ariège) d'une surtaxe de cinquante-six centimes (0 fr. 56) par hectolitre de vin.

» Cette surtaxe est indépendante du droit de 64 centimes par hectolitre, perçu à titre de taxe principale sur la même boisson.

» Article 2. — La surtaxe autorisée par l'article 1ᵉʳ ci-dessus est spécialement affectée à l'amortissement de la dette municipale.

» L'administration locale sera tenue de justifier chaque année au préfet de l'emploi du produit de cette surtaxe, dont un compte général tant en recette qu'en dépense devra être fourni à l'expiration du délai fixé par la présente loi... »

La disposition concernant l'affectation vise, suivant les lois, tantôt l'amortissement de la dette municipale comme ci-dessus, tantôt l'amortissement d'un emprunt désigné, tantôt les dépenses énumérées ou l'exécution des travaux indiqués dans une délibération de telle date, tantôt une combinaison de ces motifs.

La loi du 21 février 1896, portant prorogation de surtaxe à l'octroi de Lambézellec (Finistère), présente un cas mixte fort intéressant. Le produit de cette surtaxe est affecté « jusqu'à concurrence de la somme nécessaire au remboursement des emprunts communaux »; le reste est libre. « L'administration municipale est tenue de justifier chaque année au préfet de l'emploi de cette partie [celle affectée] du produit de la surtaxe, partie qui devra être classée seule dans les recettes extraordinaires. » Cette commune se voit accorder par une seule loi de quoi pourvoir aux insuffisances de ses deux chapitres budgétaires. La partie pour insuffisance de capitaux sera seule portée au chapitre de l'extraordinaire, et le produit des surtaxes destinées « à pourvoir à l'insuffisance des ressources normales » figurera nécessairement parmi les recettes ordinaires. Voilà bien tout juste le contraire de la règle donnée dans l'exposé des motifs de la loi concernant l'octroi de Montmorency; je l'avais annoncé. Le législateur a tort dans Seine-et-Oise et raison dans le Finistère.

L'unique taxe d'octroi de 1837 a jusqu'ici poussé trois branches; elle a trois des utilités des centimes, donnant l'équivalent des centimes-revenus, des centimes généraux pour insuffisance de revenus, des centimes pour insuffisance de capitaux. Un quatrième emploi lui manquait, celui des centimes spéciaux pour insuffisance des revenus. Il lui a été conféré par l'article 27 de la loi du 15 juillet 1893, concernant l'assistance médicale gratuite, en ces termes : « Les communes dont les ressources spéciales de l'assistance médicale et les ressources ordinaires inscrites à leur budget seront insuffisantes pour couvrir les frais de ce service 'sont autorisées à voter des centimes additionnels aux quatre contributions directes ou des taxes d'octroi pour se procurer le complément des ressources ordinaires. — Les taxes d'octroi votées en vertu du paragraphe précédent seront soumises à l'approbation de l'autorité compétente, conformément aux dispositions de l'article 137 de la loi du 5 avril 1884. — La part que les communes seront obligées de demander aux centimes additionnels ou aux taxes d'octroi ne pourra être moindre de 20 %, ni supérieure à 90 % de la dépense à couvrir, conformément au tableau A ci-annexé. » Ainsi voilà des taxes d'octroi rapprochées de centimes spéciaux, une alternative qui identifie leur rôle ; c'est le premier texte de ce genre. Mais, tandis que les centimes sont, pour ce cas et d'autres semblables, autorisés d'avance, l'approbation des taxes d'octroi reste, malgré la faveur qui s'attache à cet emploi spécial, soumise aux formalités de droit commun. Il y a là une anomalie que je me permets de signaler aux décentralisateurs. Il est bizarre de voir des communes obtenir des prorogations de surtaxes temporaires pour une dépense permanente, et l'annuel payé par une annuité ; il y a surtout entre les impositions et les taxes une inégalité choquante. Cette partie du système n'a pas encore trouvé sa forme.

Après avoir montré les taxes spéciales unies aux centimes spéciaux, je ferai voir, dans un dernier exemple emprunté à la législation moderne, les taxes temporaires associées à toutes les ressources qui suppléent à l'insuffisance de capitaux, et cet impôt combiné avec l'excédent des revenus ordinaires, les libéralités et l'impôt direct pour gager la même opération. La ville de Chambéry a été autorisée, par une loi du 22 mars 1895, à emprunter environ deux millions et demi de francs, destinés à la conversion de sept emprunts antérieurs, et en même temps à s'imposer des centimes additionnels, pour servir à l'amortissement, « concurremment avec le produit de subventions de l'État et d'une surtaxe d'octroi et un prélèvement annuel sur les revenus de la caisse municipale ». Ce groupe représente tout ce qu'une commune peut donner à l'extraordinaire, la mise en jeu de tous les moyens financiers de cet ordre, sauf les capitaux proprement dits.

Nous terminerons enfin ce chapitre, comme les précédents, par une rapide enquête sur la pratique administrative. Les formules départementales, comme on sait, suivent à long intervalle les changements de la législation, et parfois même semblent les ignorer. La plupart des préfectures n'ont pas modifié leurs cadres, sur le point dont nous nous occupons, depuis la loi de 1837; elles inscrivent encore à l'ordinaire « droits d'octroi », en bloc et sans rien de plus, comme si la loi de 1884 ne leur était pas parvenue. Certains départements ont cru se mettre en règle avec elle en se conformant à la circulaire du 15 mai 1884 ; ils omettent toute allusion aux taxes et surtaxes applicables à l'insuffisance de revenus. Citons dans ce genre : Meurthe-et-Moselle, le Nord, le Rhône, la Seine, qui ne prévoient à l'ordinaire que les taxes principales ; on y occupe encore le retranchement abandonné par le Sénat en troisième lecture. Dans le Calvados, l'Orne, le Pas-de-Calais, on porte : taxes ordinaires ; dans le Finistère : taxes simples ; c'est toujours la même erreur. Les budgets, en ce dernier département, offrent à la marge cette note étrange, incompréhensible de la part d'une province où les octrois pullulent : « Le produit des surtaxes est toujours affecté à des dépenses extraordinaires. » Précisément une surtaxe établie à Lambézellec, dans le Finistère, m'a servi à prouver le contraire. L'administration, non seulement paraît ignorer la loi, mais ne profite pas des leçons de choses.

L'Ardèche inscrit deux fois l'octroi à l'ordinaire, la première fois avec cette mention : « Produit des taxes affectées au budget général ; » et la seconde fois, avec cette autre mention : « Produit des taxes spéciales. » Et rien à l'extraordinaire ! Le sens de la notation m'échappe.

Enfin la Sarthe, la Haute-Savoie et la Seine-Inférieure préparent aux communes des voies parfaitement légales. Au chapitre Ier, ces départements énoncent : droits d'octroi affectés aux dépenses ordinaires, ce qui comprend la double catégorie des taxes principales et des taxes additionnelles et surtaxes destinées à l'insuffisance de revenus. Et, au chapitre II, taxes et surtaxes affectées à des dépenses extraordinaires ou à des emprunts. La Vendée a la bonne formule pour l'ordinaire, mais supprime toute prévision à l'extraordinaire.

Finalement, nous avons réduit les taxes d'octroi et toutes les taxes, considérées dans les quatre emplois qui peuvent leur échoir, au rôle de revenus ou de capitaux, et montré qu'à titre de revenus la loi leur assignait une place au budget ordinaire et, à titre de capitaux, au budget extraordinaire. C'est ici que finit la trop longue démonstration de ma thèse ; sa vertu logique, inaperçue, s'est fait jour et n'en a pas moins triomphé.

CHAPITRE XVI

La logique du budget communal n'a jamais été clairement comprise. Les éléments, l'ordre en sont restés
douteux, à travers les variations de la loi et les tâtonnements de l'administration. La loi de 1884 s'est donné
l'apparence de plus de philosophie que celle de 1837,
au fond sans lumières supérieures. La difficulté du
sujet a été accrue par sa propre histoire; une évolution
s'est faite par un progrès lent et inaperçu, tandis que des
lambeaux du passé traînent encore dans les textes.

On peut, cependant, discerner dans un budget des
éléments nécessaires, et en fixer une répartition ration-
nelle. J'ai touché ces considérations au début; il me
paraît utile d'y revenir pour leur donner un développement plus complet et plus net, et mieux éclairer le
résumé et les projets de réforme par où je veux finir.

§ 1er. — RÉSUMÉ.

En tant que possesseurs d'un patrimoine, un particulier et une commune se gèrent d'une façon identique : ils consomment leurs revenus, ils conservent
leurs capitaux. Leur comptabilité repose sur cette
distinction essentielle ; leur budget comporte deux
chapitres. Les revenus se versent au premier, dit ordinaire; ils y sont repris pour les besoins de la vie courante; ils se dépensent. Les capitaux se portent au
second chapitre, dit extraordinaire; ils vont de là à

des placements, à des entreprises qui les fassent fructifier; ils s'emploient. « Le capital, dit J.-B. Say, dans le sens le plus étendu, comprend une accumulation de valeurs soustraites à la consommation improductive. »

Supposons que particulier et commune manquent de capitaux et puissent s'arranger de façon à disposer d'un excédent de revenus; ils formeront, pour suppléer aux capitaux, l'épargne, qui est la recette capitalisée. Au lieu d'un payement unique, on procédera par payements échelonnés, soit qu'il s'agisse du règlement d'une entreprise divisible en tâches partielles et successives, soit qu'il s'agisse de l'amortissement d'un emprunt contracté en vue d'une entreprise indivisible, comme l'est le plus souvent une acquisition. Au bout d'un nombre d'années prévu, et par acomptes temporaires, l'épargne aura fourni le capital manquant ou reconstitué le prêt consenti. Des engagements à long terme auront été remplis au moyen d'annuités, « accumulation de valeurs soustraites à la consommation improductive ». L'excédent de revenus qui s'emploie pour cet office est à séparer des revenus qui se consomment; l'excédent affecté n'est plus de la même nature que les revenus qui le composent. Il a sa place marquée au chapitre extraordinaire ; capitaux en formation se joignent aux capitaux formés.

C'est là toute l'économie d'un budget, qui ne comporte pas d'autres ressources que celles d'un patrimoine et le prix de services rendus; type tout à fait pratique pour un particulier, type absolument idéal pour une commune, car il n'en est pas en France qui vive seulement de revenus. L'analogie que j'ai établie entre un particulier et une commune ne va pas plus loin.

Un particulier a des moyens bornés par la nature des choses ; il doit mesurer ses dépenses à ses revenus, et ses entreprises à ses capitaux ou à la portion capitalisable de ses revenus, c'est-à-dire à ses possibilités d'épargne. Il est réduit à l'impuissance par le manque d'un excédent de revenus. Il n'en saurait être de même d'une commune : elle a des services à assurer, quelles que soient ses facultés, et pour ainsi dire, coûte que coûte. Il faut que des moyens pécuniaires de tous genres soient mis à sa disposition. D'abord elle a des frais généraux constants, un train nécessaire, un annuel irréductible, et pour cela l'arrêté de thermidor an X voulait avec raison qu'il fût créé des ressources assimilables à des revenus et dépensées comme tels : « Les conseils municipaux indiqueront les moyens d'accroître les revenus ordinaires des communes. » Mais, de plus, la commune doit pouvoir satisfaire à certaines augmentations de dépenses de la vie courante, qui, en des cas nombreux, lui sont imposées, — comme tout récemment les frais de l'assistance médicale gratuite, — et qui exigent un complément de ressources annuelles. Enfin, elle doit être en état de se livrer à des entreprises d'utilité publique, dont certaines sont obligatoires, — comme il résulte d'une loi nouvelle pour la construction d'écoles, — et il lui faut pour cela, à défaut de capitaux ou d'un excédent de revenus, un complément de ressources temporaires. Par un privilège d'État, la commune peut demander les trois genres de ressources que je viens de caractériser à l'impôt : elle prélève impôts-revenus, impôts pour insuffisance de revenus, impôts pour insuffisance de capitaux. Si vous ajoutez à cela, naturellement, revenus et capitaux, vous aurez tous les matériaux d'un budget communal, ce que j'appellerai ses éléments nécessaires.

Avec les éléments nécessaires, construisons le budget rationnel.

Un premier chapitre, le budget ordinaire, recevra les revenus, naturels ou légaux, et les ressources qui suppléent à leur insuffisance ; le second chapitre, dit budget extraordinaire, les capitaux et les ressources qui suppléent à leur insuffisance. Les ressources qui suppléent aux revenus se présentent évidemment sous forme annuelle, et sont destinées à être consommées comme eux : ce sont, *lato sensu*, des revenus. Les ressources qui suppléent aux capitaux ne péuvent être que des annuités, et sont destinées à être employées comme eux : *lato sensu*, ce sont des capitaux. Bref, le budget ordinaire sera un compte de revenus ; le budget extraordinaire, un compte de capitaux.

Or, tel est, au fond, le système moderne, œuvre passablement confuse. Il a succédé à un ordre ancien, peu compris lui-même, et dont les traces mal effacées obscurcissent la loi moderne. C'est pourquoi j'ai dû repasser cette histoire, en la prenant à l'origine du siècle.

Le budget ordinaire, jadis, ne comprenait que les revenus sous le nom de recettes ordinaires, et réglait tout ce qu'il était possible, en commençant par les dépenses obligatoires. Le budget extraordinaire faisait face au reste, comprenant les capitaux et les ressources nécessaires pour toutes les insuffisances, annuelles ou temporaires. Vers 1828, l'administration, de sa propre initiative, changea ce plan selon des vues plus justes et plus simples, inaugurant celui que nous avons exposé, et qui groupe à l'ordinaire les revenus et les recettes pour insuffisance de revenus, à l'extraordinaire les capitaux et les recettes pour insuffisance de capitaux. Le législateur de 1837 n'a pas prononcé entre les deux systèmes : il a paru ignorer le problème. L'administration a maintenu ses errements. La loi de 1884 les a sanctionnés enfin, mais n'ayant et ne donnant que des clartés partielles.

Le législateur moderne a introduit dans le droit les recettes du budget ordinaire et les recettes du budget extraordinaire, au lieu des recettes ordinaires et des recettes extraordinaires ; l'ordre nouveau est consacré par ces expressions, mais troublé presque aussitôt, dans les articles 145 et 150, par un retour aux recettes ordinaires, désormais sans existence légale, débris inassimilable d'un régime aboli.

Puis les définitions sont fausses, obscures ou superflues. Fausse est la définition des recettes du budget ordinaire. « Annuel et permanent » est la définition des revenus, c'est-à-dire des anciennes recettes ordinaires. Il faut changer la conjonctive en disjonctive : les recettes du budget ordinaire sont permanentes ou annuelles. Permanent vise les revenus, annuel, les ressources complémentaires consommées avec eux dans l'année.

Obscure est la définition des recettes du budget extraordinaire. « Accidentel ou temporaire » ne prend un sens clair qu'après l'identification que nous avons faite des recettes accidentelles avec les capitaux. — laissant de côté l'accidentel qui passe dans les revenus, — et des recettes temporaires avec les recettes pour insuffisance de capitaux.

Superflue, répétition vaine d'épithètes est la définition des dépenses. Mettant à part l'annuel de chiffre fixe, j'ai montré que la dépense n'a pas de caractère en soi, qu'elle emprunte celui de la recette qui y satisfait. Peu importe l'objet, le chiffre est tout. Dépense faible, payable en conséquence au moyen des revenus ou de l'annuel : dépense de l'ordinaire ; dépense forte, nécessitant par suite l'emploi de capitaux ou d'annuités : dépense de l'extraordinaire.

Budget ordinaire, compte de revenus ; budget extraordinaire, compte de capitaux. Tel est, ai-je affirmé, le budget rationnel; tel, au fond, le système moderne, mais inconsciemment établi, imparfaitement réalisé, troublé par des réminiscences. De sorte qu'au lieu d'une proposition à énoncer, on trouve un théorème à démontrer. La démonstration est longue ; mais le procédé en est simple. Il consiste à faire l'inventaire du budget, à examiner les recettes, rapportées pour ordre à leurs trois origines :

A. — Patrimoine.

B. — Libéralités.

C. — Impôts.

De chacune de ces sources, je dis que proviennent des recettes, qui, revenus ou capitaux, sous forme annuelle ou temporaire, sont rangées respectivement, soit par une disposition expresse de la loi, soit par une inéluctable logique, dans le chapitre ordinaire ou dans le chapitre extraordinaire du budget. Voilà le théorème.

A. — Patrimoine.

L'énumération légale suffit, pour ainsi dire, à prouver ma thèse, quant aux recettes du patrimoine. Si l'on groupe les séries qui en dérivent, telles que les énoncent les articles 133 et 134, la généralisation se fait spontanément : revenus vont à l'ordinaire, capitaux à l'extraordinaire.

B. — Libéralités.

Les libéralités publiques ont été omises par la loi ; les libéralités privées, gauchement classées, en bloc, à l'extraordinaire. Celles-ci peuvent être réalisées par un capital, qui se verse, en effet, au chapitre II ; mais aussi par une rente avec charge, par une fondation, qui est, sans conteste, une écriture du chapitre Ier. Les libéralités publiques affectent la forme, soit d'une subvention annuelle, consommée avec les revenus et qui est un article de l'ordinaire, soit d'une subvention temporaire, associée aux recettes capitalisées et qui est un article de l'extraordinaire.

C. — Impôts.

On distingue dans le budget communal trois catégories d'impôts :

1° *Attributions sur impôts généraux;*
2° *Taxes;*
3° *Impositions ou centimes additionnels.*

Nous les caractériserons successivement.

1° et 2°. — *Attributions et taxes.*

La première sorte et même la seconde, — d'une façon générale, et sous réserve de catégories extraordinaires fort importantes, — n'ont jamais cessé de figurer au budget ordinaire et d'y être comptées comme revenus, en ayant tous les caractères : la périodicité et la permanence.

Je reprendrai les taxes après les centimes.

3°. — *Centimes additionnels.*

Les centimes additionnels ont accompli une évolution historique, au bout de laquelle, avec certaines hésitations et certaines incorrections, ils se sont rangés sous trois chefs d'utilité et à la place budgétaire que leur rôle leur assigne respectivement : centimes-revenus et centimes pour insuffisance de revenus à l'ordinaire, centimes pour insuffisance de capitaux à l'extraordinaire. Cela est à examiner dans le détail.

a). — Centimes-revenus.

J'appelle ainsi les cinq centimes ordinaires. Ils ont été créés au début du nouveau régime pour remplacer les revenus que les premières destructions révolutionnaires avaient fait perdre aux communes. Ils conservent leur fondement légal dans la loi du 15 mai 1818 ; la loi municipale en fait état ; la loi de finances en ordonne la perception, comme elle fait de tout impôt.

Leur caractère de revenu ressort de ce fait qu'ils sont alloués d'office, chaque année, en tout état de finances communales, véritablement annuels et permanents comme sont les produits du sol, le type des revenus.

Là finit le dénombrement des ressources qui sont pour la commune, naturellement ou légalement, des revenus.

Les revenus peuvent fournir un excédent, dont le rôle est généralement mal compris. Tandis qu'il devrait être inscrit régulièrement à l'article 134, on le mentionne, d'une façon incidente et embarrassée, à l'article 135. Les revenus sont une recette ordinaire ; mais leur excédent passe justement à l'extraordinaire avec une affectation spéciale, et sous la forme d'annuité. Épargne, capital en formation : recette de l'extraordinaire. La forme d'annuité est essentielle ; autrement l'excédent n'apparaît pas ; la commune jouit de revenus plus larges pour acquitter des dépenses en plus grand nombre dans l'année, et les revenus, quel que soit l'objet de la dépense, fût-il le plus rare du monde, restent pour cet office dans le chapitre ordinaire.

b). — Centimes pour insuffisance de revenus.

Il y en a de deux sortes : spéciaux et généraux.

Centimes spéciaux. — Ils sont nés de lois diverses, depuis 1832 jusqu'à nos jours. Ils ont formé une série de caractère bien défini jusqu'en 1867 ; l'institution se fausse ensuite.

L'espèce fut fondée, au début, sur deux nécessités

corrélatives : l'obligation pour les communes de faire certaines dépenses, l'obligation pour le pouvoir de leur en fournir les moyens. Des centimes furent, non plus alloués d'office, mais autorisés d'avance, — dans de certaines limites, — non plus sans besoin, mais en cas d'insuffisance de revenus. On les appela extraordinaires, très rationnellement distingués des ordinaires par ces deux conditions : la nécessité de les voter et de justifier d'un manque de ressources. Ce n'est pas un revenu, mais ce que je propose d'appeler un annuel. Leur nom complet est : centimes extraordinaires spéciaux pour insuffisance de revenus.

Cette théorie a été obscurcie et rendue vaine.

Obscurcie par la circulaire du 3 août 1867 et par la loi de 1884. La circulaire de 1867 a eu la fâcheuse pensée de discuter l'admission des centimes spéciaux parmi les revenus, dont l'emploi exclusif rend le budget communal intangible, aux termes d'une disposition de la loi de 1867 reproduite par celle de 1884. Elle a essayé de distinguer entre centimes spéciaux ordinaires et extraordinaires, et elle a fait un tri qui ne repose sur rien. La loi de 1884 a joint les centimes spéciaux *in genere* aux ordinaires dans l'article 133; puis elle en a rejeté deux catégories à l'article 141, parmi les temporaires, manquant le juste point dans les deux partis, c'est-à-dire la réunion de l'espèce au genre, des centimes spéciaux aux centimes généraux pour insuffisance de revenus.

La théorie a été rendue vaine : 1° par les actes administratifs de 1842 et de 1852, qui ont affranchi de toute limitation les centimes proprement dits pour insuffisance de revenus; 2° par les lois de 1867 et d'autres, qui ont affecté des centimes spéciaux à des dépenses facultatives. En vérité, les centimes spéciaux ont terminé leur rôle. Dans cinq cas sur sept, la dépense éventuellement munie de centimes spéciaux étant facultative, il n'y a plus lieu d'accorder un droit de vote corrélatif au droit de contrainte. Puis, l'imposition générale pour insuffisance de revenus jouit d'une licence qui suffit à tout.

Centimes généraux. — L'espèce a son fondement légal dans la loi de 1818; la loi municipale en fait état et en règle l'établissement. Le bloc des centimes extraordinaires, jadis, renfermait toutes les impositions destinées à parer au déficit entier, limitées à vingt et versées à l'extraordinaire. Plus tard, après la distinction des impositions, selon le plan moderne, en annuelles et en temporaires, les annuelles se sont inscrites à l'ordinaire. On les a affranchies du maximum et remises au contrôle administratif. Enfin, sous le nom traditionnel de centimes pour insuffisance de revenus, la loi les a sanctionnées en 1884, mais sans détermination explicite de leur nature. Ces centimes ne sont pas alloués d'office comme les ordinaires, ni autorisés d'avance comme les spéciaux, mais concédés selon le gré de l'administration, en cas d'insuffisance de revenus. Encore une fois, la qualification d'extraordinaires les distingue très justement des ordinaires, étant soumis à ces deux conditions qui n'existent pas pour ceux-ci : le vote par le conseil municipal et la justification d'un manque de revenus. Ce ne sont pas des revenus, évidemment; ils ne font que s'y joindre à titre d'annuel.

Leur nom complet est : centimes extraordinaires généraux pour insuffisance de revenus.

Le caractère extraordinaire des centimes pour insuffisance de revenus et en même temps leur emploi dans le budget ordinaire ont semblé incompatibles et troublé de bons esprits, depuis le ministre de l'Intérieur de 1842 jusqu'au rapporteur de la dernière Commission de décentralisation. On en a voulu faire des recettes ordinaires; on n'a été arrêté que par l'absurdité où l'on est induit par là de les traiter comme des revenus et, par exemple, de les admettre parmi les ressources dont l'emploi exclusif laisse la commune maîtresse de son budget. Autant vaudrait dire qu'une commune est maîtresse de son revenu et de l'impôt.

Les choses n'ont pas changé depuis le temps où, suivant les termes de la circulaire du 3 août 1837, une commune qui votait des centimes pour insuffisance de revenus s'imposait *extraordinairement* pour des dépenses *ordinaires*. La conciliation de la nature et de l'emploi est aussi simple.

c). — Centimes pour insuffisance de capitaux.

Après la distinction des impositions, selon le plan moderne, en annuelles et en temporaires, les annuelles se sont inscrites à l'ordinaire, et les temporaires sont demeurées à l'extraordinaire. L'article 134 de la loi de 1884 vise les temporaires seules. Juridiquement fondées sur la loi de 1818, leurs modalités sont réglées par les lois connues de 1866, de 1871, de 1884 et la loi de finances.

Temporaire est une qualification de la forme. Qui dit centimes temporaires veut dire annuités ; or, annuités sont recettes capitalisées, capital en formation, capital en somme. Les centimes temporaires sont, au fond, des centimes pour insuffisance de capitaux ; leur place est exactement réservée à l'extraordinaire.

Ils servent à satisfaire aux engagements à long terme. Leur objet le plus commun est l'amortissement des emprunts ; certains cadres budgétaires le leur attribuent exclusivement, à tort.

Leur nom complet est : centimes extraordinaires pour insuffisance de capitaux. Celui d'extraordinaires qu'on leur donne par irréflexion est tronqué, au point de dénaturer le système dont ils font partie.

Les conditions relatives à leur autorisation sont très complexes; elles sont indépendantes de la nature obligatoire ou facultative de la dépense, et réglées d'après la considération simultanée du nombre et de la durée de la perception des centimes.

Après le décret de décentralisation de 1852, après la loi de 1867 et celle de 1884, le projet Barthou vient de remettre ce règlement en discussion.

Présentons finalement les centimes additionnels sous forme de tableau :

I. — Centimes ordinaires.		
Catégorie unique. — *Limités à cinq.*		Budget ordinaire.
II. — Centimes extraordinaires.		
1º Centimes annuels pour insuffisance de revenus.	a) *Spéciaux, limités diversement.*	
	b) *Généraux, illimités.*	
2º Centimes temporaires pour insuffisance de capitaux.	*Limités par les conseils généraux et les lois de finances.*	Budget extraordinaire.

Observations complémentaires au sujet des taxes. — On les traite d'habitude, sous leur rubrique générale, comme revenus, et, nous en tenant à cette vue d'ensemble, nous les avons rangées, avec les revenus, dans le budget ordinaire. Mais il est aussi des taxes extraordinaires, distinguées plus ou moins nettement, et dont la théorie, en ce qui concerne les taxes d'octroi, a fini par se modeler exactement sur celle des centimes additionnels.

Certaines taxes n'offrent qu'un embryon du système, des cas singuliers. Les unes sont perçues en cas d'insuffisance de revenus, comme les prestations; d'autres peuvent fournir des revenus ou des annuités pour insuffisance de capitaux, comme le droit d'abatage.

L'octroi présente la plus grande variété de ressources; c'est un instrument fiscal complet. Il donne : taxes principales, qui sont des revenus, taxes additionnelles ou surtaxes, qui s'accommodent aux rôles de recettes spéciales ou générales pour insuffisance de revenus et de recettes pour insuffisance de capitaux. Le paragraphe 5 de l'article 133 joint les taxes revenus et pour insuffisance de revenus au budget ordinaire, sous le nom de « produit des octrois municipaux affectés aux dépenses ordinaires »; le paragraphe 7 de l'article 134 joint les taxes pour insuffisance de capitaux au budget extraordinaire sous la désignation de « produit des taxes ou des surtaxes d'octroi spécialement affectées à des dépenses extraordinaires ou à des remboursements d'emprunt ».

Conclusion

C'est ainsi, jusqu'au bout, la même logique inaperçue qui classe et gouverne. Il n'est que revenus et ressources annuelles, capitaux et ressources temporaires, et, soit par la volonté de la loi, soit par la force de la raison, les deux premiers éléments ont formé le budget ordinaire, les deux derniers le budget extraordinaire.

Budget ordinaire, compte de revenus et d'annuel, compte de revenus *lato sensu*; budget extraordinaire, compte de capitaux et d'annuités, compte de capitaux *lato sensu*. Ma thèse est prouvée.

§ 2

PROJET DE CADRE BUDGÉTAIRE

On a reproché à la critique, parfois avec raison, sa stérilité. Dans le champ fort étroit où je me suis enfermé, je veux essayer d'échapper à un pareil blâme et d'aboutir à un résultat positif. Ma critique des cadres budgétaires ayant pour conclusion un retour nécessaire à l'unité et l'adoption d'une formule conforme aux principes, je tenterai d'en tracer le modèle.

Je m'efforcerai, — ambition plus haute ! — de joindre à ma critique de la loi certaines propositions de réforme ; au projet de M. Barthou, concernant le budget communal, je prendrai la liberté d'opposer un contre-projet.

Encore un mot sur les cadres budgétaires, pour resserrer ce que j'ai observé, au cours de ces pages, touchant leurs contradictions, la routine, l'incertitude, l'ignorance même qu'ils accusent.

La routine tient en quelque sorte un brevet, je veux dire la confirmation la plus rassurante de la circulaire du 15 mai 1884, dont j'ai déjà cité ces lignes : « La rédaction des budgets ne devra, jusqu'à nouvel ordre, recevoir aucune modification, et les administrations municipales peuvent se servir des modèles employés jusqu'à ce jour. » J'ai induit de là que le ministre ou le ministère qui tenait ce langage n'avait jamais feuilleté une collection complète des formules départementales. Mais combien sa recommandation malavisée fut-elle fidèlement observée !

Il avait en vue surtout la division du budget en ordinaire et en extraordinaire. Comment ne savait-il pas que certains départements ont, sur ce sujet même, des habitudes étonnamment disparates et criticables ;

que deux d'entre eux en sont restés à des errements
archaïques et offrent la trace curieuse d'âges loin-
tains ? Comment ne savait-il pas que la Loire-Inférieure partage les impositions ordinaires et extraordinaires entre les chapitres ordinaire et extraordinaire,
comme avant 1828 ; que l'Aude, par une interprétation
erronée d'une circulaire de 1846, attribue toujours les
impositions pour insuffisance de revenus à l'ordinaire
ou à l'extraordinaire, selon qu'elles sont affectées à
des dépenses obligatoires ou facultatives ? Pourquoi
ignorait-il que le budget des Ardennes, au lieu de
deux chapitres, en institue trois : le chapitre ordinaire,
le chapitre des chemins vicinaux, le chapitre extraordinaire ? Mais ceux qui s'en fiaient à la circulaire
de 1884 ont eu, au cours de ces pages, bien d'autres
surprises.

Routine ou ignorance les traits suivants ? Les Ardennes citent encore la loi du 25 avril 1844 comme
régissant la matière des patentes ; pourquoi pas celle
du 15 juillet 1880, qui lui a été substituée ? Le Cantal
et Seine-et-Marne se réfèrent à la loi du 18 juillet 1867,
créatrice des trois centimes spéciaux pour les chemins
vicinaux ordinaires, comme si elle n'avait pas été abolie et remplacée par celle de 1884. Vaucluse allègue,
au sujet des centimes pour frais de perception des
impositions communales, la loi du 20 juillet 1837,
tandis que leur fondement aujourd'hui n'est autre que
le paragraphe 5 de l'article 136 de la loi de 1884.
L'Ariège et la Corse prétendent laisser sous l'empire
de la loi du 17 juin 1878 le régime des dépenses scolaires, réglé à l'heure présente par celle du 20 mars
1883. Mais le plus étonnant en ce genre est le cas de
la Vendée. Il n'y a pour elle rien de changé, en ce
qui concerne l'entretien des cimetières, depuis la loi
de 1837 et le décret du 30 décembre 1809. Conformé-

ment à ces textes, elle affirme, elle enseigne aux populations que la dépense de cet entretien doit être supportée en première ligne par les fabriques, et subsidiairement par les communes. Il faut le voir imprimé pour le croire, car c'est tenir pour nul et non avenu le paragraphe 13 de l'article 136 de la loi de 1884.

Les contradictions entre les préfectures ont été relevées en maintes circonstances ; qu'il me suffise de rappeler ici, par exemple, les qualifications et les places données dans le budget à l'imposition pour insuffisance de revenus. Elle est dénommée, suivant les pays, annuelle, locale, spéciale, sans affectation spéciale, accidentelle, ordinaire-éventuelle, recette facultative (pour la portion afférente aux dépenses facultatives), revenu (pour la portion afférente aux dépenses obligatoires), imposition tout court, imposition ordinaire, imposition extraordinaire. N'est-ce pas assez ? Pour la place à lui donner, même discord. On la trouve à l'extraordinaire, partagée entre l'ordinaire et l'extraordinaire, inscrite à l'ordinaire, — ce qui est le plus commun, — mais à tous les rangs, au commencement, au milieu, à la fin, après la fin. Pur gâchis ! On me permettra de revenir sur ce comble de la fantaisie, pour ne rien dire de plus sévère, qui consiste à placer cette imposition à l'avant-dernière ligne du budget, pour insuffisance de revenus, et les cinq centimes ordinaires, qui sont encore des revenus à la dernière ligne. C'est à Belfort, on le sait, que la chose est visible.

Il y a des départements qui, en cas d'incertitude et de peur de se tromper, ne prennent aucun parti ; j'en ai cité qui, embarrassés pour énumérer les dépenses extraordinaires, les passent sous silence. La Côte-d'Or, d'une façon discrète et faite pour étonner ceux qui ne sont pas au courant de ses mœurs, inscrit seulement comme dépense de cet ordre : « Impositions pour le salaire arriéré des gardes champêtres. » L'Yonne laisse en blanc les deux colonnes de l'extraordinaire.

Puis que dira-t-on de ces traits isolés ? Le Gard qualifie l'attribution sur l'impôt des chevaux et voitures d'imposition extraordinaire. Les Pyrénées-Orientales amorcent au budget extraordinaire : « Impositions de centimes extraordinaires pour..., » et aussitôt après : « Imposition extraordinaire de centimes pour... » Demandez là-bas la différence ; personne ici n'a pu me l'expliquer. Le Jura, sous la rubrique : « Produit des biens délivrés en nature, » entre les taxes d'affouage et de pâturage, inscrit : — comment l'imaginer ? — « Taxe sur les vélocipèdes. » La Marne et le Morbihan ont un article ainsi conçu : « Impositions pour insuffisance de revenus s'appliquant à des dépenses obligatoires, *y compris* le salaire du garde champêtre. » La faute est soulignée dans le budget même. Ne se souvient-on pas de cinq départements, parmi lesquels la Gironde, qui nomment centimes additionnels, c'est-à-dire *ajoutés*, la part *prélevée* sur les patentes à titre de revenu ?

J'abrège. Je ne veux plus qu'attirer l'attention sur le cadre budgétaire de l'Aube. Comment en donner une idée sans fatiguer le lecteur ? Les recettes ordinaires y sont divisées en quatre parties : Recettes ordinaires annuelles ; — Recettes ordinaires éventuelles ; — Recettes ayant une affectation spéciale ; — Impositions. Les recettes ayant une affectation spéciale comprennent : assistance médicale gratuite, instruction primaire, chemins vicinaux (avec cette subdivision : recettes ordinaires, recettes diverses ou accidentelles), recettes diverses, chemins ruraux reconnus. Les impositions ne comprennent que celles pour insuffisance de revenus appliquées aux dépenses facultatives ; la part appliquée aux dépenses obligatoires figure parmi les recettes ordinaires éventuelles. Les centimes pour le salaire du garde champêtre sont distraits du chapitre des recettes ayant une affectation spéciale et joints aux centimes généraux affectés aux dépenses obligatoires. Les ressources de l'instruction primaire, rangées, comme on l'a vu, parmi les recettes ayant une affectation spéciale, et ne concernant ici que des dépenses facultatives, n'y figurent en réalité que pour je ne sais quelle symétrie ; sous ce titre, on renvoie aux ressources générales du budget : excédent des revenus ordinaires sur les dépenses obligatoires et impositions pour insuffisance de revenus. Puis quelle disposition des calculs ! Les recettes ordinaires annuelles et les recettes ordinaires éventuelles sont réunies en un total A ; parmi les recettes ayant une affectation spéciale, celles pour l'assistance médicale gratuite forment un second total B ; celles pour l'instruction primaire, jointes à celles pour les chemins vicinaux, un troisième total C ; celles pour les chemins ruraux, jointes aux recettes diverses, un quatrième total D ; les impositions, un cinquième total E.

J'en ai dit assez, trop peut-être, pour donner l'idée des combinaisons abstruses de ce redoutable grimoire. Il faut admirer l'habileté des secrétaires de mairie qui soutiennent ce défi au sens commun. Quelle épreuve pour la vocation des maires de campagne ! Le spectacle que donne l'administration est ici pitoyable.

J'en viens, comme je l'ai annoncé, à proposer un type de cadre budgétaire, où l'on verra l'application des principes posés, et où l'on pourrait fondre, si on l'approuve, la diversité des coutumes départementales.

Peu d'explications seront nécessaires pour en justifier le plan. Une division primordiale s'impose en chaque chapitre, fondée sur l'origine des recettes : patrimoine, libéralités, impôts. Nous savons que de ces trois sources dérivent revenus et capitaux et ressources assimilées, suppléant à l'une ou à l'autre catégorie. Il est commode de distinguer les revenus patrimoniaux en trois groupes, issus des biens mobiliers ou immobiliers, ou d'industries diverses. Les impôts se partagent nécessairement en attributions légales, taxes et centimes additionnels. La première classe ne donne que des revenus ; les autres fournissent les trois genres de ressources que nous avons exposées : au budget ordinaire, des recettes assimilées aux revenus et des recettes annuelles pour insuffisance de revenus ; au budget extraordinaire, des recettes temporaires pour insuffisance de capitaux. Posons le titre Ier.

TITRE Ier : **RECETTES**

CHAPITRE Ier : *RECETTES DU BUDGET ORDINAIRE*

Revenus.

A. — Patrimoine.

Location de maisons et usines communales.........	»	»
— de biens ruraux communaux.............	»	»
— de la chasse....................	»	»
— de la pêche....................	»	»
Coupes ordinaires de bois..................	»	»
Produits forestiers....................	»	»
Vente de récoltes....................	»	»
Produits spontanés du cimetière...............	»	»
Rentes sur l'État....................	»	»
Obligations du Crédit foncier...............	»	»
Rentes sur particuliers..................	»	»
Intérêts des fonds placés au Trésor............	»	»
Produit des concessions dans les cimetières........	»	»
— des concessions d'eau...............	»	»
— de l'usine à gaz..................	»	»
— du lavoir communal................	»	»
— de l'enlèvement des boues.............	»	»

B. — Libéralités.

Fondations. . . . . »   »
Souscriptions . . . . »   »
Subventions . . . . · . . . . »   »

C. — Impôts.

Attributions sur les patentes. »   »
  —   sur les contributions des chevaux et voi-
      tures. . . . . »   »
  —   sur les amendes. . . . . »   »
  —   sur les permis de chasse. . . . . »   »
  —   sur l'impôt sur les vélocipèdes. . . . . . . »   »
Taxes. — Cotisations. . . . . »   »
  —   Octroi (taxes principales). . . . . »   »
  —   Droits de place perçus dans les halles,
      foires, marchés, abattoirs. . . . . »   »
  —   Produit des permis de stationnement et de
      location sur la voie publique, sur les
      rivières, ports et quais fluviaux et autres
      lieux publics. . . . . »   »
  —   Produit des péages communaux, des droits
      de pesage, mesurage et jaugeage, des
      droits de voirie. »   »
  —   Produit des expéditions des actes admi-
      nistratifs et des actes de l'état civil. . . . . »   »
  —   Taxe de balayage. . . . . »   »
  —   Taxe sur les chiens . . . . »   »
Impositions. — 5 centimes additionnels ordinaires. . »   »

    Total des revenus. . . . .   Rr

Ressources pour insuffisance de revenus.

1°. — Ressources spéciales.

Taxes d'octroi pour l'assistance médicale gratuite. . . . »   »
 — de pavage. . . . . »   »
 — de trottoirs. . . . . »   »
 — Prestations. . . . . »   »

Centimes pour dépenses d'assistance médicale gratuite   »   »

5 centimes pour les chemins vicinaux.................... »   »

3 centimes pour les chemins vicinaux ordinaires..... »   »

3 centimes pour les chemins ruraux reconnus....... »   »

Centimes pour le salaire des gardes champêtres..... »   »

3 centimes pour les familles nécessiteuses des soldats de la réserve et de l'armée territoriale retenus sous les drapeaux.. »   »

5 centimes pour les syndicats de communes......... »   »

Frais de perception des centimes communaux....... »   »

Total des ressources spéciales pour insuffisance de revenus........... **Ris**

2°. — Ressources générales.

Octroi (taxes additionnelles et surtaxes non affectées) »   »

Centimes additionnels annuels pour dépenses obligatoires.................................... »   »

Centimes additionnels annuels pour dépenses facultatives.................................... »   »

Total des ressources générales pour insuffisance de revenus........... **Rig**

Total des recettes du budget ordinaire Rr + Ris + Rig = Rbo

Chapitre II : *RECETTES DU BUDGET EXTRAORDINAIRE*

Capitaux et ressources pour insuffisance de capitaux.

A. — Patrimoine.

Prix des biens aliénés................................ »   »

Remboursement des capitaux exigibles............. »   »

— des rentes rachetées................ »   »

Produit des coupes extraordinaires de bois......... »   »

Produit des emprunts................................ »   »

Excédent des recettes ordinaires.................... »   »

B. — Libéralités.

Dons et legs.. »   »

Souscriptions temporaires........................... »   »

Subventions temporaires............................. »   »

C. — Impôts.

Octroi (taxes additionnelles et surtaxes affectées)..... » »

Taxe d'abatage temporaire........................ » »

Péage temporaire........... .... » »

Tourbage temporaire........................... .. » »

Centimes additionnels temporaires............... » »

Total des recettes du budget extraordinaire.......... Rbe

Total des recettes du budget ordinaire et du budget extraordinaire......... .... Rbo + Rbe

Quelques mots sont nécessaires avant de passer au titre des dépenses. Comment en composer la liste? Comment la répartir entre les deux chapitres? Comment justifier la légalité du recours aux ressources pour insuffisance de revenus? Ce sont trois questions à résoudre, s'il se peut, en un même tableau. Problème complexe, mais que notre étude antérieure a beaucoup simplifié.

La liste des dépenses. — Elle peut être présentée de beaucoup de façons. Celle qui a été proposée par la circulaire du 18 octobre 1838, et que le lecteur connaît, est assez généralement suivie. Je n'y ai nulle objection; elle peut encore servir *mutandis mutatis*. J'en rappelle l'ordre : 1° Frais d'administration; 2° Entretien des biens communaux, salubrité, sûreté, voirie; 3° Garde nationale; 4° Établissements de charité, pensions; 5° Instruction publique, beaux-arts; 6° Culte, fêtes publiques, dépenses imprévues. Le département du Nord, en particulier, est resté fidèle à ce dénombrement ancien[1].

1. Il a deux paragraphes de plus que le modèle de 1838 : l'un affecté aux dépenses de l'assistance médicale gratuite; l'autre résultant d'un dédoublement du paragraphe 6. Le culte y est mis à part.

Sous le paragraphe 3, au lieu de: « Garde nationale », on trouve : « Sapeurs-pompiers et dépenses militaires. »

La répartition des dépenses entre les deux chapitres budgétaires. — Elle s'opère, contrairement au préjugé, non pas en raison de leur objet, mais de leur chiffre. Nous avons maintes fois énoncé ce principe : dépense de l'ordinaire est la dépense annuelle de chiffre fixe et en général toute dépense qui peut s'acquitter avec des revenus ou des recettes annuelles ; dépense de l'extraordinaire, celle qui exige un capital ou des annuités. Ne dites pas : entretien est ordinaire, construction est extraordinaire. L'entretien d'une église peut appartenir à l'extraordinaire dans un village ; la construction d'une école, à l'ordinaire dans une ville. Mais le salaire d'un employé communal, par exemple, ne peut être que de l'ordinaire ; dépense à diminuer, si elle est trop forte pour le chapitre, à supprimer si la diminution en est impossible, à régler par une subvention, si la suppression en est incompatible avec les nécessités de la vie communale. Conclusion simple et déjà pressentie : les sujets de dépense de l'extraordinaire sont les mêmes que ceux de l'ordinaire, sauf l'annuel fixe. Les mêmes articles, sous cette réserve, sont à prévoir aux deux chapitres. Le département du Nord a seul, sur ce point, entrevu la bonne solution ; il a reproduit à l'extraordinaire les rubriques indiquées pour l'ordinaire par le modèle de 1838. Entrevu, ai-je dit, car les grandes lignes de son cadre seules sont justes ; ce département n'a pas tout à fait échappé, dans le détail, à l'illusion des opérations extraordinaires en soi.

Justification de la légalité du recours aux recettes pour insuffisance de revenus. — Il y a lieu, en effet, de mettre en relief la preuve que les diverses ressources budgétaires sont entrées en jeu à juste titre, et dans l'ordre assigné par la loi.

Je ne fais que rappeler le cas où les revenus suffisent. Nulle combinaison n'est à imaginer pour accuser une situation que la simple lecture du budget décèle. Parfois, les revenus laissent un excédent. On peut l'employer à accroître le patrimoine ; c'est l'épargne, le placement, plus utile aux particuliers qu'aux communes. D'ordinaire, on augmente d'autant la dépense annuelle pour l'amélioration de la vie municipale; on élargit le budget ordinaire. Il arrive aussi qu'on affecte l'excédent, sous forme d'annuités, à l'acquittement d'engagements à long terme; on élargit le budget extraordinaire. L'excédent de revenus, quoi qu'il advienne, ne passe à l'extraordinaire que sous forme de capital ou de recette capitalisée, ayant affectation ou emploi.

Si les revenus sont insuffisants, d'autres ressources y suppléent. Dans quel ordre? Il faut distinguer les dépenses en obligatoires et facultatives, — ce qui se fait pratiquement, sans déranger leur groupement par services, en les marquant suivant leur nature de l'initiale O ou F, — et considérer deux hypothèses.

Supposons, d'une part, que les dépenses obligatoires, mises en ligne d'abord, comme il convient, puissent être satisfaites avec une portion de revenus. Les dépenses facultatives trouveront pour contre-partie le surplus des revenus, puis les centimes spéciaux afférents à quelques-unes d'entre elles, et enfin les centimes généraux pour insuffisance de revenus. Supposons, d'autre part, que les dépenses obligatoires dépassent les revenus, elles auront pour provision complémentaire certains centimes spéciaux, puis les centimes généraux pour insuffisance de revenus. Les dépenses facultatives seront soldées, de même, au moyen d'autres centimes spéciaux et des centimes pour insuffisance de revenus. On remarquera encore, en passant, que des dépenses facultatives jouissent de la ressource assurée de centimes spéciaux, alors que des dépenses obligatoires obligent à recourir à des centimes généraux, soumis au bon vouloir de l'administration.

Comment justifier dans un budget ces applications de ressources, dont le jeu ne laisse pas d'être délicat et complexe ?

Cela n'est pas possible dans le budget lui-même, car nous avons dû y admettre comme ordre fondamental celui qui donne le plus de clarté, le groupement des dépenses par services. Nous y avons rattaché la distinction de ces mêmes dépenses en obligatoires et en facultatives et c'est tout ce qu'il comporte. Il faut, à toute force, pour un troisième objet, pour la position des balances d'où ressortent la nécessité et l'ordre d'emploi des ressources pour insuffisance de revenus, un tableau annexe, que j'imagine composé de la façon suivante : on réunira les dépenses obligatoires d'une part et les dépenses facultatives de l'autre, en les désignant par les numéros seulement qu'elles portent dans le budget, et l'on placera en regard de chaque catégorie les numéros des recettes qui les balancent. Ce sera un moyen d'instruction pour les conseils municipaux, et le contrôle tout préparé de leurs opérations.

Un pareil tableau se présente nécessairement de soi-même pour le budget extraordinaire, où toute recette est affectée et toute dépense un emploi ; les articles de dépenses et de recettes se balancent non seulement en somme, mais souvent deux à deux. J'emprunterai au département de l'Eure cette pratique qui consiste à inscrire chaque dépense comme « emploi de... » la ressource correspondante. Il n'y a pas, d'ailleurs, de justification mathématique à fournir de l'insuffisance du capital, pour être autorisé à se servir des recettes qui y suppléent. Leur usage dépend aussi bien d'autres considérations. C'est assez, pour y recourir, que le capital soit indisponible ou simplement qu'il n'y ait pas convenance à aliéner une aussi notable proportion du patrimoine communal. On doit se souvenir que certaines circulaires ont engagé les municipalités à ne pas recourir trop facilement à des aliénations de rentes ou d'immeubles, et à combiner plutôt ces moyens avec l'emprunt, c'est-à-dire avec l'imposition temporaire et, bien entendu, avec les libéralités publiques ou privées, si le cas y échet. C'est pourquoi j'ai pu simplifier le tableau des recettes de l'extraordinaire, et présenter, sous chacune des trois rubriques qui les groupent, les capitaux unis aux ressources qui y suppléent.

Voici mon cadre pour le second titre du budget.

TITRE II : **DÉPENSES**

Chapitre 1er. — *DÉPENSES DU BUDGET ORDINAIRE*

§ Ier. — **Frais d'administration.**

Traitement du secrétaire de la mairie..................	»	»
Frais de bureau.....................................	»	»
. . . .	»	»

§ II. — **Entretien des biens communaux ; salubrité ; sûreté ; voirie.**

Loyer de la maison commune......................	»	»
Entretien des aqueducs, fontaines, puits et mares....	»	»
. . . .		
Enlèvement des boues............................	»	»
. . . .		
Visite des fours et cheminées.....................	»	»
. . . .		
Dépenses de la police municipale.................	»	»
. . . .		
Entretien des chemins vicinaux...................	»	»
Voirie urbaine...................................	»	»
Entretien des chemins ruraux.....................	»	»
. . . .		

Supplément de traitement au desservant............ » »
Subvention à la fabrique............................... » »

Entretien du cimetière.............................. » »

§ VII. — Fêtes publiques ; dépenses imprévues.

Fête du 14 Juillet................................... » »

Dépenses imprévues................................ » »

Total des dépenses du budget ordinaire.......... Dbo

Chapitre II. — *DÉPENSES DU BUDGET EXTRAORDINAIRE*

§ I. — Administration.

Emploi de $\left\{ \begin{array}{l} \text{Capitaux} \\ \text{Recettes capitalisées} \end{array} \right\}$ pour............ » »

§ II. — Travaux publics.

Emploi de........... pour........................ » »

§ III. — Dépenses et bâtiments militaires.

Emploi de .... pour.................... » »

§ IV. — Établissements de charité.

Emploi de........... pour.................... » »

§ V. — Instruction publique; beaux-arts.

Emploi de........... pour.................... » »

§ VI. — Culte.

Emploi de........... pour.................... » »

Total des dépenses du budget extraordinaire........ Dbe
Total des dépenses du budget ordinaire et du budget
extraordinaire....................................... Dbo $+$ Dbe

§ 3.

PROJET DE M. BARTHOU MODIFIANT LA LOI MUNICIPALE. CONTRE-PROJET.

Je viens au « Projet de loi modifiant la loi du 5 avril 1884 sur l'organisation communale, présenté par M. Louis Barthou », le 27 octobre 1896 (n° 2060, annexe au procès-verbal de la séance du même jour). Ma critique se bornera au chapitre III du titre IV : *Du budget communal*. M. Barthou, bien que n'y trouvant à modifier que les articles 133, 137, 141, 143 et 145, exprime tout d'abord l'opinion que c'est « le point capital de la réforme ».

Voici, au surplus, les considérations qui nous touchent dans son exposé de motifs : « Lorsque le gouvernement dont nous avons l'honneur de faire partie s'est pour la première fois présenté devant vous, il prit l'engagement d'apporter à l'organisation du pays, dont la complication concorde trop peu avec les besoins de simplicité et de célérité de la société moderne, les modifications propres, d'une part, à procurer une plus rapide expédition des affaires, d'autre part, d'ouvrir [à ouvrir?] à l'activité des assemblées locales un champ plus large. — Le projet de loi que nous soumettons à vos délibérations répond à cet engagement. Son but est d'assurer la réalisation des vœux exprimés par la Commission extra-parlementaire qu'a instituée le décret du 16 février 1895, sur le fonctionnement de l'un des organismes primordiaux de notre droit administratif, la commune. »

Le rapport de M. Alapetite, dont il a été maintes fois question dans ces pages, est en réalité le point de départ des innovations que le gouvernement a soumises aux Chambres, et il en forme le véritable exposé de motifs, plus étudié et plus substantiel que les quelques paragraphes qui ont été hâtivement cousus au projet de loi lui-même. On a fait remarquer que la Commission de décentralisation fut une très grande Commission, qui aboutit à un résultat estimable certainement, mais tout de même un peu mince, et cette impression fut assez générale. M. Barthou, probablement pour s'excuser de s'être borné à enregistrer les conclusions de cette Commission, fit observer qu'il ne pouvait inviter le parlement à une entière révision de la loi de 1884. N'est-elle pas, dit-il, récente, décentralisatrice, libérale? Les changements justifiés ne peuvent porter, dès lors, que sur « des dispositions d'ordre relativement secondaire ». Deuxième appréciation passablement contradictoire à la première. D'ailleurs, le ministre sait que les Chambres n'aiment pas les longs projets et les vastes pensées; il craindrait un avortement s'il ne se bornait à présenter « quelques solutions fermes sur des questions déterminées ».

Et c'est toute la philosophie dépensée dans ce préambule. Passons aux articles.

Article 133.

Le gouvernement propose de le modifier en ce qui concerne la taxe de balayage, la taxe sur les chiens et l'imposition pour insuffisance de revenus. Transcrivons l'article du projet et, en regard, notre contre-projet.

Projet de M. Barthou[1].	*Proposition nouvelle.*
Art. 133. — Les recettes du budget ordinaire se composent :	Art. 133. — Les recettes du budget ordinaire se composent :

1. Je soulignerai les passages modifiés par le gouvernement dans l'article 133 de la loi de 1884.

1° Du revenu de tous les biens dont les habitants n'ont pas la jouissance en nature ;

2° Des cotisations imposées annuellement sur les ayants droit aux fruits qui se perçoivent en nature ;

3° Du produit des centimes ordinaires et spéciaux affectés aux communes par les lois de finances ;

4° Du produit de la portion accordée aux communes dans certains des impôts et droits, perçus pour le compte de l'État ;

5° Du produit des octrois municipaux affectés aux dépenses ordinaires ;

6° Du produit des droits de place perçus dans les halles, foires, marchés, abattoirs, d'après les tarifs dûment établis ;

7° Du produit des permis de stationnement et de location sur la voie publique, sur les rivières, ports et quais fluviaux et autres lieux publics ;

8° Du produit des péages communaux, des droits de pesage, mesurage et jaugeage, des droits de voirie et autres droits légalement établis ;

9° Du produit des terrains communaux affectés aux inhumations et de la part revenant aux communes dans le prix des concessions dans les cimetières ;

1° Du revenu de tous les biens dont les habitants n'ont pas la jouissance en nature ;

2° Du produit des fondations et subventions, et de toutes libéralités d'un bénéfice annuel ;

3° Des cotisations imposées annuellement sur les ayants droit aux fruits qui se perçoivent en nature ;

4° Du produit de la portion accordée aux communes dans certains des impôts et droits perçus pour le compte de l'État ;

5° Du produit des taxes principales des octrois ;

6° Du produit des droits de place...

7° Du produit des permis de stationnement...

8° Du produit des péages communaux...

9° Du produit des terrains... communaux affectés aux inhumations.....

10° Du produit des concessions d'eau et de l'enlèvement des boues et immondices de la voie publique et autres concessions autorisées pour les services communaux ;

11° Du produit des expéditions des actes administratifs et des actes de l'état civil ;

12° De la portion que les lois accordent aux communes dans les produits des amendes prononcées par les tribunaux de police correctionnelle et de simple police ;

13° Du produit de la taxe de balayage dans les communes de France et d'Algérie où elle sera établie sur leur demande, conformément aux dispositions de la loi du 26 mars 1873, *en vertu d'un arrêté préfectoral ;*

14° Du produit de la taxe sur les chiens, d'après les tarifs approuvés, sur la proposition des conseils municipaux ou d'office, à défaut de présentation de tarif par la commune, par le conseil général statuant définitivement dans les termes de l'article 46 de la loi du 10 août 1871 ;

15° Et généralement du produit des contributions, taxes et droits dont la perception est autorisée par les lois dans l'intérêt des communes, et de toutes les ressources annuelles

10° Du produit des concessions d'eau...

11° Du produit des expéditions.....

12° De la portion que les lois accordent...

13° Du produit de la taxe de balayage...

14° Du produit de la taxe sur les chiens...

15° Du produit des centimes ordinaires affectés aux communes par les lois de finances ;

16° Du produit des centimes extraordinaires, spéciaux et généraux, et des taxes addi-

et permanentes ; en Algérie et dans les colonies, des ressources dont la perception est autorisée par les lois et décrets.

En cas d'insuffisance de recettes ordinaires, les conseils municipaux peuvent voter définitivement dix centimes additionnels au principal des contributions directes pour les dépenses annuelles, tant obligatoires que facultatives.

Lorsque l'imposition pour insuffisance de revenus est supérieure à dix centimes, elle ne peut être perçue qu'en vertu de l'approbation du préfet.

tionnelles ou surtaxes d'octroi, autorisés en cas d'insuffisance des revenus qui précèdent;

17° Et généralement du produit des contributions, taxes et droits dont la perception est autorisée dans l'intérêt des communes, et de toutes les ressources permanentes ou annuelles ; en Algérie et dans les colonies, des ressources dont la perception est autorisée par les lois et décrets.

Les conseils municipaux peuvent voter trois centimes extraordinaires exclusivement affectés aux chemins vicinaux ordinaires.

En cas d'insuffisance de revenus, ils peuvent voter définitivement dix centimes additionnels au principal des contributions directes pour les dépenses annuelles, tant obligatoires que facultatives.

Lorsque l'imposition pour insuffisance de revenus est supérieure à dix centimes, elle ne peut être perçue qu'en vertu de l'approbation du préfet.

Les impositions, tant ordinaires qu'extraordinaires, ne pourront dépasser cent centimes, si ce n'est pour des dépenses obligatoires urgentes, et en vertu d'un décret rendu en Conseil d'État.

Les modifications désirables, à mon sens, dans l'article 133 de la loi de 1884 peuvent se ranger sous trois chefs : 1° groupement logique des recettes et lacune à combler ; 2° mise en évidence du plan moderne, qui a substitué les recettes du budget ordinaire aux recettes ordinaires ; 3° règlement du contrôle des centimes pour insuffisance de revenus.

1° Groupement logique des recettes. — Lacune à combler. Je propose de ranger les recettes, dans l'un et l'autre chapitre, suivant l'ordre que l'on sait, et qui se réfère à leur origine : patrimoine, libéralités, impôts. Je n'ai pas d'explications nouvelles à donner sur ce point. Cet ordre est clair, conforme à la nature des choses et dissipe heureusement la confusion du texte légal. On connaît les subdivisions du sujet.

La lacune à combler est l'omission des libéralités publiques ou privées dont le bénéfice est annuel. La mention « dons et legs » de l'article 134 est insuffisante de deux manières : elle vise seulement les libéralités privées et, dans le nombre, celles qui fournissent une recette accidentelle ou temporaire, capital ou annuité, bref une ressource de l'extraordinaire.

2° Mise en évidence du plan moderne. Aux recettes ordinaires, c'est-à-dire aux revenus, qui seuls composaient le budget ordinaire selon le plan de la loi de 1837, la loi de 1884 ajoute, dans le même chapitre, les ressources pour insuffisance de revenus. Disposition capitale, à mettre dans un relief accentué. Les recettes ordinaires n'ont plus de définition légale ; leur sens se confond avec celui de revenus, aux termes de l'article 145.

J'ai rédigé les paragraphes 5, 15, 16 et 17 de façon à obtenir une division très nette des ressources fournies par l'impôt à l'ordinaire. Les centimes spéciaux sont séparés des centimes ordinaires ; les taxes additionnelles et surtaxes d'octroi, de la taxe principale, et celles-là, comme les centimes spéciaux, sont réunies, dans le paragraphe 16, aux ressources pour insuffisance de revenus. Le paragraphe 17 complète l'opposition des deux grandes catégories du budget ordinaire par celle des qualificatifs disjoints : permanentes *ou* annuelles. Permanent s'applique aux revenus ; annuel, aux ressources qui les complètent[1].

3° Règlement du contrôle des centimes pour insuffisance de revenus. Le projet de M. Barthou propose, de ce chef, des modifications fondées sur les principes que l'exposé de motifs déduit en ces termes : « En raison du très grand nombre de communes qui s'imposent chaque année pour dépenses facultatives, l'administration centrale se trouve aujourd'hui dans l'impossibilité d'exercer réellement le contrôle que la loi lui attribue, et ces impositions sont, en fait, approuvées sur des états collectifs dressés par les préfets. Il n'existe plus réellement de surveillance que pour les villes ayant au moins cent mille francs de revenus, auxquelles la circulaire du 15 mai 1884 impose la production des budgets et documents établissant leur situation financière. Mais les villes de cette catégorie ne font généralement pas usage de cette imposition et demandent plutôt un supplément de ressources à l'octroi. Dans

---

1. J'introduis dans notre article les trois centimes spéciaux pour les chemins vicinaux ordinaires, les reprenant à l'article 141, où on les classe encore, par une imitation maladroite de la loi de 1867. Cette loi étant abolie, il leur faut une nouvelle assiette légale. Il n'en est pas de même pour les centimes affectés aux chemins ruraux; leur institution, réglée par la loi du 20 août 1881, n'a nul besoin d'être confirmée par la loi municipale.

Je maintiens à regret, et pour ne pas rompre en visière sur trop de points à la fois à d'anciens errements, les centimes ordinaires et les centimes spéciaux. Ce sont des rouages surannés, et inutiles. Il suffit des attributions légales et des taxes pour ajouter aux revenus des communes; il suffit, après cela, des centimes généraux pour combler l'insuffisance de ces revenus.

ces conditions, le gouvernement, d'accord avec la Commission de décentralisation, a pensé qu'il convenait d'attribuer au conseil municipal le droit de voter définitivement les impositions pour dépenses annuelles, tant obligatoires que facultatives, lorsqu'elles n'excéderont pas dix centimes additionnels, et au préfet l'autorisation des impositions dépassant ce maximum. »

Nous verrons tout à l'heure que le même projet concède aux communes la disposition pareillement libre de dix centimes temporaires pendant dix ans.

Rappelons qu'un vœu en faveur de cette égalité avait été exprimé au ministre de l'Intérieur peu après la promulgation de la loi du 24 juillet 1867. Il y avait alors répondu : « L'anomalie apparente que présente cette interprétation [la différence de régime entre les centimes pour insuffisance de revenus et les centimes temporaires] peut d'ailleurs se justifier... Le vote des centimes extraordinaires pour suppléer à l'insuffisance des revenus ordinaires de la commune est l'indice d'une situation exceptionnelle et fâcheuse sur laquelle il n'est pas sans intérêt d'appeler l'attention du gouvernement. » Le ministre ajoute « qu'il est disposé à tenir grand compte des observations qui lui ont été présentées à ce sujet, et à étudier la question de savoir s'il ne conviendrait pas, soit d'augmenter la quotité des centimes ordinaires fixée chaque année par la loi de finances, soit de supprimer ou tout au moins de simplifier la formalité de l'autorisation, soit enfin de charger les conseils généraux de fixer un maximum spécial pour les impositions dont il s'agit (Circ. du 27 août 1867) ».

Il n'a rien été fait pour rendre à la fois plus libéral et moins relâché le régime des centimes annuels ; les conseils généraux n'ont été chargés de ce soin qu'à l'égard des centimes temporaires, et l'on a vu l'inintelligente façon dont ils s'en acquittent. Cependant la loi de 1884 a simplifié pour ceux-là les formalités d'autorisation, et voilà que M. Barthou propose de les remettre absolument aux mains du préfet, et même de supprimer toute autorisation dans de certaines limites.

Les considérations de prudence ne sont plus à l'ordre du jour. On se laisse leurrer par le caractère soi-disant ordinaire ou tout au moins par le qualificatif annuel attribué aux centimes pour insuffisance de revenus. On ne réfléchit pas que l'annuel est le fondement du train de vie, défraye un ensemble de dépenses qu'on ne saurait supprimer ni réduire sans faire violence aux mœurs ni manquer à de nombreux contrats, finalement sans crise. L'annuel devient immuable, et l'annuel indéfini équivaut au perpétuel. Aussi devrait-on le peser plus scrupuleusement que la charge temporaire, qui, comme son nom l'indique, n'a qu'un temps et finit au terme prévu. Le point de vue ministériel de 1867 est juste ; il n'est pas moins vrai aujourd'hui qu'autrefois que l'insuffisance de revenus est pire que l'insuffisance de capitaux.

Comptons sommairement les centimes que la loi modifiée par M. Barthou concède aux municipalités, par allocation ou par autorisation préalable :

Centimes ordinaires	....	5
— spéciaux[1]	....	35
— pour insuffisance de revenus	....	10
— pour insuffisance de capitaux	....	10
	Total................................	60

Ainsi, 60 centimes, sans compter ceux de l'instruction primaire, voilà l'entrée de jeu. Puis, ce chiffre

---

1. Les centimes de chiffre fixe, réunis, sont au nombre de 19. J'ai estimé, d'après les renseignements que j'ai recueillis, les impositions pour le salaire des gardes champêtres à 15 centimes et celles pour l'assistance médicale à 1 centime, en moyenne. Ce qui donne pour l'ensemble un total de 35 centimes.

est extensible en deux sens : à l'ordinaire, sous l'autorité du préfet ; à l'extraordinaire, sous le contrôle de divers pouvoirs.

L'ordinaire déjà déborde. Le préfet, de par la loi même, va veiller à 1,500,000 centimes, et tenter d'arrêter ce flot. Qui doutera qu'en l'état des mœurs politiques il ne puisse supporter un tel assaut, si on ne le soutient ? Un intérêt national est en péril. Il faut que la loi y songe et, de toute nécessité, marque en un point infranchissable la limite des budgets locaux.

Comment ? Je reprends un vœu de la Commission de 1850. Il date d'un temps où les impositions extraordinaires temporaires et la portion des centimes pour insuffisance de revenus applicable à des dépenses facultatives étaient soumises à une commune limite. « Des instructions ministérielles, disait le rapporteur, M. d'Audiffret, ont fixé le maximum à vingt centimes ; mais le ministre reste toujours maître de s'écarter d'une règle qu'il s'est prescrite à lui-même ; il est utile de donner à celle-ci le soutien de la loi et de renfermer les communes dans un cercle qu'il leur sera interdit de franchir. » Ce vœu a été rempli pour les impositions de l'extraordinaire ; mais on a été au rebours en ce qui concerne l'imposition pour insuffisance de revenus. Le décret de 1852 a affranchi de toute limite la portion facultative, la portion obligatoire étant libérée depuis 1842, et le contrôle, au lieu de remonter aux mains du législateur, est tombé en celles du préfet.

Mon avis est « de renfermer les communes, — tout au moins pour ce qui regarde les dépenses facultatives, — dans un cercle qu'il leur sera interdit de franchir », en acceptant leur initiative jusqu'aux limites indiquées par M. Barthou. Je propose de borner à 100 le nombre des centimes de tous genres. « Il paraîtrait rationnel,

a-t-on dit, que l'accessoire n'excédât pas le principal. »
J'emprunte cette observation de bon sens à M. Leroy-
Beaulieu[1]; elle fournit un point d'amarre de quelque
solidité dans la dérive. Cet économiste voudrait que la
limite s'appliquât à la fois aux impositions communales
et départementales, et qu'elle fût infranchissable. La
rigueur paraîtra sans doute excessive. Les centimes
ordinaires et spéciaux, à eux seuls, forment plus de la
moitié de la provision dont il s'agit; puis il faut, à toute
force, réserver la possibilité d'une dérogation à la règle
en des cas urgents, comme parlait le législateur de
1818[2]. J'admettrais que le maximum pût être dépassé
pour des dépenses obligatoires, avec l'autorisation d'un
décret rendu en Conseil d'État.

Tels sont les motifs des changements que je propose
d'apporter à l'article 133 et la justification du texte
qu'on vient de lire.

Article 134.

Je vais mettre en parallèle la loi de 1884, à laquelle
M. Barthou ne touche pas en ce point, et l'article modifié conformément à ma théorie.

Loi du 5 avril 1884.	*Proposition nouvelle.*
Art. 134. — Les recettes du budget extraordinaire se composent :	Art. 134. — Les recettes du budget extraordinaire se composent :
1° Des contributions extraordinaires dûment autorisées ;	1° Du prix des biens aliénés ;
2° Du prix des biens aliénés ;	2° Du remboursement des capitaux exigibles et des rentes rachetées ;

1. *L'Économiste français* du 18 septembre 1895.
2. M. de Rémusat, dans sa circulaire de 1840, insistait avec raison sur ce qu'il fallait qu'une dépense fût à la fois obligatoire et urgente pour justifier certains sacrifices de la part des communes.
Autrement, l'obligatoire est un paravent commode à la fantaisie.

3° Des dons et legs ;

4° Du remboursement des capitaux exigibles et des rentes rachetées ;

5° Du produit des coupes extraordinaires de bois;

6° Du produit des emprunts ;

7° Du produit des taxes ou des surtaxes d'octroi spécialement affectées à des dépenses extraordinaires et à des remboursements d'emprunt ;

8° Et de toutes autres recettes accidentelles.

3° Du produit des coupes extraordinaires de bois ;

4° Des dons et legs ;

5° Du produit des emprunts ;

6° De l'excédent des revenus ordinaires ;

7° De toutes libéralités d'un bénéfice temporaire ;

8° Des contributions extraordinaires temporaires dûment autorisées ;

9° Du produit des taxes ou des surtaxes d'octroi spécialement affectées à des dépenses extraordinaires et à des remboursements d'emprunt ;

10° Et de toutes autres recettes accidentelles ou temporaires, ayant l'importance d'un capital ou la forme d'annuités.

Le sujet est familier au lecteur. Groupement logique des recettes, mise en évidence du plan moderne, il doit apercevoir aussitôt ces combinaisons dans mon texte. Les recettes se groupent d'après leur origine : patrimoine, libéralités, impôts. Le plan moderne, complété selon les vues que j'ai exposées, présente une division primordiale en capitaux et recettes pour insuffisance de capitaux ou capitalisées.

Les capitaux sont l'objet des cinq premiers paragraphes et proviennent du patrimoine, des libéralités ou de l'emprunt. L'imposition ne fournit point de capitaux. L'emprunt n'est pas une ressource à proprement parler, un quatrième genre auquel il faille faire place; il est l'escompte de ressources futures, soit de la rentrée d'un capital, soit surtout de recettes capitalisées.

Celles-ci peuvent provenir : 1° du patrimoine ou de l'ordinaire par l'épargne. — excédent des recettes ordinaires à reprendre à l'article 135; — 2° de libéralités publiques ou privées, subventions ou cotisations d'un bénéfice temporaire; 3° de centimes ou de taxes temporaires pour insuffisance de capitaux.

Ainsi, mon projet consiste à ordonner l'article 134 et à le compléter dans la forme par la mention des recettes temporaires et des libéralités publiques et l'adjonction de l'excédent des recettes ordinaires. Je me raccorde dans le dernier paragraphe avec les définitions de la loi. Finalement, qu'on ne parle plus de recettes extraordinaires; le terme et la conception ne cadrent plus avec les recettes du budget extraordinaire.

Article 135.

Je propose la suppression pure et simple de ce texte, qui n'existait pas dans la loi de 1837; innovation malheureuse du législateur moderne. J'en rappelle les termes :

Art. 135. — Les dépenses du budget ordinaire comprennent les dépenses annuelles et permanentes d'utilité communale. — Les dépenses du budget extraordinaire comprennent les dépenses accidentelles ou temporaires qui sont imputées sur des recettes énumérées à l'article 134 ou sur l'excédent des recettes ordinaires.

Je n'ai pas à répéter ici les motifs pour lesquels je demande que cet article disparaisse : ils ont été suffisamment développés. Superflue et même fausse est la définition des dépenses. La dépense donne son chiffre à la recette, la recette donne sa nature à la dépense ; ce dernier point, sous la réserve de l'annuel de chiffre fixe.

Article 137.

Cet article est un de ceux sur lesquels se sont exercées les retouches de M. Barthou. Je ne le reproduirai que partiellement, et dans la mesure nécessaire pour faire comprendre les modifications que j'y propose.

Projet de M. Barthou.	*Proposition nouvelle.*
Art. 137. — L'établissement des taxes d'octroi votées par les conseils municipaux ainsi que les règlements relatifs à leur perception sont autorisés par décrets du Président de la République rendus en Conseil d'État, après avis du conseil général, ou de la commission départementale dans l'intervalle des sessions..............	*(J'accepte les changements introduits par le projet de M. Barthou, sauf ce qui suit[1].)* ....
Sont approuvées par le préfet, sur l'avis conforme du directeur des Contributions indirectes, et après avis du conseil général, ou de la commission départementale dans l'in-	Sont approuvées par le préfet sur l'avis conforme du directeur des Contributions indirectes, et après avis du conseil général, ou de la commission départementale dans l'in-

1. Le projet porte plus loin : « Les délibérations concernant :... 4° *La prorogation* des surtaxes d'octroi..., doivent être pareillement approuvées par décret du Président de la République rendu en Conseil d'État... » Or, l'exposé de motifs propose en termes clairs de renoncer à l'intervention du pouvoir législatif en ce qui concerne *l'autorisation* des surtaxes, et non pas seulement *la prorogation*.

J'ai relevé plusieurs différences de texte entre l'exposé de motifs et le projet ; ces documents portent les traces visibles de la hâte avec laquelle ils ont été rédigés.

tervalle des sessions, ou par décret dans la forme ci-dessus, si l'avis du directeur est contraire, les délibérations concernant :

1° Les modifications aux règlements opérés conformément aux dispositions des modèles approuvés par le ministre des Finances, après avis de la section des Finances du Conseil d'État ;

2° La création, etc.........

tervalle des sessions, ou par décret dans la forme ci-dessus, si l'avis du directeur est contraire, les délibérations concernant:

1° Les taxes ou surtaxes d'octroi votées en exécution de lois spéciales;

2° Les modifications aux règlements, etc. (*le reste suivant le projet*).

On voit que je vise un abaissement de contrôle concernant les taxes ou surtaxes d'octroi que j'appellerai spéciales, par analogie avec les centimes de même destination ; taxes à établir en vertu d'une autorisation préalable, comme celle qui résulte, par exemple, de l'article 27 de la loi du 15 juillet 1893 sur l'assistance médicale gratuite. Cette autorisation serait parfaitement vaine, si les formalités d'établissement n'en recevaient pas une simplification notable. Le cas doit être assimilé, dans la mesure du possible, à celui des centimes spéciaux, qui, autorisés d'avance par la loi qui les a institués, n'exigent plus, lors de leur application, d'approbation nouvelle. Il me paraît qu'à l'égard des taxes il doit suffire que les détails, et non plus le principe de leur établissement, soient tranchés par un accord du préfet et du directeur des Contributions indirectes ou, à toute force, par un décret rendu en Conseil d'État, en cas d'avis contraire du directeur, après avis demandé, en tout cas, au conseil général ou à la commission départementale,

Articles 141, 142, 143.

Je viens aux articles qui règlent les conditions d'au torisation des centimes extraordinaires, et qui, en bonne logique, devraient suivre immédiatement l'article 134. M. Barthou ne modifie pas l'article 142, que je transcrirai conforme au texte légal :

Projet de M. Barthou.

Art. 141. — Les conseils municipaux peuvent voter des contributions extraordinaires n'excédant pas dix centimes additionnels pendant dix ans, pour en affecter le produit à des dépenses extraordinaires d'utilité communale.

Ils peuvent aussi voter trois centimes extraordinaires exclusivement affectés aux chemins vicinaux ordinaires et trois centimes extraordinaires exclusivement affectés aux chemins ruraux reconnus.

Ils votent et règlent les emprunts communaux remboursables sur les centimes extraordinaires votés comme il vient d'être dit au premier paragraphe du présent article, ou sur les ressources ordinaires, quand l'amortissement, en ce dernier cas, ne dépasse pas trente ans.

Loi de 1884.
Texte conservé par M. Barthou.

Art. 142, — Les conseils

Proposition nouvelle.

Art. 141. — Les conseils municipaux peuvent voter, dans la limite de cent centimes additionnels concédés pour tous les centimes extraordinaires, des contributions temporaires n'excédant pas dix centimes pendant dix ans, en cas d'insuffisance de capitaux.

Ils votent et règlent les emprunts communaux remboursables sur les centimes temporaires votés comme il vient d'être dit au premier paragraphe du présent article ou sur les ressources ordinaires, quand l'amortissement, en ce dernier cas, ne dépasse pas trente ans.

Art. 142. — Les conseils

municipaux votent, sauf approbation du préfet :

1° Les contributions extraordinaires qui dépasseraient cinq centimes sans excéder le maximum fixé par le conseil général, et dont la durée, excédant cinq années, ne serait pas supérieure à trente ans ;

2° Les emprunts remboursables sur les mêmes contributions extraordinaires ou sur les revenus ordinaires dans un délai excédant, pour ce dernier cas, trente ans.

Projet de M. Barthou.

Art. 143. — Toute contribution extraordinaire dépassant le maximum fixé par le conseil général et tout emprunt remboursable sur cette contribution sont autorisés par décret du Président de la République. Si la contribution est établie pour une durée de plus de trente ans, ou si l'emprunt, remboursable sur ressource extraordinaire, doit excéder cette durée, le décret est rendu en Conseil d'État.

Il est également statué par décret en Conseil d'État pour tout emprunt dépassant un million ou qui, réuni aux chiffres d'autres emprunts non encore remboursés, dépasse un million.

municipaux votent, sauf approbation du préfet donnée en conseil de préfecture :

1° Les contributions temporaires qui dépasseraient dix centimes sans excéder cent centimes, et dont la durée, excédant dix années, ne serait pas supérieure à trente ans ;

2° Les emprunts remboursables sur les mêmes contributions temporaires ou sur les revenus ordinaires dans un délai excédant, pour ce dernier cas, trente ans.

Art. 143. — Toute contribution temporaire pour dépense obligatoire urgente dépassant cent centimes et tout emprunt remboursable sur cette contribution, quel qu'en soit le chiffre, sont autorisés par décret du Président de la République rendu en Conseil d'État.

Si la contribution est établie pour une durée de plus de trente ans, ou si l'emprunt, remboursable sur ressources extraordinaires, doit excéder cette durée, l'autorisation est donnée dans les mêmes formes.

Le point essentiel de la réforme que je présente est celui que j'ai déjà développé sous l'article 133, le rétablissement d'un maximum pour le groupe des centimes annuels généraux et des centimes temporaires. Ce maximum a existé, comme on sait, avant 1842, fixé administrativement à vingt centimes, et laissant en dehors les centimes spéciaux. Cette limite serait infranchissable pour les impositions facultatives, et pourrait être exceptionnellement dépassée, s'il s'agissait de dépenses obligatoires et urgentes. J'ai fait la part large aux habitudes modernes, et ne prétends pas ramener les communes à la portion congrue.

J'accepte donc le projet de M. Barthou, leur confiant la libre disposition de dix centimes pendant dix ans, sans dépasser le maximum légal. Je laisse au préfet le pouvoir d'approuver les impositions dépassant dix centimes comme quotité ou dix ans comme durée, sans excéder toutefois cent centimes ni trente ans. Mais, pour que le préfet ne remplace pas ce contrôle par la signature d'un subordonné, je l'oblige à prendre son arrêté en conseil de préfecture. Enfin, lorsque l'imposition ou l'emprunt remboursable sur cette contribution dépasse, soit le maximum légal comme quotité, soit trente ans de durée, l'autorisation doit être donnée par décret rendu en Conseil d'État. Toute distinction est supprimée à l'égard de l'emprunt excédant un million.

Article 145.

Projet de M. Barthou.	*Proposition nouvelle.*
Art. 145. — Le budget de chaque commune est proposé par le maire, voté par le conseil municipal et réglé par le préfet.	Art. 145. — Le budget de chaque commune est proposé par le maire, voté par le conseil municipal et réglé par le préfet.
Lorsqu'il pourvoit à toutes	Lorsqu'il pourvoit à toutes

les dépenses obligatoires et qu'il ne renferme pas de dépenses extraordinaires autres que celles que le conseil municipal a le droit de voter en vertu de l'article 141, les allocations portées audit budget pour les dépenses facultatives d'utilité communale ne peuvent être modifiées par l'autorité supérieure.

Le budget des villes dont le revenu est de trois millions de francs au moins est soumis à l'approbation du Président de la République, sur la proposition du ministre de l'Intérieur.

Le revenu d'une ville est réputé atteindre trois millions de francs, lorsque les recettes ordinaires, constatées dans les comptes, se sont élevées à cette somme pendant les trois dernières années.

Il n'est réputé être descendu au-dessous de trois millions, que lorsque, pendant les trois dernières années, les recettes sont restées inférieures à cette somme.

les dépenses obligatoires et qu'il n'applique aux dépenses des deux chapitres que des revenus ou des recettes d'avance autorisées, les allocations portées audit budget pour toutes dépenses obligatoires, facultatives ou imprévues, ne peuvent être modifiées par l'autorité supérieure.

Le budget des villes dont le revenu est de trois millions de francs au moins est soumis à l'approbation du Président de la République sur la proposition du ministre de l'Intérieur.

Le revenu d'une ville est réputé atteindre trois millions de francs, lorsque les recettes admises à ce titre dans l'article 133 et constatées dans les comptes se sont élevées à cette somme pendant les trois dernières années.

Il n'est réputé être descendu au-dessous de trois millions que lorsque, pendant les trois dernières années, les recettes ordinaires sont restées inférieures à cette somme.

L'exposé de motifs nous dit : « Le second paragraphe de l'article 145 de la même loi de 1884 stipule que lorsqu'un budget pourvoit à toutes les dépenses obligatoires... » (Suit le texte de la loi de 1884.) « Il nous a paru que cette rédaction pourrait recevoir une portée plus libérale, tout en mieux définissant le contrôle attribué au préfet sur le budget communal et de prévenir [lisez sans doute : et en prévenant] des abus qu'une interprétation littérale du texte en vigueur semblerait permettre... » Suit le texte proposé et, — chose singulière, — non pas tout à fait conforme à celui qui est donné dans le projet de loi lui-même.

J'ai commenté le deuxième paragraphe de l'article 145 d'une façon très ample et que je vais résumer brièvement. Ce paragraphe est la transcription de l'article 2 de la loi du 24 juillet 1867. On l'a réduit, ou traduit, si l'on aime mieux, — car la rédaction est au moins abstruse, — en cette maxime : Une commune, ses dépenses obligatoires payées, est maîtresse de ses revenus. J'en ai conclu que ni les centimes spéciaux, ni les centimes généraux pour insuffisance de revenus ne pouvaient s'inscrire dans un budget qu'un conseil municipal voudrait mettre à l'abri des critiques administratives. Ce ne sont pas assurément des revenus. Le bon sens est d'ailleurs immédiatement choqué par la pensée de rendre intangible un budget soldé au moyen de l'imposition pour insuffisance de revenus, tandis que son chiffre illimité permet de boucler tous les budgets du monde. Il n'y aurait plus que des budgets hors de contrôle ; la commune serait maîtresse de l'impôt.

Pour ce qui regarde les centimes spéciaux, la circulaire du 3 août 1867 avait immédiatement fait grief aux principes en établissant une distinction et en admettant l'emploi dans le budget intangible des centimes spéciaux autorisés pour des dépenses obligatoires. Depuis, les auteurs ont varié. Certains ont estimé, en dernier lieu, que l'assimilation aux revenus ne devait être écartée que pour les centimes énoncés en l'article 141, considérés je ne sais pourquoi comme plus extraordinaires que les autres, ou même comme les seuls extraordinaires de la série. On se rappellera qu'il s'agit des trois centimes pour chemins vicinaux ordinaires et des trois centimes pour chemins ruraux reconnus.

Le projet de M. Barthou prétend mettre fin à cette exception supposée ; il mentionne les deux sortes ci-dessus, pour compléter la série des centimes spéciaux, admise dès lors intégralement parmi les recettes dont l'emploi exclusif ne permet pas la modification du budget par l'autorité supérieure. Mais ce projet ne s'en tient pas là. Une nouveauté remarquable y est proposée, c'est d'admettre aux mêmes effets que les revenus et les centimes spéciaux les dix centimes temporaires autorisés d'avance par l'article 141. Hâtons-nous de remarquer que cette concession en implique une autre, et qu'il y a là une lacune évidente à combler ; il est certain que les dix centimes annuels autorisés par l'article 133 doivent jouir de la même franchise, et que la symétrie établie entre les deux ouvertures de crédit dans chaque chapitre imposait cette solution à M. Barthou.

J'ai résisté, sous l'empire de la loi de 1884, à la corruption de la maxime déduite exactement du texte légal et du rapport de M. Bonjean : une commune qui a payé ses dépenses obligatoires est maîtresse de ses revenus. Je me suis efforcé de borner les revenus à la catégorie qui les représente réellement, c'est-à-dire aux anciennes recettes ordinaires de la loi de 1837, et d'écarter les impositions pour insuffisance de revenus spéciales et générales, protestant contre leur assimilation déraisonnable à des revenus. Mais, aujourd'hui, il s'agit de préparer une réforme législative, de reconstruire sur table rase un système approprié aux mœurs. Donc, une maxime nouvelle prévaudrait, qui peut s'énoncer ainsi : Une commune, ses dépenses obligatoires payées, est maîtresse de ses revenus et des impositions d'avance autorisées. Je suis M. Barthou jusque-là, comme on a vu ; j'approuve la résolution de laisser aux communes une assez large indépendance dans des limites précises, puis de barrer le chemin à tout dépassement, aux dépenses facultatives inexorablement. J'ai proposé un texte différent, dans la forme, de celui du projet, et donnant à la disposition en discussion une expression plus compréhensive et plus juridique, aboutissant, dans le fond, aux mêmes effets.

J'ai introduit dans le deuxième paragraphe de notre article, parmi les dépenses de tous genres, les dépenses imprévues ; je justifierai l'utilité de cette mention sous l'article 147.

Je modifie le quatrième paragraphe d'une façon qui est d'avance expliquée. La remarque a été plusieurs fois faite que l'expression « recettes ordinaires » ne correspondait plus à aucune catégorie légale et devait disparaître du langage de la science ; les anciennes recettes ordinaires sont les recettes admises comme revenus dans l'article 133, en somme, les revenus communaux.

Enfin j'ajoute une remarque importante au sujet des taxes additionnelles et des surtaxes d'octroi.

La loi en règle l'établissement ou la prorogation sans souci apparent de leur coexistence avec des impositions destinées à satisfaire aux mêmes besoins, annuels ou temporaires. L'autorisation est conférée par décret rendu en Conseil d'État, sauf pour les surtaxes, qui veulent une loi. — Le projet de M. Barthou fait, d'ailleurs, disparaître cette exception. — Le décret rendu en Conseil d'État est la garantie la plus sûre et de l'ordre le plus élevé, et on peut attendre des autorités qui y participent le soin le plus éclairé des intérêts en cause. Cependant n'est-il pas prudent de prévoir entraînements ou relâchements, changements d'opinion ou de jurisprudence, et de demander à la loi quelques points fixes? Les octrois sont fort battus en brèche; il y a lieu de se préoccuper, au cas où cette ressource serait supprimée, du risque d'imposer à certaines communes un nombre excessif de centimes additionnels. Je crois désirable que les charges auxquelles on se propose de satisfaire par des taxes soient évaluées en centimes, rapprochés de ceux existants, et que de nouvelles barrières soient instituées pour les contributions directes et indirectes réunies.

Mais le sujet est délicat, complexe, et m'entraînerait au delà des limites de cet ouvrage. Je ne puis qu'en signaler l'importance à la sollicitude des pouvoirs publics.

Article 147.

J'ai quelques observations à faire sur les crédits pour dépenses imprévues. Le projet que je critique a négligé ce sujet.

Loi de 1884.	*Proposition nouvelle.*
Art. 147. — Les conseils municipaux peuvent porter au budget un crédit pour les dépenses imprévues.	Art. 147. — Les conseils municipaux peuvent porter au budget un crédit pour dépenses imprévues.
La somme inscrite pour le crédit ne peut être réduite ou rejetée qu'autant que les revenus ordinaires, après avoir satisfait à toutes les dépenses obligatoires, ne permettraient pas d'y faire face.	La somme inscrite pour ce crédit ne peut excéder le dixième des recettes ordinaires.
Le crédit pour dépenses imprévues est employé par le maire.	Le crédit pour dépenses imprévues est employé par le maire...
Dans la première session qui suivra l'ordonnancement de chaque dépense, le maire ren-	(*Le reste comme ci-contre.*)

dra compte au conseil municipal, avec pièces justificatives à
l'appui, de l'emploi de ce crédit. Ces pièces demeureront an-
nexées à la délibération.

La loi de 1837 disposait comme suit à l'égard du crédit pour dépenses imprévues : « La somme inscrite pour ce crédit ne pourra être réduite ou rejetée qu'autant que les revenus ordinaires, après avoir satisfait à toutes les dépenses obligatoires, ne permettraient pas d'y faire face, *ou qu'elle excéderait le dixième des recettes ordinaires.* » Le dernier membre de phrase, que j'ai souligné, a disparu dans la loi moderne.

Ainsi la loi de 1837 fixait au crédit pour dépenses imprévues un maximum : le dixième des recettes ordinaires; règle raisonnable. Elle réservait toutefois, dans cette limite même, le droit de critique de l'administration, sauf le cas où le crédit en question trouverait dans les recettes ordinaires, après imputation des dépenses obligatoires, une marge suffisante; règle singulière. La loi de 1884 a rejeté le bon principe et recueilli le bizarre.

Il est bon d'imposer un maximum aux dépenses imprévues. En effet, si le crédit qui leur est affecté s'élargit outre mesure, c'est la destruction du budget. Budget est synonyme de prévision; il est fait précisément pour laisser le moins de prise possible à l'imprévu. Dans le budget intangible même, on doit pouvoir le réduire; il serait impossible, assurément, de permettre que tout le bloc des dépenses facultatives fût condensé dans un article unique de dépenses imprévues. La loi de 1837 avait donc sagement agi en posant à celles-ci des barrières, et j'opine pour le rétablissement de la limitation au dixième des recettes ordinaires.

La bizarrerie était de rendre les dépenses imprévues

irréductibles, dans cette limite, à la condition que les revenus, après les dépenses obligatoires payées, pussent encore y faire face, quelles que fussent d'ailleurs les ressources employées à l'acquittement des dépenses facultatives. La loi de 1884 a maintenu cette franchise, en lui donnant un champ désormais illimité.

Une des conséquences de cette théorie la fera aussitôt juger : « Le recours à l'imposition pour insuffisance de revenus, en vue du payement de dépenses facultatives, ne donne pas à l'autorité qui règle le budget la faculté de supprimer ni de réduire le crédit destiné aux dépenses imprévues, s'il peut y être pourvu ainsi qu'à toutes les dépenses obligatoires à l'aide des revenus ordinaires de la commune (Avis du ministre de l'Intérieur, 27 juillet 1889). » Ainsi, dans un budget qui prête à redressements et à réductions de la part de l'administration, puisqu'il y est fait emploi de ressources extraordinaires sous la forme d'imposition pour insuffisance de revenus, le seul crédit pour dépenses imprévues est inviolable. Pourquoi cela ? Quelle raison de lui conférer ce privilège ? Qui le sait le dise.

En définitive, les dépenses imprévues ne sont pas d'essence particulière ; au bout de l'exercice, elles seront changées en dépenses obligatoires et en dépenses facultatives ; elles ne peuvent prétendre au plus qu'au traitement de la catégorie la plus favorisée. Or, la loi le leur refuse dans une première disposition, puisque, par le même article 147, elle exige que les dépenses obligatoires prévues passent avant les dépenses imprévues, dans l'imputation qui en est faite sur les revenus. Dans un autre passage, elle reconnaît à celles-ci une importance supérieure, en les rendant irréductibles, tandis que les autres restent à la merci de l'autorité. Les deux points de vue sont inconciliables ; le premier seul est juste. C'est pourquoi j'ai supprimé

.dans mon projet la disposition qui se réfère à l'autre.

Au résumé, l'allocation pour dépenses imprévues sera comprise parmi celles que l'administration ne peut modifier, quand les conditions de l'article 145 seront remplies. Il n'y a pas à instituer à leur égard un régime plus complexe, plus favorable. Il y a lieu, tout au contraire, de parer aux abus possibles en reprenant dans la loi de 1837 la limitation au dixième des recettes ordinaires.

Article 150.

Il ne me reste plus qu'à mettre cet article d'accord avec les textes modifiés. Je le ferai sans autres explications, croyant que la convenance et la portée de la rédaction nouvelle seront d'elles-mêmes comprises.

Loi de 1884.	*Proposition nouvelle.*
Dans le cas où, pour une cause quelconque, le budget d'une commune n'aurait pas été définitivement réglé avant le commencement de l'exercice, les recettes et les dépenses ordinaires continuent, jusqu'à l'approbation de ce budget, à être faites conformément à celui de l'année précédente. Dans le cas où il n'y aurait eu aucun budget antérieurement voté, le budget serait établi par le préfet en conseil de préfecture.	Dans le cas où, pour une cause quelconque, le budget d'une commune n'aurait pas été définitivement réglé avant le commencement de l'exercice, les recettes figurant au budget ordinaire à titre, soit de revenus, soit de ressources d'avance autorisées, et les dépenses du même budget continuent, jusqu'à l'approbation... *(Le reste comme ci-contre.)*

Telle serait la disposition finale du chapitre III du titre IV de la loi du 5 avril 1884.

Ce contre-projet, on en fera peut-être la remarque, ne va pas jusqu'au bout de notre théorie. Nous

avons considéré ces dernières pages comme un autre
domaine, où, nous départissant de l'intransigeance
doctrinale, nous avons cru devoir faire certaines concessions aux habitudes de l'opinion. Notre tactique
est de gagner du terrain, non pas d'occuper tout entier
ni tout de suite celui où notre étude a poussé ses recon-
naissances. Il est prudent de ne pas trop demander à
la fois; on risque autrement de désorienter le lecteur,
et de le rejeter en arrière, par crainte de quelque témérité compromettante.

Provisoirement, nous ne tendons qu'à un résultat,
déjà fort important, qui est l'établissement des principes. Le sol affermi et assuré, on y pourra prendre
pied, et en repartir un jour pour achever la réforme
et donner un budget entièrement conforme à la doctrine établie. Le budget rationnel, composé d'éléments
nécessaires et suffisants, attribuera à l'ordinaire les
revenus et les ressources pour insuffisance de revenus,
à l'extraordinaire les capitaux et les ressources pour
insuffisance de capitaux. Alors disparaîtront les centimes ordinaires et spéciaux; alors sera régularisé
l'important sujet des taxes, si mal compris de nos
jours.

Pour ce qui regarde le contrôle, nous avons présenté une solution qui nous a paru meilleure que les
autres, mais sans prétendre à la perfection absolue.
Nous réduisons le nombre des autorités chargées de
cette partie de la tutelle communale, laissant tout le
fardeau au préfet et au ministre, et les plaçant eux-
mêmes sous le contrôle des assemblées au sein desquelles leurs décisions doivent être prises. Nous faisons garder les gardiens.

Si l'on estime que la tâche sera trop lourde au préfet,
on pourra, sans doute, le faire soutenir par des auxi-
liaires dont on parle à chaque instant de supprimer la

fonction, parce qu'on en trouve l'objet insuffisant : je veux parler du sous-préfet et du conseil d'arrondissement. Pourquoi ne pas instituer une commission permanente de ce conseil? Les maires pourraient apporter à sa barre le dossier de leurs budgets. Pourquoi ne pas faire approuver au chef-lieu d'arrondissement les budgets sans changement, dont le nombre est considérable chaque année ? Il y a tout un chapitre de perfectionnements pratiques, où je ne m'engagerai pas, persuadé qu'un peu d'étude et de bon vouloir y suffit, et qu'aucun problème de ce genre n'est insoluble.

En dernière analyse, il faut compter avec les hommes. Le difficile en cette matière, — quiconque y a réfléchi en a dû être frappé, — n'est pas d'élever des barrières, mais de trouver qui les défende avec une conscience et un labeur suffisants. Je songe à l'exact souci de payer la somme de travail qu'on doit à ses fonctions; il devient chaque jour de plus en plus rare. Tout dégénère en formalités et en signatures; on ne réussit qu'à accumuler des montagnes de papier, le plus vain des obstacles. On parle souvent, croyant parler au figuré, des rouages de l'administration; il n'y a pas là tant de métaphore que l'on pense; la mécanique domine.

L'État, cependant, a un besoin essentiel de fonctionnaires qui travaillent et pensent et se sentent responsables. Aucune institution ne vaudra sans hommes pour la soutenir, et si l'on ne remet en honneur cette maxime empreinte d'une sagesse banale et éternelle, et depuis les Romains formulée en un commandement : *Laboremus!*

APPENDICE

Situation financière des communes en 1896

Pendant que ce livre s'imprimait, la *Situation financière des communes en 1896* était publiée. J'en présenterai une rapide analyse, afin que mon étude reçoive l'utile complément des derniers résultats connus.

Voici un premier tableau, comparant les recettes ordinaires prévues aux budgets primitifs, — pour Paris et la province, — en 1895 et en 1896 (nombres exprimés en millions) :

RECETTES ORDINAIRES	1895	1896
Paris.................	292	298
Province	438	442
TOTAUX... ...	730	740

L'accroissement est de 10 millions. Il est moindre que la moyenne des augmentations de 1891 à 1895, qui s'est élevée à 14 millions.

Présentons maintenant le tableau des centimes ordinaires et extraordinaires et leur comparaison avec ceux de 1895 :

CENTIMES	Ordinaires	Extraordinaires	TOTAUX
Paris.............	1.5	29.9	31.4
Province........	95.6	59.9	155.5
TOTAUX........	97.1	89.8	186.9

CENTIMES	Ordinaires	Extraordinaires	TOTAUX
1895	96.2	88.3	184.5
1896	97.1	89.8	186.9
DIFFÉRENCES ...	0.9	1.5	2.4

L'accroissement moyen avait été, comme on l'a vu dans la préface, de 3,5 millions par année, de 1891 à 1895. Celui que nous relevons ci-dessus, de 1895 à 1896, — 2,4 millions, — lui est inférieur de plus d'un million. Paris y entre pour 0,6, la province pour 1,8 million ; la proportion est de 1 à 3.

Faisons enfin les mêmes supputations pour les taxes d'octroi :

TAXES D'OCTROI	Budgets ordinaires	Budgets extraordinaires	TOTAUX
Paris	153.2	»».»	153.2
Province........	143.6	14.9	158.5
TOTAUX........	296.8	14.9	311.7

TAXES D'OCTROI	Budgets ordinaires	Budgets extraordinaires	TOTAUX
1895	294.6	14.6	309.2
1896	296.8	14.9	311.7
DIFFÉRENCES ...	2.2	0.3	2.5

Ici encore, nous constatons une crue notablement moindre que la moyenne de 1891 à 1895, qui s'élevait à 5,1 millions. La différence de 1895 à 1896 n'en est guère que la moitié. Sur ces 2,5 millions, Paris en fournit 1 et la province 1,5 ; le rapport est de 2 à 3. La progression de Paris, qu'il s'agisse d'octrois ou de centimes, est plus forte que celle qu'on déduirait de la proportion de ses impôts à ceux de la province.

La dette communale, — montant à 3,5 milliards environ, — tandis qu'elle diminuait de trente millions à Paris, augmentait d'à peu près la même somme en province.

Voici le tableau des moyennes de centimes par départements :

Corse	190	Lozère	44
Savoie (Haute-)	158	Alpes (Basses-)	43
Savoie	155	Corrèze	43
Aude	116	Puy-de-Dôme	43
Seine-et-Marne	104	Vienne (Haute-)	43
Ariège	103	Loire (Haute-)	42
Seine-et-Oise	101	Dordogne	40
Marne	96	Calvados	39
Nord	96	Var	39
Yonne	96	Côte-d'Or	38
Drôme	93	Loire-Inférieure	38
Ain	90	Maine-et-Loire	38
Hérault	88	Pyrénées (Basses-)	38
Oise	87	Tarn	37
Pas-de-Calais	83	Jura	36
Isère	81	Tarn-et-Garonne	36
Aisne	80	Vendée	36
Aube	80	Alpes-Maritimes	35
Indre	78	Aveyron	35
Loiret	78	Lot	35
Nièvre	76	Sarthe	34
Seine	76	Creuse	33
Eure-et-Loir	73	Pyrénées (Hautes-)	33
Ardennes	72	Seine-Inférieure	33
Loir-et-Cher	69	Saône-et-Loire	32
Ardèche	67	Ille-et-Vilaine	30
Loire	67	Mayenne	30
Cher	64	Côtes-du-Nord	29
Rhône	63	Eure	29
Sèvres (Deux-)	60	Morbihan	29
Gard	58	Finistère	27
Gironde	58	Lot-et-Garonne	26
Pyrénées-Orientales	58	Orne	26
Somme	57	Gers	25
Alpes (Hautes-)	56	Marne (Haute-)	25
Charente-Inférieure	56	Meuse	25
Bouches-du-Rhône	55	Belfort (territoire de)	22
Garonne (Haute-)	53	Manche	22
Charente	50	Meurthe-et-Moselle	21
Indre-et-Loire	50	Landes	19
Vaucluse	50	Vosges	18
Vienne	49	Doubs	17
Cantal	45	Saône (Haute-)	15
Allier	44		

Le nombre des centimes, tant ordinaires qu'extraordinaires, qui était en 1895 de 2.031,995
est monté, en 1896, à 2.041,450

Différence en plus............ 9.455 centimes.

Sur lesquels............ .... { 6.474 ordinaires.
{ 2.981 extraordinaires

La moyenne des impositions communales, augmentée de 0,26 seulement, reste fixée pour 1896, comme pour 1895, à 56 en chiffres ronds.

Et l'administration, se bornant comme les années passées aux explications les plus sommaires et les plus insuffisantes, nous dit : « L'augmentation du nombre des centimes ordinaires doit être principalement attribuée, comme en 1895, aux charges nécessitées par l'organisation du service de l'assistance médicale, dans de nouvelles communes qui ne s'étaient pas encore conformées à la loi du 15 juillet 1893. — En ce qui concerne l'accroissement du nombre des centimes extraordinaires, il est la conséquence des emprunts que les municipalités sont amenées à contracter chaque année, en vue de l'exécution des travaux communaux. »

Éclaircissements fort illusoires. En ce qui touche les centimes extraordinaires, l'auteur expose que ce sont centimes d'emprunts, et que ces emprunts servent à l'exécution de travaux. Qui l'ignore ? C'est une position de principes banale, et qui peut se répéter tous les ans, et ne donne aucune idée particulière de la situation en 1896. D'autre part, nous dire que des centimes ordinaires ont été créés pour le service de l'assistance médicale gratuite est d'une observation superficielle et très incomplète, sans compter l'inexactitude de langage que je n'ai plus besoin de relever. Prenez, par exemple, le département de la Seine-Inférieure ; l'organisation de l'assistance médicale y a coûté à peu près exactement un centime par commune, en moyenne. Cependant la moyenne des centimes communaux dans le département a fléchi de 34 à 33, soit précisément d'un centime. D'où vient ce dégrèvement, double de la charge alléguée ? La *Situation financière* ne l'explique pas, et par conséquent n'explique rien. Les raisons que nous avons reproduites sont de pures apparences. Une cause d'erreur, entre autres, est de raisonner sur les variations des centimes, sans se préoccuper des variations correspondantes des ressources demandées à l'octroi. Les directeurs des Contributions directes devraient être consultés; que ne leur demande-t-on sur chaque département ou sur chaque région un mot juste et utile ?

La situation générale au point de vue des centimes est trop brièvement exposée par un seul chiffre : cette concision est stérile et ne fait rien connaître du sens des choses. Un examen un peu plus attentif, bien que très sommaire encore, montre que les 87 départements se partagent en trois séries : la première, composée de 38 départements, où la moyenne des centimes n'a pas changé ; la seconde, composée de 15, où elle a diminué; la troisième, composée de 34, où elle a augmenté. Il importerait de savoir la raison de ces différences, surtout pour les départements dans lesquels l'écart est le plus sensible. Par exemple, la moyenne dans l'Ardèche et la Haute-Garonne s'est abaissée de 2 centimes, tandis qu'elle se relevait d'autant dans les Hautes-Alpes, la Creuse, la Loire, la Nièvre, la Vienne, et de 3 centimes dans l'Hérault[1].

Remarquons encore, dans la *Situation financière* de 1896, le passage suivant : « Les colonnes 8 et 9 indiquent : 1° le nombre total des centimes additionnels communaux ; 2° le nombre des centimes extraordinaires. — La différence entre ces deux dernières colonnes représente la quotité des impositions annuelles, comprenant les 5 centimes ordinaires sur les contributions foncière et personnelle-mobilière, les centimes spéciaux pour les chemins vicinaux, ainsi que ceux affectés au salaire du garde champêtre

---

1. J'ai à prémunir le lecteur contre deux erreurs, auxquelles donne lieu la comparaison des moyennes de centimes du Cher et des Hautes-Pyrénées. En 1895, on inscrit pour le Cher 54 centimes. Ce chiffre est inexact ; il faut le remplacer par 63, et, dans le tableau (A) de la page 10, inscrire le Cher entre la Loire et le Rhône. J'ai reconnu l'erreur trop tard pour rectifier ce tableau, qui, d'ailleurs, en est le seul influencé. En 1896, on indique, dans les Hautes-Pyrénées, 38 centimes comme chiffre moyen ; lisez 33. De la sorte, les moyennes du Cher et des Hautes-Pyrénées ne se trouvent accrues que de 1 centime d'une année à l'autre, tandis que la comparaison des situations financières de 1895 et de 1896 accuse 10 centimes pour le premier département, et 6 pour le dernier.

et les centimes pour insuffisance de revenus. Les centimes des deux premières catégories ne dépassent pas 10 en général ; l'excédent indique les impositions pour le garde champêtre et pour insuffisance de revenus. » Il y a là une erreur évidente, un dénombrement incomplet des centimes annuels, qui comprennent, outre les centimes ordinaires et les centimes pour insuffisance de revenus, tous les centimes spéciaux. Or, on ne compte ci-dessus que deux espèces de centimes spéciaux ; comme il y en a sept, il en manque cinq, que je n'ai plus besoin d'énumérer.

Je termine enfin par l'explication promise dans la note de la page 19 : pourquoi ai-je pris pour chiffre des dépenses ordinaires, non pas celui donné comme tel (col. 7 de la *Situation financière*), mais le chiffre des recettes ordinaires (col. 6), dépassant le premier d'environ 5 0/0 ? La raison est que le chiffre des recettes ordinaires représente mieux le montant réel des dépenses ordinaires que le chiffre donné de celles-ci dans les budgets primitifs.

En effet, l'excédent des recettes sur les dépenses peut avoir trois destinations : 1° il est versé au chapitre additionnel, qui est un budget de ressources annuelles et par suite consacré à des dépenses ordinaires ; 2° il passe indûment au budget extraordinaire, pour y acquitter en une année des dépenses exceptionnelles, qui, pour extraordinaires qu'on les qualifie, n'en sont pas moins ordinaires ; 3° il passe justement à l'extraordinaire, sous forme d'annuité, excédent affecté pendant une série d'exercices à de véritables dépenses extraordinaires. Le budget de Marseille nous a offert l'exemple de ces deux derniers usages. Au résumé, dans deux cas sur trois, l'excédent des recettes ordinaires sur les dépenses de même sorte est encore destiné à des dépenses ordinaires. Par suite, le chiffre des recettes ordinaires représente plus approximativement les dépenses ordinaires que le chiffre de ces mêmes dépenses, inscrit aux budgets primitifs.

TABLE DES DÉPARTEMENTS CITÉS

Tous les départements sont cités dans les tableaux des pages 10, 13, 16, 20, 23 et 377, et chacun, en outre, aux pages indiquées ci-dessous.

TABLE DES MATIÈRES

www.ingramcontent.com/pod-product-compliance
Ingram Content Group UK Ltd.
Pitfield, Milton Keynes, MK11 3LW, UK
UKHW010910160726
13695UKWH00007B/123